utb 5761

Eine Arbeitsgemeinschaft der Verlage

Brill | Schöningh – Fink · Paderborn
Brill | Vandenhoeck & Ruprecht · Göttingen – Böhlau · Wien · Köln
Verlag Barbara Budrich · Opladen · Toronto
facultas · Wien
Haupt Verlag · Bern
Verlag Julius Klinkhardt · Bad Heilbrunn
Mohr Siebeck · Tübingen
Narr Francke Attempto Verlag – expert verlag · Tübingen
Psychiatrie Verlag · Köln
Ernst Reinhardt Verlag · München
transcript Verlag · Bielefeld
Verlag Eugen Ulmer · Stuttgart
UVK Verlag · München
Waxmann · Münster · New York
wbv Publikation · Bielefeld
Wochenschau Verlag · Frankfurt am Main

Moritz Pöllath

Examenstrainer Geschichtsdidaktik

Prüfungsvorbereitung für Lehramtsstudierende

BRILL | SCHÖNINGH

Der Autor:
Dr. Moritz Pöllath ist Akademischer Rat am Lehrstuhl Didaktik der Geschichte und Public History der Ludwig-Maximilians-Universität München.

Umschlagabbildung: Foryou13/iStock 834665200

Online-Angebote oder elektronische Ausgaben sind erhältlich unter
www.utb.de

Bibliografische Information der Deutschen Nationalbibliothek

Die Deutsche Nationalbibliothek verzeichnet diese Publikation in der Deutschen Nationalbibliografie; detaillierte bibliografische Daten sind im Internet über http://dnb.d-nb.de abrufbar.

Internet: www.schoeningh.de

Herstellung: Brill Deutschland GmbH, Paderborn
Einbandgestaltung: Atelier Reichert, Stuttgart

UTB-Band-Nr: 5761
ISBN 978-3-8252-5761-3
eISBN 978-3-8385-5761-8

Inhalt

Einführung 7

Ratschläge für die Prüfung 11

Bildquellen: Gemälde und Fotografien 13
Le Pacte/Der Pakt (1848) 24
Hissen der Flagge auf Iwojima (23. Februar 1945) / Auf dem Berliner Reichstag (2. Mai 1945) 27

Bildquellen: Karikaturen und Plakate 33
Der deutsche Michel (1842) 40
„Die Deutschen sind da!“ (1896) 45
Sozialistische Propaganda (20. und 21. Jahrhundert) 49

Karten 54
Die Aufteilung Chinas (1839-1912) 61
Stalinistischer Terror und Gulag-System 66

Comics 70
Berlin – Geteilte Stadt 76
Die amerikanische Bürgerrechtsbewegung – March (Book One) 79

Filme und Serien 85
Deutschland 83 (Kaffee) 91
Deutschland 86 (Stasi-Verhör) 95

Schriftquellen 99
Locke, Montesquieu und Rousseau – Die Errungenschaften der Aufklärung 110
Mundus Novus des Amerigo Vespucci (1502/03) 116

Schriftquellen: Reden 123
Blockbildung im Kalten Krieg (1947) 132
Festakt „25 Jahre Friedliche Revolution“ (2014) 140

Schriftquellen: Historikermeinungen 148
Die Reichverfassung von 1871 149
Die Französische Revolution 1789 154

Schriftquellen: Historische Jugendbücher und Romane 160
Der Preis der Freiheit 166

Sachquellen 169
Der Schreibtelegraf (1837) 174
Faustkeil und Schaber, Sichel und Rad 176

Außerschulische historische Lernorte 179
U-Verlagerung Malachit / Komplexlager KL-12 187
Das Freiheits- und Einheitsdenkmal (2021) 190

Geschichte studieren und Unterricht entwerfen 195

Einführung

„Also lautet ein Beschluß: Daß der Mensch was lernen muß. Nicht allein das A-B-C Bringt den Menschen in die Höh, Nicht allein im Schreiben, Lesen, Übt sich ein vernünftig Wesen; Nicht allein in Rechnungssachen Soll der Mensch sich Mühe machen; Sondern auch der Weisheit Lehren Muß man mit Vergnügen hören."[1] Der Vierte Streich aus dem Werk *Max und Moritz* von Wilhelm Busch, das 1856 erstveröffentlicht wurde, spricht nicht nur die Grundfertigkeiten an, welche die Schullaufbahn vermitteln soll, sondern auch einen didaktischen Auftrag, denn die „Weisheiten" sollen „mit Vergnügen" gehört werden.

Die Frage und Aufgabe, wie historische Themen so unterrichtet werden können, dass diese gerne und interessiert aufgenommen und gelernt werden, ist keine einfache. Vor allem ist es keine einfache Aufgabe für Studenten oder Referendare, die im Studium zunächst theoretisch-didaktisch an die Geschichtsvermittlung herangeführt werden und je nach Bundesland und Studienordnung unterschiedlich viel oder wenig praktische Erfahrungen sammeln können.

Dennoch wird in Prüfungssituationen während des Studiums und spätestens im Examen oder einer Masterprüfung erwartet, die geschichtsdidaktische Theorie in praktische Konkretisierungen oder ganze Stundenentwürfe zu übersetzen. In die geschichtsdidaktische Prüfungssituation übersetzt, würde dann „Vergnügen" bedeuten: Kann der Student die Grenzen und Potentiale einzelner Quellen aus der Theorie in die Praxis übertragen? Denn ansonsten würden die „Weisheiten" des Geschichtsunterrichts nach Wilhelm Busch den Schülern verborgen bleiben.

Dieses Buch ist also als Prüfungs- und Examenstrainer gedacht. Grundlegende Bücher zur Theorie und Methodik der Geschichtsdidaktik gibt es zahlreiche und bewährte. Dieses Buch wendet sich an den zeitökonomisch, wie man so gerne formuliert, denkenden

---

1 Busch Wilhelm: Max und Moritz: eine Bubengeschichte in sieben Streichen. München 1865, S. 23.

und arbeitenden Studenten, der schnell Zugang zu einem Thema sucht und der sich genauso schnell über Potentiale und Grenzen unterschiedlicher Quellen einlesen möchte. Hier verbirgt sich auch schon eine kleine Warnung an die Leser, sofern sie aufgrund der attraktiven Zugänglichkeit der einzelnen Kapitel diese einleitenden Gedanken nicht überlesen. Aber wie viele Einleitungen von Studienhandbüchern werden wohl überblättert und die Stimme des Autors gar nicht gehört, weshalb er dieses Buch geschrieben hat? Aber sei's drum, das ist das Schicksal einer Einleitung und auch dieser Autor hat im Studium viele Einleitungen missachtet. Die Warnung bleibt für den aufmerksamen und fleißigen Leser: Für vertiefte theoretische Auseinandersetzungen, Konzepte und Modelle der Geschichtsdidaktik finden sich im Regal Ihrer Universitätsbibliothek oder als elektronisches Buch andere Werke.

Dieser kleine, feine Prüfungstrainer bietet aber richtig verstanden und eingesetzt, einen Überblick über die Potentiale und Grenzen historischer Quellen für den Geschichtsunterricht. Auch finden die Leser im Theorieteil eine Quintessenz der gängigen Überlegungen zu den Themen, sodass diese in der Prüfungssituation mündlich oder schriftlich wiedergegeben werden können. Dem Theorieteil folgt dann der Praxisteil, der den angehenden Geschichtslehrern Ideen und Quellen an die Hand geben soll, damit in der Prüfung kein Schweigen entsteht, wenn der Prüfling eine konkrete Unterrichtssituation vorschlagen und ausführen soll. Im Idealfall gelingt es dem Leser anhand der angebotenen Unterrichtssituationen die Chancen und Grenzen der Theorie dem Prüfer zu erläutern und hoffentlich mit einem guten Gefühl aus der Prüfung zu gehen.

Als Zusammenfassung findet sich in jedem Kapitel eine Tabelle über die Potentiale und Grenzen des didaktischen Themas – sogar in Stichpunkten. Der Verfasser ist sich bewusst, dass er damit die Unsitte befördert, nur noch in Stichpunkten zu denken und zu schreiben, die er bei Schülern und Studenten immer wieder entdeckt und moniert. Aber das Buch soll eben genau knapp, zugänglich und informativ sein: ein Prüfungstrainer, der geschichtsdidaktische Theorie und Unterrichtspraxis verknüpft, und die ökonomisch motivierte Frage beantworten soll: Was bringt mir die geschichtsdidaktische Theorie im Studium und Beruf? Ich hoffe sehr viel und dass die Theorie das Denken schärft, wie konkrete Unterrichtssituationen gelingen können. Aber vor allem zuerst, wie die Prüfung hoffentlich gut und erfolgreich für Sie verläuft – denn deshalb halten Sie das Buch ja in der Hand.

München, im Oktober 2021
Moritz Pöllath

Ratschläge für die Prüfung

Bevor Sie die einzelnen Quellengattungen und Zugänge für Ihre Prüfung einstudieren, beachten Sie bitte folgende allgemeine Ratschläge für eine Prüfung in der Geschichtsdidaktik:

1. Lernen Sie die Begriffe der Geschichtsdidaktik genau. Das Geschichtsbewusstsein und die Geschichtskultur sind zentrale Begriffe der Disziplin, die Ihnen in der Prüfung helfen werden.
2. Seien Sie in der Lage, historische Kompetenzen und Unterrichtsprinzipien definieren und erklären zu können und nutzen Sie nur Fachwörter, die Sie auch verstehen. Dafür gibt es Wörterbücher und feststehende Definitionen.
3. Manche Prüfer legen großen Wert auf geschichtsdidaktische Kompetenzmodelle. Eignen Sie sich ein Kompetenzmodell vertieft an und finden Sie heraus, ob ihr Prüfer ein bestimmtes Modell bevorzugt.
4. Die im Examenstrainer angebotenen Konkretisierungen sind Teile einer Unterrichtsstunde, stellenweise wird Ihnen auch der Entwurf einer gesamten Unterrichtsstunde dargeboten. Wenn in Ihrer Prüfung eine Unterrichtsstunde verlangt wird, erweitern Sie die angebotenen Konkretisierungen, sodass Sie immer eine Stunde aus Einstieg, Erarbeitung und Sicherung anbieten können.
5. Beachten Sie, eine der Schulform und Jahrgangsstufe angemessene Konkretisierung anzubieten. Dazu hilft Ihnen ein Blick in den Lehrplan.
6. Chancen und Grenzen einzelner Quellen lassen sich leicht auswendig lernen. Reflektieren Sie jedoch auch, dass eine Herausforderung gleichzeitig als Chance zur Entwicklung von Fähigkeiten oder zur Aneignung von historischem Wissen genutzt werden kann. Die hier angebotene Einteilung ist eine Möglichkeit, aber keine Gesetzesmäßigkeit.
7. Lesen Sie sich in der Fachwissenschaft zu vorgegebenen Themen ein, um Sicherheit in Ihrem Fach zu zeigen. Wenn Sie z. B. in der Prüfung über Karikaturen der deutsch-deutschen Teilung sprechen wollen, sollten Sie auch ein solides Grundwissen über diesen Teil der deutschen Geschichte besitzen.

Bildquellen: Gemälde und Fotografien

Michelangelo Merisi, bekannt unter den Namen Caravaggio, schuf schlichte, dunkle und sogar düster wirkende Bilder, die bis heute in den Kirchen und Museen Roms und weltweit bewundert werden können. Sein realistischer Stil und seine Anwendung des Chiascuro, des Hell-Dunkel-Stils, sind ein Meilenstein der Kunstgeschichte, aber trotz seiner Bedeutung dürfte er im Geschichtsunterricht, abgesehen vielleicht von einem wissenschaftspropädeutischem Seminar, keinen Auftritt haben. Dagegen rufen Fotos vom Mauerfall 1989, Willy Brandts Kniefall 1970 oder der Kuss am Times Square 1945 Erinnerungen an die Geschichte wach und auch Gemälde wie das Herrschaftsbild von Ludwig XIV oder der Kupferstich des Prager Fenstersturzes von 1618 finden sich in nahezu jedem Geschichtsschulbuch, da mit diesen Bildern Personen und vergangene Zeiten verknüpft werden. Denn Menschen verbinden vorrangig Bilder mit historischen Ereignissen, um leichter das Wissen über die Vergangenheit abrufen zu können, was dieses Medium äußerst attraktiv für den Geschichtsunterricht macht. In der Regel nutzt beinahe jede Geschichtsstunde eine Form einer visuellen Quelle.

Gerade ihre ständige Präsenz im Leben und im Geschichtsunterricht und ihre vermeintlich einfache Einsetzbarkeit sollten aus einer geschichtsdidaktischen Perspektive kritisch betrachtet werden: Bilder können vielfältig im Geschichtsunterricht eingesetzt werden, aber sobald der Bildeinsatz über den rein illustrativen Zweck hinausgeht, wie z.B. die Visualisierung eines vergangenen Kleidungsstils aus der frühen Neuzeit oder auch der Zwischenkriegszeit, sollte sich mit Chancen und Grenzen dieser Quelle und ihrer Wirkmächtigkeit auseinandergesetzt werden. Denn durch Bilder entstehen Bilder über Geschichte im Kopf und diese einmal angelegten Vorstellungen können dann nur schwer wieder präzisiert oder revidiert werden.

Ein Bild kann darüber entscheiden, wie an eine historische Person erinnert wird. Jacques Louis David malte Napoleon 1801 zu Pferde mit einem roten Mantel, der ihn umwehte, auf einem kastanienbraunen Pferd sitzend und Selbstsicherheit ausstrahlend, den Zeigefinger seiner rechten Hand nach vorne und in die Höhe gestreckt. Dieses Reiterportrait soll Napoleon beim Überschreiten der Alpen am Großen Sankt Bernhard zeigen, dass es in fünf Versionen gibt, darunter auch einer Version mit orange-goldenem Umhang und weißen Pferd. Durch diese Herrscherpose zu Pferd verschwindet die tatsächliche Statur des Gemalten und auch das Aussehen des Franzosen ist, wie bei solchen Darstellungen üblich, makellos. Die Engländer nannten ihn *little boney* und die Österreicher *le petit homme* und auf dem Fürstenkongress von 1808 wurde

Abb. 1: Jacques-Louis David: Bonaparte beim Überschreiten der Alpen am Großen Sankt Bernhard, 1801

von Caroline Sartorius sein Körperbau verspottet, bei dem Beine, Rumpf, Schultern und Kopf in keiner schönen Proportion gewesen seien. Laut Vermessung des Arztes Francesco Antommarchi nach seinem Tod 1821 war Napoleon 168,8 Zentimeter groß gewesen. Nicht groß nach heutigen Maßstäben, aber vermutlich „normal" für seine Zeit.[1] Ein Foto von Napoleon gibt es jedenfalls nicht, da die Fotografie erst ab Mitte des 19. Jahrhunderts technische Fortschritte machte und allmählich Verbreitung fand. Was heute bleibt, sind Herrscherbilder Napoleons, die ihn immer vortrefflich und von seiner besten Seite abbilden.

Chancen und Grenzen von Bildquellen

Die Gattung „Bilder" kann der Technik nach Plastik, Malerei, Druckgrafie und Fotografie unterschieden werden. Diesen Kategorien können dann weiter unterteilt werden in gemalte oder gezeichnete Bilder, Grafiken, Karikaturen, Plakate, Holzschnitte, analoge oder digitale Fotografien und weitere Arten visueller Medien. Filme und Dokumentationen, die eine Aneinanderreihung von Einzelbildern darstellen, fordern eine eigene geschichtsdidaktische Herangehensweise, obwohl sie strenggenommen zu den visuellen Zugängen zur Geschichte zählen. Eine sinnvolle Kategorisierung von Bildern bietet Michael Sauer an, wofür Bilder überwiegend im Geschichtsunterricht eingesetzt werden können.[2]

Zur Dokumentation der **Ereignisgeschichte** fangen Bilder und Gemälde bedeutende Schlachten, Personen oder Ereignisse der Geschichte ein, die ein Staat, eine Gesellschaft oder eine Kultur für wichtig hielt oder noch immer hält. Dazu zählt zum Beispiel das Gemälde über die Proklamierung des Kaiserreichs von Anton Werner (Erste Fassung, 1877) oder die Unterzeichnung der amerikanischen Unabhängigkeitserklärung von John Trumbull (1818) sowie die Fotografien des 19., 20. und 21. Jahrhunderts von historischen Ereignissen wie zum Beispiel den qualmenden und brennenden

1 Müchler, Günter: Napoleon. Revolutionär auf dem Kaiserthron. Darmstadt, S. 219-220.

2 vgl. Michael Sauer: Geschichte unterrichten. Eine Einführung in die Didaktik und Methodik. Seelze: Klett, aktualisierte und erweiterte Auflage 2018[13], 188-189.

Türmen des World Trade Centers (2001) oder der „Sprung in die Freiheit“ vom 15. August 1961, als der 19-jährige Volkspolizist der DDR, Conrad Schumann, über den Stacheldraht sprang und in den Westen floh. Pressefotos aller Art, die Politiker und Politikerinnen bei Vertragsunterzeichnungen, Ortsbesuchen und anderen offiziellen Aufgaben zeigen, sind das gegenwärtig gängigste Beispiel für die Dokumentation eines Ereignisses für die Geschichte. Das nachträgliche Festhalten eines Moments als Gemälde wird dagegen immer seltener in Auftrag gegeben.

Mit Blick auf Bilder und Fotografien ergeben sich bereits erste Chancen und Grenzen dieses Zugangs zur Geschichte. Gemälde sind zeitlich versetzte oder aus der Erinnerung oder Berichten angefertigte Darstellungen der Vergangenheit. Solche historischen Gemälde, egal ob von Personen oder Ereignissen, sind daher kritisch zu beurteilen. Sie können Personen heroisieren oder idealisieren und Ereignissen eine Atmosphäre geben, die nicht der Quellenüberlieferung entspricht. So wirkt William N. Orpens Unterzeichnung des Friedenvertrags im Spiegelsaal von Versailles (1919) aufgeräumt, ruhig und erhaben. Die anwesenden Staatsmänner sitzen gesittet und arrangiert an einer Tafel nebeneinander, so dass jede einzelne Person zu erkennen ist und dem Betrachter suggeriert wird, diese Staatsmänner hätten den Friedensvertrag entworfen. Tatsächlich dauerten die Versailler Friedensverhandlungen ein Jahr lang. Die Delegationen der Länder waren teilweise 400 Mitglieder stark und die eigentlichen Entscheidungen in Gremien wie dem „Rat der Zehn“, „Rat der Vier“ oder dem „Rat der Drei“ fielen.[3]

Auch wenn Fotografien als Momentaufnahmen eine hohe Authentizität zugewiesen wird, so sind auch diese in der Regel kein Zufallsprodukt. Der Mensch hinter der Kamera entscheidet über Winkel und Zeitpunkt der Aufnahme oder arrangiert auch die Personen oder sogar den gesamten „Moment“, der eingefangen werden soll: Damit schließt sich im Geschichtsunterricht die wertvolle Auseinandersetzung mit **Propaganda** an, die hier überwiegend im Sinne von politischer Propaganda verstanden wird. Damit sind Fotografien und Gemälde gemeint, die ausdrücklich zur eigenen

3 vgl. MacMilan, Margaret: Die Friedensmacher. Wie der Versailler Vertrag die Welt veränderte. Berlin 2015, S. 22; Wobring, Michael, Popp, Susanne (Hrsg.): Der europäische Bildersaal. Europa und seine Bilder. Schwalbach, 2014, 122-136.

Abb. 2: William N. Orpen: Unterzeichnung des Friedensvertrags im Spiegelsaal von Versailles, 1919

Herrschaftslegitimation in Auftrag gegeben werden oder Gruppen, politische Mitbewerber oder Feinde herabsetzen sollen, um auch die eigene Gefolgschaft zu mobilisieren.

Beispielhaft hat die NS-Propaganda, insbesondere die Zeitschrift „Der Stürmer“, zahllose Bilder und Karikaturen produziert, um rassistische und antisemitische Stereotype zu verbreiten und zu festigen. Aber auch Kriegspropaganda in Form der Darstellung der Gegner als menschenfressende Hunnen oder die Selbstdarstellung auf Seiten der Briten, Franzosen, Amerikaner und Deutschen, für die Zivilisation und gegen die vermeintliche Barbarei der Gegenseite zu kämpfen, gehören dazu.[4]

Selbstverständlich kann Propaganda auch in Textquellen vorliegen, aber die bildliche Vereinfachung und Überzeichnung von Propaganda bietet eine starke Verdichtung der Botschaft für den Geschichtsunterricht an, die schnell und einfach analysiert werden kann. Auch gestellte Fotografien oder ihre nachträgliche Verwendung sind wertvoll für den Unterricht, wie zum Beispiel das Foto „Napalm Girl“ von Nick Ut vom 8. Juni 1972, das ein schreiendes und leidendes Mädchen auf seiner Flucht von einem brennenden Dorf zeigt, das sich seine Kleider vom Leib gerissen hat. Dieses Foto wurde von Kriegsgegnern, Pazifisten und auch antiamerikanischen Gruppierungen als Bestätigung für ihre Position aufgegriffen und fand Eingang in den US-Präsidentschaftswahlkampf von 1972 gegen den Amtsinhaber Richard Nixon. Die interessante

4 vgl. Bremm, Klaus-Jürgen: Propaganda im Ersten Weltkrieg. Darmstadt 2013.

Geschichte hinter dem Bild, dass es das Resultat eines südvietnamesischen *friendly fire* auf eigene Truppen war, in einer Phase des Vietnamkriegs in der US-Truppen nicht mehr in dieser Region vor Ort waren, trat und tritt im kollektiven Gedächtnis über die Ereignisse von 1972 und den Vietnamkrieg in den Hintergrund.[5]

Über „gute" oder „schlechte" Propaganda urteilen Zeitgenossen und nachfolgende Generationen aus ihren eigenen Wertmaßstäben heraus, die sich seit dem Entstehungszeitpunkt des Bildes verändert haben können. Unabhängig davon, ob die politische Botschaft oder die politische Indienstnahme einer Fotografie für legitim erachtet wird, bleibt gerade die Erörterung der **Wirkungsabsicht und auch der Wirkmächtigkeit** eines Bildes oder einer Fotografie für den Geschichtsunterricht wertvoll. Davon führt ein direkter Weg zum Einsatz von Bildern zur Erarbeitung der **Mentalitätsgeschichte** vergangener Generationen. Sauer empfiehlt dazu den Vergleich von Familienbildern im Wandel der Zeit, um auf die Stellung von Mann, Frau und Kindern Rückschlüsse ziehen zu können.[6] Bilder bieten sich daher grundsätzlich als eine **sehr gute Quelle für den Stundeneinstieg und Hinführung zum Thema** an.

Dennoch ist bei der Auswahl von Bildern und Fotografien Vorsicht geboten. Denn wie schwer ein Einblick in soziale Beziehungen und Wertvorstellungen nur anhand eines Bildes sein kann, zeigt sich in dem historischen Familienfoto von Robert Louis Stevenson von 1891 auf der Veranda seines Hauses Vailima in Apia, Samoa.

Obwohl dieses Bild bewusst vom Postmeister geschossen wurde, blickt der Schriftsteller streng und nachdenklich nach unten, zu seiner linken sitzt seine Frau Fanny, ebenfalls sehr ernst dreinblickend, Isabel Stuart Strong, die Stieftochter blickt bewusst zur Seite, während ihr Mann an einem Pfosten der Veranda lehnt und nicht bei ihr sitzt. In einem dunklen Kleid und weißer Haube scheint Margaret Isabella Stevenson auf ihren Sohn herabzublicken und lässt sich seitwärts aufnehmen. Endgültig zu entschlüsseln werden die

5 vgl. Paul, Gerhard: „Die Geschichte hinter dem Foto. Authentizität, Ikonisierung und Überschreibung eines Bildes aus dem Vietnamkrieg" in: *Zeithistorische Forschungen/Studies in Contemporary History* 2 (2005), S. 235-237

6 vgl. Michael Sauer: Geschichte unterrichten. Eine Einführung in die Didaktik und Methodik. Seelze: Klett, aktualisierte und erweiterte Auflage 2018[13], S. 189.

Abb. 3: Robert Louis Stevenson und seine Familie, 1891
Quelle: Robert Louis Stevenson and family by J. Davis albumen print, circa 1891
© National Portrait Gallery, London
https://www.npg.org.uk/collections/search/portrait/mw56742/Robert-Louis-Stevenson-and-family

Beziehungen innerhalb dieser Familie wohl kaum sein und das Foto lädt zu plausiblen aber letztendlich literarischen **Spekulationen** über Zwist, Nähe und Distanz in dieser wohl einzigartigen Konstellation aus Charakteren einer Familie ein, wie sie Alex Capus in seinem mit gut recherchierten Tatsachen angereicherten Roman aufstellt.[7]

Im Geschichtsunterricht wird diese Art von Beziehung ohne Tagebuchaufzeichnungen nicht ergründbar sein, jedoch kann insbesondere die Stellung der Frau und des Mannes anhand von Fotos herausgearbeitet werden sowie die (Selbst-)Verortung der dargestellten Personen in der sozialen Hierarchie einer Vergangenheit:

7 vgl. Capus, Alex: Reisen im Licht der Sterne. Eine Vermutung. Roman. Knaus, München 2005.

In der gehobenen Gesellschaft der Frühen Neuzeit trugen Adlige, Königinnen oder auch Philosophen und alle, die Teil dieser Gesellschaft waren, meist weiße Halskrausen und ließen sich mit dieser Mode, die ursprünglich aus Spanien stammte, auch abbilden. Gleich ob Bilder der Mentalitäts- oder Ereignisgeschichte, durch Bilder und Fotografien lassen sich immer auch Erkenntnisse über die vergangene **Sachkultur** gewinnen. Im Geschichtsunterricht kann der Wandel der Mode der Herrschaftsklasse über die Jahrhunderte hinweg dargestellt werden, die im Zuge der Moderne und zunehmenden Globalisierung zu einer Uniformität von Frack und Zylinder führte, die Herren im Westen, in Asien, aber selbst in entlegenen Ecken des Globus wie der Maori-Häuptling auf Neuseeland trugen.[8]

Auch wenn Fotografien und Bilder im Geschichtsunterricht in der Regel mit gleichen Methoden und gleichen inhaltlichen Zielen eingesetzt werden, existiert ein bedeutender Unterschied beider Quellenarten. Dazu muss sich das geschichtsdidaktische Potential beider visueller Zugänge zur Geschichte vor Augen geführt werden:

Beide Arten können theoretisch das gleiche Thema, Ereignis, Person oder allgemein Motiv abbilden – Fotografien aufgrund der technischen Entwicklung aber erst ab Mitte des 19. Jahrhunderts – und beide Arten sind durch die **Darstellungsintention** des Malers, Zeichners oder Fotografen geprägt. Insofern kann durch künstlerische Gestaltung während der Anfertigung des Bildes oder durch die Wahl der Kameraperspektive sowie der technisch möglichen Nachbearbeitung durch Schnitt, handwerkliche Retusche oder digitale Filmbearbeitung auf die Botschaft sowie Atmosphäre des Bildes erheblicher Einfluss genommen werden. Durch Zusatzinformationen über den Künstler oder Fotografen, Darstellungsmittel und mögliche Auftragssituation können Bilder als Quelle ihrer Entstehungszeit erschlossen werden, die eine Darstellung der Vergangenheit anbieten. Fragen zur **Geschichtlichkeit des Bildinhalts** führen daher zu den wertvollen Erkenntnissen, das ein Bild sowohl eine Quelle für die Vergangenheit sein kann, wenn Darstellungsinhalt und Entstehungszeitpunkt nahe beieinander liegen, als auch ein Geschichtsbild und somit eine Darstellung über die Vergangenheit

8 vgl. Bayly, Christopher: Die Geburt der modernen Welt. Eine Globalgeschichte 1780-1914. Frankfurt am Main, 2004, S. 18-38.

Abb. 4: Robert Warthmüller: Der König überall, 1886
Quelle: Robert Müller (gen. Warthmüller, 1859-1895) Berlin, 1886 © Deutsches Historisches Museum, Berlin. Inv.-Nr.: Gm 2006/16.

transportieren kann, wenn die Entstehungszeit weiter von den dargestellten Ereignissen oder Personen entfernt liegt.[9]

„Der König überall" (1866) von Robert Warthmüller ist ein ausgesprochen populäres Bild und verschaffte dem Maler künstlerische Anerkennung. In hohem Alter besucht der König in dieser realistisch gehaltenen Darstellung Bauern bei der Kartoffelernte, die ihn ehrfürchtig betrachten. Geradezu unterwürfig zeigt ihm der vorderste Bauer die geernteten Kartoffeln. Insgesamt wirkt das Bild, das nur eine einfache Alltagssituation darstellt, wie ein bedeutendes Ereignis der Herrschaft von Friedrich dem Großen, der von 1712 bis 1786 gelebt hatte. Aus diesen Beobachtungen lassen sich auch die **Herausforderungen der Zeitebenen einer Bildquelle** ableiten: Warthmüller malte das Gemälde anlässlich des 100. Todestages des preußischen Königs und für die Jubiläumsausstellung

9 vgl. Erdmann, Elisabeth: „Bilder sehen lernen. Vom Umgang mit Bildern als historische Quellen" in: *Praxis Geschichte* 2 (2002), S. 11; Sauer, Michael: Geschichte unterrichten. Eine Einführung in die Didaktik und Methodik, Seelze 2012[10], S. 195.

der Akademie der Künste vom Mai bis Oktober 1886 im Lehrter Bahnhof in Berlin. Das Gemälde bildet also eine Vergangenheit ab, wie sie sich der Künstler vorgestellt hat, ohne diesen Moment miterlebt zu haben, und stellt darüber hinaus eine Verdichtung von Legenden und Mythen über Friedrich II. dar, wie Joachim Behrend ausführt. Der „Alte Fritz“ galt als volksnah und fürsorglich und Gegenbild zu den absolutistischen Herrschern des 18. Jahrhunderts in Europa. Ihm wurde nicht nur militärisch-strategische Genialität zugewiesen, sondern auch der Wiederaufbau Preußens nach dem Siebenjährigen Krieg. Berühmtheit erlangte er auch als „Kartoffelkönig“, da in seiner Zeit und auch durch ihn die Kartoffel eingeführt wurde. Durchgesetzt hatte sich die Kartoffel als eine der beliebtesten Nahrungsmittel erst mit Ende des 19. Jahrhunderts, dem Entstehungszeitpunkt des Gemäldes. Aus dieser zeitlichen Distanz resultiert auch das **Geschichtsbild**, das historische Gemälde erzeugen können: Friedrich II. wurde unter Wilhelm I. und während des Kriegs gegen Frankreich von 1870/71 als ein Vorreiter des Kaiserreichs rezipiert. Auch wurde, trotz der „militaristisch geprägten Epoche nach der Reichsgründung“, Wert auf Volksverbundenheit gelegt und daher wird auch Friedrich II. als alter Mann, dem Volk zugewandt, und Kümmerer um die Sorgen und Nöte der Bauern sowie den Aufbau und Fortschritt im Lande dargestellt.[10]

Für den Geschichtsunterricht ist daher wichtig festzuhalten, dass Fotografien und Bilder unsere Vorstellung von Geschichte prägen. Der Begriff „Geschichtsbild“ kann hier zu Schwierigkeiten bei Lehrkräften und Schülern führen. „Der König überall“ zeigt das Geschichtsbild über Friedrich II. anlässlich seines 100. Todestages und im politischen Kontext des noch jungen deutschen Kaiserreichs. Da der Inhalt und die Entstehungszeit wie gewöhnlich bei Historiengemälden weit auseinander liegt, liefert „Der König überall“ einen Einblick in das Geschichtsbild über Friedrich II., das am Ende des 19. Jahrhunderts herrschte. Ein „Geschichtsbild“ im geschichtswissenschaftlichen Sinne meint darüber hinaus auch

10 Streng genommen kann „Der König überall“ als „historisches Genrebild“ bezeichnet werden und nicht als Historienbild. Aber auf den Geschichtsunterricht übertragend, kann diese feine Differenzierung vernachlässigt werden. Behrend, Joachim: Der Berliner Maler Robert Warthmüller (1859-1895) und seine Historienbilder über Friedrich den Großen in: Jahrbuch der Berliner Museen, 53 (2011), 117-119.

die Denkweise, dass z. B. die Geschichte teleologisch auf ein religiöses Ende (Jüngstes Gericht) oder auf den weltweiten Sieg eines politischen Systems (Kommunismus, Faschismus oder Demokratie) zustrebe oder sich in Zyklen abspiele und immer wieder neu beginne. Anders als eine Fotografie kann daher ein Bild sehr gut genutzt werden, um ein herrschendes Geschichtsbild zu erarbeiten oder zu dekonstruieren. Auch zeigt das Bild von Warthmüller, weshalb Bilder gut für den Unterricht geeignet sind, da die **Bildelemente** – demütiger Bauer, alter König, Kartoffeln, Besuch auf dem Lande – leicht zu erschließen sind. Die Dekonstruktion des Herrscherbildes von Friedrich II. dagegen bedarf weiterer Materialien, da ohne Kontextwissen über die Regentschaft des „Alten Fritz" und die Zeit der Reichsgründung und -etablierung 100 Jahre später, viele Botschaften des Bildes nicht entschlüsselt werden können.

Fotos dagegen sind eine realitätsnähere Wiedergabe der Vergangenheit, denn bei Fotografien fallen Entstehungszeitpunkt und inhaltliche Absicht zusammen. Dennoch bieten sie aufgrund ihrer Bearbeitung und Perspektive nur einen kleinen Ausschnitt der vergangenen Realität an. Das bedeutet für den Geschichtsunterricht, Fotografien kritisch als Quellen zu betrachten. Gewiss bleibt ihr Wert als **Illustration** und zur **schnellen Vergegenwärtigung der Vergangenheit** für den Unterricht bestehen, aber eine kritische Analyse von Fotografien kann sowohl ihre politische Indienstnahme offenlegen als auch persönliche oder familiäre Selbstinszenierungen offenlegen.

Ausgehend von dem hannoverischen Kunsthistoriker Erwin Panofsky schlagen Geschichtsdidaktiker einen Dreischritt aus Bildbeschreibung, Bildanalyse und Bildinterpretation vor. Wenn auch die Beschreibung von der Analyse theoretisch getrennt werden kann, wird im Schulunterricht und bei zunehmendem Alter der Schüler oftmals gleich die Erschließung der Gattung und des Themas zusammen beantwortet: So wird schnell aus, „Ich sehe einen Mann mit Krone", „Ich sehen einen König, weil er eine Krone trägt." Dies ist grundsätzlich kein Problem, aus lernpsychologischer Sicht jedoch sollte zumindest in unteren Jahrgangsstufen oder bei leistungsschwachen Klassen auch im Unterricht die reine Beschreibung deutlich abgegrenzt von der Analyse eingefordert werden. Denn somit können leistungsschwache Schüler die Fähigkeit erlernen, wie eine Bildanalyse funktioniert und auch Bildelemente nennen, die sich erst im Lauf der Stunde erschließen können. Ein zu schnelles Überspringen des ersten Schrittes kann auch in Mittel- und Oberstufe zu einer unvollständigen Bildinterpretation führen. Bei der Bildanalyse sollten daher alle Elemente der Darstellung genannt werden, wie z. B. Farbgebung, Figuren, Größe und Komposition. Ein solches kleinschrittiges Verfahren kann dann zur Deutung der Aussage des Bildes führen und so die Bildbotschaft entschlüsseln.[11]

Le Pacte/Der Pakt (1848)

Zur Auswahl für eine Konkretisierung stehen u.a. Plakate, Gemälde, Rekonstruktionszeichnungen, Comics, Fotografien, Druckgrafiken und Plastiken. Für die politischen Hoffnungen und das Freiheitsstreben in Deutschland und Europa eignen sich utopische Bilder, wie sie von Frédéric Sorrieu entworfen wurden. Im deutschen Geschichtsunterricht ist dafür das Bild des Zuges auf das Hambacher Schloss weitverbreitet, aber von der vierteiligen Lithografie „République universelle démocratique et sociale" ist das Bild „Le Pacte/Der Pakt" ein interessanter Einstieg für die National- und Demokratiegeschichte des Vormärz und der Revolution von 1848.

Die Botschaften des Bildes sind teils einfach zu entschlüsseln, wohingegen manche Elemente Schwierigkeiten bereiten können. Als Einstieg zu den Revolutionsbewegungen in Europa von 1848 transportiert das Gemälde mehrere Informationen und zunächst können die Schüler alle Details beschreiben, die ihnen auffallen. In einer anschließenden Analyse, sollten dann folgende Elemente gesichert werden: Eine Prozession von Menschen mit europäischen Fahnen (Deutschland, Frankreich und Italien) marschiert gemeinsam über ein offenes Feld und unter einer Statue vorbei. Die Nationalitäten sind nicht nur durch die Flaggen gekennzeichnet, sondern die Menschen tragen auch unterschiedliche Gewänder und Trachten ihrer Herkunftsländer und -regionen. Einfach zu beschreiben und erkennen ist auch Christus mit dem Kreuz und einer Heerschar von Engeln im Himmel, die wohlwollend und posaunespielend auf das Geschehen blicken. Die Botschaft

11 Siehe auch dazu das Schema von Michael Sauer: Geschichte unterrichten. Eine Einführung in die Didaktik und Methodik. Seelze: Klett, aktualisierte und erweiterte Auflage 2018[13], 192.

Abb. 5: Frédéric Sorrieu, Christus führt die Völker zu Freiheit und Brüderlichkeit, Kolorierte Lithographie, 1848, Musée Carnavalet, Paris https://www.uni-due.de/collcart/es/sem/s28/material-ps/bild03.htm

ist mit *fraternité* – Brüderlichkeit – zwischen den Nationen auch schriftlich festgehalten und göttlich erhellt. Damit ist die wichtige Grundbotschaft des Bildes festgehalten: Hier wurde eine europäische Völkerfreundschaft von Bürgern und nicht von Adligen gefordert und gefeiert.

Schwieriger dürfte die Statue, der beflaggte Baum und der Unrat vorne im Gemälde zu entschlüsseln sein. Dies kann aber durch eine Rastermethode gelöst werden, in dem die Lehrkraft den Bildausschnitt technisch hervorhebt und bespricht: Die kaputten Kronen und Symbole wie der doppelköpfige Adler lassen sich dann als Niedergang der Monarchie interpretieren. Dass die Statue eine Allegorie für die Republik darstellt, kann vielleicht über den Umweg der Flamme in der Hand erschlossen werden, falls solche Darstellungen im Unterricht schon besprochen wurden oder durch unterstützende Hinweise und Zusatzinformationen der Lehrkraft. Der Freiheitsbaum dagegen, um den die Menschenprozession zieht, ist weitgehend aus dem Geschichtsbewusstsein des 21. Jahrhunderts verschwunden. Der Brauch, Bäume mit politischen Botschaften zu schmücken, geht auf die amerikanische

Revolutionszeit zurück, als Amerikaner gegen die neuen Steuern im Zuges des Stamp Act 1756 („Stempelsteuergesetz“) protestierten und sich im Freien und unter großen Bäumen versammelten. Zum Beispiel wurde ein Abbild des britischen Beamten Andrew Oliver unter einer großen Ulme aufgehängt, der das Stempelsteuergesetz in den amerikanischen Kolonien durchsetzen musste. Dieser Brauch herrschte auf beiden Seiten des Atlantiks und in Frankreich wurden nach der Revolution von 1789 im ganzen Land Freiheitsbäume gepflanzt und zum Ort von Festlichkeiten. Auch in den USA tauchten während der Französischen Revolution wieder Freiheitsbäume in den Straßen und Städten auf, aus Enthusiasmus für den Freiheitskampf der Franzosen und in den deutschen Ländern wurde dieser Brauch 1832 und 1848 praktiziert, verschwand jedoch danach.[12]

Als Einstieg eignet sich „Der Pakt“ somit, um zum Thema hinzuführen und bietet gleichzeitig den leistungsschwachen Schülern die Möglichkeit, Bildelemente zu benennen und zu analysieren sowie leistungsstarken Schülern Elemente und Symbole an, die schwieriger zu entschlüsseln sind und die teils nur mit Unterstützung gelöst werden können. Ausgehend von dieser Konkretisierung kann das Gemälde von Sorrieu aber noch weitere Rollen im Unterricht spielen:

Vorstellbar ist ein Bildvergleich mit dem Gemälde „Le Passage des souverains alliés sur le boulevard Saint-Denis“ (1814), das die monarchische Ordnung Europas zeigt, vermeintlich umjubelt von den Massen. Dies führt im Bildvergleich zu einer Artikulation des politischen Kampfes zwischen alter monarchischer Herrschaft und den National- und Freiheitsbewegungen in Europa. Es erlaubt der Lehrkraft zu einer Thematisierung des Wiener Kongresses (1815) oder zu der deutschen Demokratiebewegung (1832/1848) in Form von Textquellen überzuleiten, in denen Phillip Jakob Siebenpfeiffer oder Robert Blum Demokratie und europäische Völkerfreundschaft fordern. Es lässt sich auch das Geschichtsbild des Gemäldes erörtern, wenn die Schüler das Scheitern der Revolutionen kennengelernt haben, und reflektieren, inwiefern Sorrieu hier ein

12 vgl. Foner, Eric: Give my Liberty! New York 2005[4], S. 180-181 und 288 und Würtenberger, Thomas: Symbole der Freiheit. Zu den Wurzeln westlicher politischer Kultur. Wien 2017.

teleologisches Geschichtsbild entworfen hat, in dem die Massen mit göttlichem Segen der Zukunft, Moderne und Demokratie entgegenstreben. Im historischen Verlauf folgte auf die Restauration der Monarchie und die Zerschlagung der Freiheitsbewegungen in Deutschland, Ungarn, Polen und auf dem europäischen Kontinent bis 1945 eine lange historische Phase, in der ungewiss war, ob sich die demokratisch verfassten Staaten Europas oder monarchisch, autoritäre oder faschistische Länder behaupten würden und damit, ob Feindschaft und Krieg oder Freundschaft und Bündnisse die politische Geschichte prägen würden. Die Bildquelle „Der Pakt“ kann daher als Einstieg und Ausgangspunkt eingesetzt werden, aber auch als Referenzquelle für weiterführende Fragen des Geschichtsunterrichts.

Hissen der Flagge auf Iwojima (23. Februar 1945) / Auf dem Berliner Reichstag (2. Mai 1945)

Abb. 6: Jewgeni Chaldej: „Raising a flag over the Reichstag“ , Foto, 1945

Abb. 7: Raising the Flag on Iwo Jima, by Joe Rosenthal.

Die Fotos von Jewgeni Chaldej und Joe Rosenthal sind symbolhaft für das Ende des Zweiten Weltkriegs geworden und sowohl ihre Entstehungsgeschichte als auch ihr Einsatz in der politischen Propagandaschlacht, die während und nach dem Zweiten Weltkrieg tobte, illustrieren die Bedeutung von Fotografien für das Geschichtsbewusstsein. Sie sind ein Lehrstück für die direkte sowie nachträgliche Bearbeitung und Manipulation von Fotografien geworden. Beide Fotografien scheinen einen bedeutenden „zufälligen" Moment der Kriegsgeschichte einzufangen, den Sieg der US-Amerikaner auf Iwojima und damit symbolhaft den nahenden Sieg im Pazifikkrieg, sowie die Eroberung Berlins, der Hauptstadt des NS-Regimes, durch die Rote Armee. Im Unterricht können die Bilder getrennt voneinander genutzt werden oder auch in ihrem Zusammenspiel und die Konkretisierung schlägt vor, beide Fotos als Einstieg und Ausganspunkt einer Analyse von Kriegspropaganda zu nutzen.

Ein offener Einstieg ist denkbar, bei dem die Lehrkraft nach Bildern im Kopf der Schüler fragt, die sie mit dem Zweiten Weltkrieg assoziieren, und die Antworten sammelt. Auch eine Auswahl der berühmten Fotografien zur Vorlage in Kleingruppen eignet sich als Unterstützung. Abhängig von Alter, Herkunft sowie der unterschiedlichen außerschulischen Rezeption von Spielfilmen und Dokumentationen können dabei unterschiedliche Bilder genannt werden: Bei dem Thema „Zweiter Weltkrieg" könnten Schüler an die brennenden Schiffe in Pearl Harbour 1941, die Landung in der Normandie 1944 oder das Hissen der Flagge auf Iwojima 1945 denken. Genauso gut kann das Zerbrechen des polnischen Schlagbaums beim Überfall auf Polen 1939, Fotos von Massengräbern und Massenerschießungen im Osten oder der ausgebrannte Reichstag 1945 genannt werden. Diese Momente, die durch Fotografien festgehalten wurden, ob gestellt oder nicht gestellt, sind in die Geschichtskultur eingegangen und mehr oder minder präsent im individuellen Geschichtsbewusstsein der Schüler.

Anschließend werden aus den gesammelten Geschichtsbildern die beiden Fotografien des Flaggenhissens zur näheren Betrachtung herangezogen. Die Elemente der Fotografien sind schnell zu erschließen und auch die Bildbotschaften: Sechs US-Amerikanische Soldaten stemmen gemeinsam einen Flaggenmasten auf dem Hügel der Insel Iwojima in die Höhe. Die Atmosphäre eines harten und gemeinsam erkämpften Sieges wird dabei durch die Fotografie transportiert, die Rosenthal einen Pulitzer-Preis bescherte. In Nuancen anders, aber insgesamt von der Bildbotschaft ähnlich, fängt Chaldejs Fotografie einen einzelnen sowjetischen Soldaten ein, der das Banner der Sowjetunion mit Hammer und Sichel vom zerstörten Reichstag schwenkt. Dahinter sind die zerstörten Häuser Berlins zu erkennen und auf den Straßen militärische Transportfahrzeuge. Auch hier wird dem Betrachter vermittelt, dass nach Ende einer langen und harten Schlacht die Stadt nun eingenommen und der Sieg errungen worden ist.

Da Fotografien in der Regel weniger komplex als Bilder hinsichtlich ihrer Details sein können, kommt es im Geschichtsunterricht sehr schnell zur Analyse und Interpretation der Bilder – hier in beiden Fällen der scheinbare Moment des Sieges. An dieser Stelle kann in der Konkretisierung nun in einem Schritt politische Propaganda erörtert werden. Im Falle des Hissens der Flagge von Iwojima kann das Bild des ersten Hissens der Flagge um 10:30 Uhr am 23. August 1945 auf dem Suribachi zum Vergleich herangezogen werden, das weniger spektakulär und auch die

Flagge in der Aufnahme kleiner wirkt. Insgesamt wirkt das erste und unbekanntere Foto wie eine tatsächliche Momentaufnahme, in der Soldaten gerade einen Flaggenmasten irgendwo auf der Welt aufstellten und einer kniend den Vorgang zu überwachen scheint. Die Schüler können an dieser Stelle mutmaßen, weshalb das berühmtgewordene Bild Verbreitung gefunden hat und nicht dieses. Durch diesen Arbeitsschritt werden die Bildsprache und Atmosphäre der Fotografien vergleichend analysiert. Als Zusatzinformation und zur Auflösung der Mutmaßungen kann dann die Vorgeschichte der Fotografie in den Unterricht eingebracht werden: Der militärischen Führung am Strand erschien die Flagge zu klein und daher wurde ein zweiter Trupp mit einem anderen Fotografen, Joe Rosenthal, den Berg hinaufgeschickt. Dabei gelingt Rosenthal beim Austausch der Flagge die bekannte Fotografie. Während die Geschichte dahinter zunächst in Vergessenheit geriet, wurde das zweite Hissen der Flagge weltberühmt, in dem es zunächst als Bild für die Werbung für amerikanische Kriegsanleihen genutzt wurde, dann den Pulitzer-Preis gewann und schließlich zum Symbol im amerikanischen Geschichtsbewusstseins für die Opfer und Anstrengungen im Kampf gegen die Achsenmächte wurde.

Auch das Foto „Auf dem Reichstag“ von Chaldej ist kein Zufallsprodukt. Während Rosenthals Foto mit nur wenigen Stunden Unterschied aufgenommen wurde, bringen die Zusatzinformationen zu diesem Foto eine größere Manipulation zum Vorschein: Der Reichstag war bereits am 30. April durch die Rote Armee gestürmt worden, das Foto wurde jedoch erst am 2. Mai aufgenommen. Als Ziel der sowjetischen Führung war jedoch ausgegeben worden, vor dem Tag der Arbeiterklasse am 1. Mai, das Banner der Sowjetunion auf dem Reichstag zu hissen. Aufgrund von erheblichen Verlusten und Verzögerungen wurde die Flagge aber erst in der Nacht auf den 1. Mai gehisst, ohne dass ein Fotograf zugegen gewesen war. Chaldej, der um Stalins Wunsch eines wirkmächtigen Fotos von der Eroberung des Reichstags für seine Propagandazwecke wusste, kam mit der roten Flagge am Morgen des 2. Mai zum Reichstag und traf dort auf drei Soldaten, die dann auch auf dem Foto zu sehen sind. Die Idee, bis auf die Kuppel zu klettern, verwarfen die Soldaten aufgrund der Gefahr durch Brände und Rauch jedoch und Chaldej suchte dann länger nach einer geeigneten Stelle, die ihm eine perfekte Perspektive der Flagge mit dem zerstörten Reichstag und dem zerstörten Berlin bot.[13]

Das umgehend veröffentlichte und offizielle Foto wurde nachträglich bearbeitet, was ein Abgleich mit den inoffiziellen Aufnahmen zeigt, insgesamt 36 Bilder, die der Fotograf geschossen hatte. Einerseits wurden schwarze Rauschschwaden eingefügt, die die Atmosphäre deutlich düsterer wirken lassen, als sie in der Realität zu sehen waren. Auch wurde eine von zwei Armbanduhren des Soldaten, der den Soldat mit der Flagge stützt und hält, wegretuschiert, da Armbanduhren beliebtes Beutegut sowjetischer Soldaten waren und dies die Verwendung des Bildes zur Kriegspropaganda störte. Auch weitere Retuschen, wie z.B. an der Flagge, oder eine nachträgliche Kolorierung in anderen Bildern wurden bekannt.[14]

Ein Bildvergleich zwischen dem Hissen der ersten und der zweiten Flagge auf Iwojima oder der Retusche und Manipulation der Flagge auf dem Reichstag führt zu ähnlichen Fragen und Erkenntnissen im Geschichtsunterricht: Durch eines oder beide Fotografien kann die Inszenierung von Fotografien für propagandistische Zwecke erarbeitet werden. Auch wird deutlich wie in diesem Falle bedeutende Orte, Soldaten und Flaggen zur Heroisierung von Schlachten und Kriegen genutzt werden. Darüber hinaus wird auch die grundsätzliche Frage aufgeworfen, inwieweit diese Inszenierung überhaupt für das Geschichtsbewusstsein relevant ist.

Selbstverständlich trägt eine Beschäftigung mit diesen beiden Bildern deutlich zur historischen Methodenkompetenz bei, denn Schüler üben anhand dieser zwei Fälle den kritischen Umgang mit historischen Quellen. Dennoch sind beide Ereignisse so geschehen: im Falle von Iwojima sogar das Flaggenhissen, das nur nicht spektakulär erschien, und im Falle des Reichstages wurde dieser tatsächlich von der roten Armee erobert, nur zwei Tage vor der Aufnahme des berühmten Fotos. Sachwissen kann auch durch diese

13 Ende des Zweiten Weltkriegs: „Jungs, stellt euch da hin und hißt die Flagge". Frankfurter Allgemeine Zeitung (3. Mai 2005). https://www.faz.net/aktuell/politik/ende-des-zweiten-weltkriegs-jungs-stellt-euch-da-hin-und-hisst-die-flagge-1228596.html?printPagedArticle=true#pageIndex_2 [aufgerufen am 27.01.2021]

14 Ende des Zweiten Weltkriegs: „Jungs, stellt euch da hin und hißt die Flagge". Frankfurter Allgemeine Zeitung (3. Mai 2005)

inszenierten Fotografien vermittelt werden sowie eine Orientierung in der Geschichte, dass beide Fotografien für die amerikanische Identität oder respektive die russische Erinnerung an den Zweiten Weltkrieg zentral sind. Es hängt also von den gewählten Stundenzielen ab, ob primär die Dekonstruktion von Propaganda und das Geschichtsbewusstsein beider Großmächte thematisiert werden soll, oder ob die Fotografien zur Vermittlung von Sachwissen über das Ende des Zweiten Weltkriegs eingesetzt werden.

Lehrkräfte, die sich vertiefend mit dem amerikanischen Geschichtsbewusstsein auseinandersetzen wollen, können das Foto vom Hissen der Flagge auf den Trümmern des World Trade Centers für den Schulunterricht aufgreifen, das in der Tradition dieser Bildgeschichte steht. Dadurch kann auch ein Gegenwartsbezug zur nahen Zeitgeschichte hergestellt werden und die *visual history*, die kommunikative Geschichte dieses Motivs, des Flaggenhissens von Iwojima, genauer beleuchtet werden.

Chancen von Bildquellen	**Grenzen von Bildquellen**
... bieten eine Darstellung der Ereignisgeschichte und Mentalitätsgeschichte ... eignen sich für die Dekonstruktion von Propaganda ... führen zum Hinterfragen der Wirkung und Macht von Bildern ... zeigen gut die historische Sachkultur ... bieten die Möglichkeit zur Illustration und schnellen Vergegenwärtigung von Vergangenheit ... eignen sich sehr gut für den Stundeneinstieg und zur Hinführung zu einem Thema ... Bildelemente können auch ohne Vorwissen leicht erschlossen werden	... sind nahezu immer zu einem Grad gestellt oder perspektivisch ... benötigen oftmals eine eingängige Beschäftigung mit der Bildgeschichte oder der Darstellungsintention des Malers oder Fotografen ... geben eine vermeintliche Authentizität wieder ... bergen die Gefahr zur Spekulation über den Bildkontext und die Bildabsicht ... fordern eine Erarbeitung und Differenzierung der Zeitebenen ein, um ein Bild als historische Quelle von einem Bild als Darstellung über die Vergangenheit zu unterscheiden

Bildquellen: Karikaturen und Plakate

Karikaturen und Plakate können polemisch, provokativ, albern und unterhaltsam, Blickfänger, hetzerisch oder gar schlicht sein. Die Erfindung des Buchdrucks hat die Verbreitung und die Herstellung beider Bildgattungen bedeutend beeinflusst: Wenn auch Karikaturen und Plakate vor allem mit dem Buchdruck Verbreitung fanden, so gab es bereits auf römischen Tafeln oder Mauern der Antike und des Mittelalters Zeichnungen und Texte, mit denen Menschen verspottet wurden, für Gladiatorenkämpfe oder Gasthäuser geworben wurde oder sich religiöse Botschaften fanden. Ihren Durchbruch als Massenmedium erfahren diese Bildgattungen dann in der Öffentlichkeit des 16. Jahrhunderts während der Zeit des Bauernkriegs.[1] Im Geschichtsunterricht treten diese Bildquellen daher vor allem ab der Mittelstufe auf und in der Vermittlung der Frühen Neuzeit.

Einhergehend mit dem Buchdruck im 15. Jahrhundert entstanden die ersten Flugblätter, Flugschriften, Handzettel und Anschläge, die im Streit zwischen Protestanten und Katholiken nach der Reformation religiöse Botschaften oder Schmähungen transportieren. Aber auch Regierungen nutzen das Plakat bald für amtliche Verlautbarungen. Sehr bekannt und in beinahe jedem Schulbuch präsent ist die Karikatur der drei Stände, die als Flugblatt 1789 verbreitet wurde und die Last des Dritten Standes zeigt, der von Adel und Klerus ausgebeutet wird. Für die Geschichte der Bismarck-Zeit und des Kolonialismus liegen zahlreiche und sehr gute Karikaturen vor, die Politiker oder die Ausbeutung ferner Länder und Menschen thematisieren. Da mit dem Ende des 19. Jahrhunderts eine Hochphase des Plakats eintritt, tragen Karikaturen und Plakate zur Analyse und Verständnis der Geschichte des 19. und 20. Jahrhunderts und der Zeitgeschichte bei: Schüler werden mit Wahlplakaten aus der Kaiserzeit und Weimarer Republik konfrontiert oder mit der Propaganda des Dritten Reichs in Form von hetzerischen Karikatu-

1 Schneider, Gerhard: „Das Plakat“ in: Schneider, Gerhard und Pandel, Hans-Jürgen (Hrsg.): Handbuch Medien im Geschichtsunterricht. Schwalbach/Ts. 2011, 6. erweiterte Auflage, S. 295.

ren und Propagandaplakaten, die das Bild und vermeintliche Ideal einer „Volksgemeinschaft“ bewarben.[2]

Die Gattung Karikatur kann über den Begriff „aufgeklärt“ näher verstanden werden. Karikaturen sind antiautoritär, kritisieren Kaiser, Propheten und Päpste sowie ganze Glaubensgemeinschaften, Untertanentum und Ideologien. Diese Bildgattung, die ihren Namen vermutlich im 16. Jahrhundert durch die Kunst der Brüder Carracci erhielt und die Tätigkeit *caricare* „überladen“ bedeutet, wächst durch die Epoche der Aufklärung das Kritische zu: In diesem Sinne und dem Argument des Schriftstellers und Journalisten Peter Platthaus folgend, entsprechen die Schmäh- und Hetzbilder des Stürmers gegen Juden und aus der „Volksgemeinschaft“ ausgegrenzte Minderheiten nicht dem Karikaturenbegriff der Aufklärung, der sich dezidiert gegen Missstände und Mächtige wendet. Ein breitgefassterer Karikaturenbegriff erlaubt jedoch Karikaturen einzuschließen, die von mächtigen Parteien oder Bewegungen gegen Minderheiten und Schwächere gerichtet sind. Platthaus‘ feinsinnige Beobachtung stellt dagegen eine Bereicherung für einen differenzierten Umgang mit Karikaturen im Geschichtsunterricht dar und macht verständlich, weshalb die Ermordung der Karikaturisten der Satirezeitschrift „Charlie Hebdo“ am 7. Januar 2015 ein Angriff auf die Aufklärung und damit das Fundament westlicher demokratischer Gesellschaften war. Auch die Reaktionen auf den Terroranschlag waren lehrreich: In falsch verstandener Toleranz wurde die Religion als der schwächere und unterlegene Part gesehen, weshalb auch Stimmen laut wurden, über historisch überkommene und überwundene Blasphemieparagrafen nachzudenken. Auch der Vorwurf, „Charlie Hebdo“ würde mit der Karikatur alle sich zum Islam Bekennenden angreifen, prallt zurück, denn dieser Vorwurf suggeriert, die Terroristen und Mörder hätten Rückhalt bei einer einheitlich strenggläubigen Gemeinschaft von Marokko bis Indonesien.[3] Karikaturen können daher wesentlich mehr über eine Gesellschaft offenlegen, als „nur“ einen kritisierten Missstand thematisieren oder einem Mächtigen oder einer Religion einen Spiegel vorhalten.

2 Sauer, Michael: „Auffällig, verbreitet und meinungsmachend. Plakate im Geschichtsunterricht“ in: *Geschichte Lernen* 114 (2006), S. 4-5.

3 Platthaus, Peter: Das geht ins Auge. Geschichten der Karikatur. Berlin 2016, S.12-15.

Während Karikaturen nahezu ausschließlich eine politische oder gesellschaftliche Kritik transportieren, sind Plakate oftmals erhellend für die Alltags- und Kulturgeschichte einer Epoche. Neben den politischen Plakaten sind daher auch Werbeplakate sinnvoll für den Geschichtsunterricht, die für Produkte (Coca-Cola), Fernreisen (Hapag-Lloyd) oder Haushaltswaren (Hoover) Werbung machen und damit die Visionen, Sehnsüchte und Selbstbilder vergangener Zeiten transportieren oder auch überkommene Frauenbilder zeigen, wie die Hoover-Werbung, die verspricht, das Glück der Ehefrau liege in Form eines neuen und modernen Staubsaugers unter dem Weihnachtsbaum.

Chancen und Grenzen von Karikaturen und Plakaten

Karikaturen und Plakate haben als Bildquellen viele geschichtsdidaktische Chancen und Grenzen mit Gemälden und Fotografien gemeinsam. Gerhard Schneider differenziert sinnvoll zwischen Plakaten einerseits, die als reine Schriftquelle vorliegen, wie z.B. Bekanntmachungen des Kriegsministeriums während des Ersten Weltkriegs an die Soldaten und die Bevölkerung oder der Aufruf an das Deutsche Volk von Max von Baden am 6. November 1918 über die Einleitung von Friedensverhandlungen oder die Proklamation der Abdankung des deutschen Kaisers. Andererseits liegen sie als Bildquellen vor mit starkem künstlerischen oder karikaturhaften Charakter.[4] Für die Konkretisierung einer Unterrichtssituation wird daher vorgeschlagen, bei reinen Textplakaten über die Chancen und Grenzen von Textquellen und ihren Einsatz nachzudenken, bei den anderen Arten mit keinen oder wenigen Textelementen auf die Vor- und Nachteile von Bildquellen zu achten.

Sauer unterteilt die politischen Plakate in Wahlplakate, Propagandaplakate und sozialkritische Plakate, die gesellschaftliche Missstände anprangern. Zum Beispiel warben die bürgerlichen Sozialreformer und Gewerkschaften gemeinsam mit der Künstlerin Käthe Kollwitz 1906 mit einem Plakat für die Deutsche Heimarbeit-Ausstellung in Berlin Unter den Linden. An dieser Prachtstraße

4 Schneider, Gerhard: „Das Plakat" in: Schneider, Gerhard und Pandel, Hans-Jürgen (Hrsg.): Handbuch Medien im Geschichtsunterricht. Schwalbach/Ts. 2011, 6. erweiterte Auflage, S. 291.

wollte man der „feinen Gesellschaft“ die Arbeits- und Lebensbedingungen der Arbeiter zeigen, die unter katastrophalen Missständen zu leben und zu arbeiten hatten. Vermutlich aus Kollwitz‘ Zyklus „Ein Weberaufstand“ stammend zeigt das Plakat eine ausgemergelte und erschöpfte Frau, die müde ins Leere blickt. „Im hell ausgeleuchteten Gesicht treten die dunklen Ränder unter den Augen und die eingefallenen Wangen umso deutlicher hervor.“[5] Im Zusammenhang mit der Ausstellung wird die Geschichte kolportiert, Kaiserin Auguste Victoria habe sich geweigert, die Ausstellung zu besuchen, solange dieses Plakat von Käthe Kollwitz zu sehen sei. Der feine Unterschied in politischen Plakaten und Propagandaplakaten liegt somit darin, dass Erstere für eine Partei oder Forderung werben, während Letztere provozieren und attackieren; die Grenzen sind dabei derart fließend, dass eine starre Differenzierung nicht sinnvoll erscheint.[6]

Die Eigenheiten einer Karikatur treffen auch auf manche Bilder zu und lassen sich sehr gut auf Plakate übertragen. Karikaturen sind rabiat, scharf, angriffslustig und zielen darauf ab, mächtige Herrscher und Politiker der Lächerlichkeit preiszugeben. Gleich, ob Herrscher wie Napoleon, der oft klein und mit einem überdimensionalen Hut gezeichnet wurde, oder Persönlichkeiten des 20. Jahrhunderts: Bäuche wurden dicker, Nasen länger, Köpfe schmäler solange es der Verbildlichung diente, um aus dem Mächtigen eine Witzfigur zu machen. In Kriegszeiten oder während des Nationalsozialismus wurde diese Überzeichnung auf Plakaten und Karikaturen, oder nach Platthaus besser gesagt: Hetzbildern, derart weit getrieben, dass Minderheiten, Feinde und Gegner entmenschlicht und fratzenhaft dargestellt wurde. In solchen Situationen sind Karikaturen auch als **Waffe** zu verstehen und ihre Polemik und Schärfe kann Emotionalisierungen hervorrufen.[7] Gleichzeitig

5 Plakat der Deutschen Heimarbeit-Ausstellung, 1906. Kreide- und Pinsellithographie mit Spritztechnik und Schabeisen, Kn 95 III: https://www.kollwitz.de/plakat-der-deutschen-heimarbeit-ausstellung [aufgerufen am 14. Mai 2021]

6 Sauer, Michael: „Auffällig, verbreitet und meinungsmachend. Plakate im Geschichtsunterricht“ in: *Geschichte Lernen* 114 (2006), S. 3-5.

7 vgl. Brösamle-Lambrecht, Manfred: Mit spitzem Stift. Die Karikatur als Kommentar, Kritik und politisches Kampfmittel, in: Praxis Geschichte, 1/2004, S. 8-9.

entlarvt aber ein hetzerisches Stürmerbild die antisemitische Gesinnung des Publizisten, was für den Wert propagandistischer Plakate und Karikaturen im Geschichtsunterricht spricht.

Karikaturen sind für Schüler grundsätzlich sehr schwierig, da sie entwicklungspsychologisch oftmals noch nicht **Ironie** begreifen können und auch kognitiv erstmal eine Metapher erschlossen und verstanden werden muss, um an die **satirische Aussage** zu gelangen. Ohne umfangreiches Kontextwissen lassen sich viele Karikaturen gar nicht mehr erschließen. Ein Blick auf die Karikatur „... und der mitgelieferte Damokles-Brieföffner" (1969), die das innenpolitische Konfliktpotential einer Annäherung an die DDR durch Westdeutschland unter Willy Brandt thematisiert, zeigt schnell dieses Problem: Wie sollen Schüler ohne Vorbereitung diesen komplexen **Kontext** erwerben und auf die Karikatur anwenden? Selbst dass die Schüler Willy Brandts markante Erscheinung erkennen, kann im Geschichtsunterricht gut 50 Jahre nach dessen Wirken nicht mehr vorausgesetzt werden. Die drei anderen Personen in der Karikatur, Horst Ehmke, Bundesminister für besondere Aufgaben, Außenminister Walter Scheel und SPD-Fraktionsvorsitzenden Herbert Wehner **dürften gänzlich unbekannt sein**, trotz ihrer Bedeutung für die deutsche Geschichte. Auch die gern genutzte Karikatur „Die Unterschrift des Jahres" (1970) von Hanns Erich Köhler ist zwar äußerst simpel in der Darstellung, aber ohne Vorkenntnisse ist kaum zu erschließen, dass Willy Brandt hier die Oder-Neiße-Linie mit einem Füllfederhalter zieht und damit staatsrechtlich anerkennt.

Ulrich Schnackenberg sieht in der Karikatur ein wichtiges Medium, um die Schüler mit **politischen Meinungskämpfen** vertraut zu machen und sie so „auf ihre Rolle als mündige Bürger in der Demokratie vorzubereiten." Anhand einer Karikatur kann diese Rolle eingeübt werden, da einzelne Karikaturen aber auch Gegenüberstellungen von Karikaturen zum gleichen Sachverhalt die **Fähigkeit zur** Interpretation von Geschichte und **ideologiekritisches Denken fördern.** Die Zeichnungen **können** Vermutungen auslösen und Fragen aufwerfen, die wiederum die **Strukturierung einer Unterrichtsstunde** vorgeben können. Für Schüler ist ein Vorteil der Karikatur gleichzeitig eine Herausforderung, denn anhand von Karikaturen kann bestehendes Sachwissen über die Vergangenheit auf einen neuen Zusammenhang angewandt werden. Karikaturen eignen sich somit auch zur Sicherung oder Abfrage von historischen Themenkomplexen, die den Transfer des Sachwissens auf eine neue und unbekannte Karikatur einfordern.[8]

Eine besondere Stärke der Karikatur ist ihre **Anschaulichkeit**, da sie Wissen über die Geschichte nicht nur schriftlich, sondern mental zusätzlich mit einem Bild vermitteln. Comichafte, aber nicht immer zwingend lustige oder unterhaltsame, Szenen werden angeboten, die Figuren überzeichnet und reduziert und auch mit Nationalallegorien wie dem deutschen Michel, der französischen Marianne oder dem amerikanischen Uncle Sam gearbeitet.[9] Für den Geschichtsunterricht soll hier auch an einen ursprünglichen Entstehungsgrund von Karikaturen erinnert werden: Die ersten Karikaturen richteten sich ab dem 18. Jahrhundert an ein Publikum, bei dem die Lesefähigkeit noch gering ausgeprägt und Analphabetismus nichts Ungewöhnliches war. Karikaturen sind ein stark publikumsorientiertes Medium, das Übersteigerungen anbietet, tendenziös ist und Lustempfinden beim Betrachter wecken soll.[10] Aus didaktischer Sicht bietet eine Karikatur daher auch schwächeren Schülern die Chance, Personen und Dinge zu benennen und sie so an die Interpretation der Karikatur heranzuführen. Diesen Vorzug teilt die Karikatur mit Plakaten, die ebenfalls mit **einfachen Bildbotschaften** ein möglichst großes Publikum erreichen wollen. Als Untersuchungsaspekte für Karikaturen und Plakate im Geschichtsunterricht sollten daher der Auftraggeber, die künstlerische Darstellung, sprachliche Aspekte, sofern vorhanden, die politische Botschaft oder Kritik sowie der historische Kontext erarbeitet werden. Mit diesen Aspekten kann dann die Wirkungsabsicht dieser Bildquellen erschlossen werden.

Aus geschichtsdidaktischer Sicht sollte im Unterricht auch auf die Besonderheit des Plakats und der Karikatur hingewiesen werden, zumindest bevor beide Gattungen ab der zweiten Hälfte des

---

8 vgl. Schnackenberg, Ulrich: Die Karikatur im Geschichtsunterricht. Schwalbach/Ts. 2021, S. 16-17.

9 vgl. Brösamle-Lambrecht, Manfred: Mit spitzem Stift. Die Karikatur als Kommentar, Kritik und politisches Kampfmittel, in: Praxis Geschichte, 1/2004, S. 9.

10 Pandel, Hans-Jürgen: „Karikaturen. Gezeichnete Kommentare und visuelle Leitartikel" in: Schneider, Gerhard und Pandel, Hans-Jürgen (Hrsg.): Handbuch Medien im Geschichtsunterricht. Schwalbach/Ts. 2011, 6. erweiterte Auflage, S. 273-274.

20. Jahrhunderts an Bedeutung verloren aufgrund einer Karikatur- und Plakatschwemme und der Ausdifferenzierung der Gesellschaft, in der nicht mehr eines oder wenige provokante Bilder eine große Mehrheit der Bevölkerung erreichten: Schneider nennt das Plakat „eine zeit- und kulturgeschichtliche Quelle ersten Rangs",[11] da Plakate anders als andere Text- und Bildquellen im öffentlichen Raum verbreitet wurden und Karikaturen in Leitmedien direkte Kritik an den herrschenden Eliten übten. Ob ein spezifisches politisches oder Werbeplakat zur Wahl einer Partei oder zum Kauf eines Produkts beigetragen hat, lässt sich nicht direkt sagen; auch nicht, inwieweit Karikaturen in der Bundesrepublik das Wahlverhalten beeinflussten. Für den Geschichtsunterricht ist daher von Belang, was die intendierte Wirkung eines Plakats oder einer Karikatur war und weniger die tatsächliche Wirkung – diese ließe sich nur durch weitere Quellen beantworten, die Auskunft über Reaktionen auf ein spezifisches Plakat geben. Beide Bildgattungen reflektieren aber in besonderer Weise Träume und Kämpfe oder „Grundströmungen" einer vergangenen Zeit.[12]

Ähnlich einer Karikatur arbeiten Plakate mit **Symbolen und Allegorien**, die es erlauben, sehr schnell politische Richtungen oder soziale Gruppierungen zu erkennen und Wertungen und Aussagen zu vermitteln. Dazu ist das Kontextwissen aus dieser Zeit notwendig, um die Botschaften der Symbole entschlüsseln zu können. Grundsätzliche Bildbotschaften, die Angst, Armut, Gefahr durch Farbe und Figuren ausdrücken, dürfen jedoch als zeitlos und einfach zugänglich für die Schüler angesehen werden. Die in der Weimarer Republik gängigen Symbole Schwert, Hammer, Faust, Hände in Ketten, raubende Hände, Händedruck, Dolch, Schlange, Taube, Fahne und zeigende Finger können aber auch gesondert Thema des Geschichtsunterrichts sein, da diese Symbole immer wieder auf Plakaten bis in die Gegenwart präsent sind. Einem Bild gleich, gilt es Größe, Proportion, Perspektive, Haltung und Dynamik der Bildfiguren zu bestimmen und Signalfarben, die politische aber

---

11 Schneider, Gerhard: Das Plakat in: Schneider, Gerhard und Pandel, Hans-Jürgen (Hrsg.): Handbuch Medien im Geschichtsunterricht. Schwalbach/Ts. 2011, 6. erweiterte Auflage, S. 325.

12 Sauer, Michael: „Auffällig, verbreitet und meinungsmachend. Plakate im Geschichtsunterricht" in: *Geschichte Lernen* 114 (2006), S. 3 und 7.

auch Werbeplakate nutzen, zu besprechen: rot für Kommunismus oder das Coca-Cola Rot-Schwarz, mit der die Marke wirbt.[13]

Der deutsche Michel (1842)

Abb. 8: Kat. Nr. 15: Richard Seel: Der deutsche Michel, 1842. Heinrich-Heine-Institut Düsseldorf: HHI.Rkult.vormaerz33

„Vom deutschen Michel sprechen, heißt einen Gang in die Geschichte unseres Volkes machen (...), in die innere Geistes-Geschichte", schrieb August Gerlach 1906 über ein Nationalsymbol, dass die Deutschen schon seit Jahrhunderten begleitet.[14] Der polnische Historiker Tomasz Szarota hat die Entstehung des Begriffs

---

13 Sauer, Michael: „Auffällig, verbreitet und meinungsmachend. Plakate im Geschichtsunterricht" in: *Geschichte Lernen* 114 (2006), S.7 und Beilage im Heft.

14 Gerlach, August: Der „deutsche Michel" in: *Frankfurter Zeitgemäße Broschüren* (Band 25, Heft 8), Hamm 1906, S. 223 zitiert aus: Szarota, Tomasz: Der

Abb. 9: Richard Seel: Michels' Erhebung, 1842.

bis in Jahr 1541 zurückverfolgt, wo er damals mit einem Tollpatsch, Tölpel oder Blödian assoziiert wurde, aber auch nicht ausgeschlossen ist, dass er als die Personifizierung der Faulheit auftrat. Die Figur des deutschen Michels war wandelbar, wenn ihm auch immer eine Art passive Opferrolle zuwächst: Im 16. Jahrhundert dachte man beim deutschen Michel an einen einfachen und ungebildeten Bauern gleich dem russischen Iwanuschka Duratschok, dem französischen Jacques Bonhomme oder dem polnischen *glupi Jasio* – dummer Jan. Der deutsche Michel kann auch zum Symbol eines Kampfes gegen „das Fremde und die kosmopolitische höfische Kultur, zur Personifizierung der bürgerlichen Tugenden und des deutschen Patriotismus" werden, wenn er auch dabei explizit monoglott, also nur seiner Muttersprache mächtig bleibt. Während der Revolution von 1848, in dessen Vorfeld die Karikatur entstand, wird er denn zu einem Symbol, für die Deutschen, die für die

deutsche Michel. Die Geschichte eines nationalen Symbols und Autostereotyps. Osnabrück 1998, S.11.

nationale Einheit kämpfen. Interessant ist auch seine politische Instrumentalisierung zum Ausbruch des Ersten Weltkriegs: In der sozialdemokratischen Presse ist der Michel das Symbol für ein geknechtetes Volk, das den Militarismus und Imperialismus des deutschen Kaiserreichs verurteilt. Gleichzeitig nutzen ihn Sozialdemokraten aber auch als nationales Einheitssymbol im patriotischen Kampf gegen fremde Mächte. Während der Versailler Verhandlung wird der Michel dann zum unschuldigen Opfer der Siegermächte und die Nationalsozialisten nutzen ihn, um ihre Parole „Deutschland erwache!" mit „Wach auf, deutscher Michel!" zu verbinden.[15]

Karikaturen wie der deutsche Michel werden, wie andere Bildquellen, gerne zu Beginn der Stunde eingesetzt, aber in der Konkretisierung soll über eine komplexe Karikatur im Zentrum einer Unterrichtsstunde nachgedacht werden. Die Karikatur von Sabatky hat maßgeblich dazu beigetragen, den deutschen Michel als Nationalallegorie zu etablieren. Bevor Deutsche und Deutschland mit dem preußischen Militarismus des Kaiserreichs und der beiden Weltkriege gleichgesetzt wurden, kam das Bild vom deutschen Michel auf, der etwas provinziell und damit weltabgewandt scheint. Er ist träge und schlummernd, ohne eine besondere weltpolitische Rolle einzunehmen. In der Karikatur von 1842 sehen die Schüler den Michel schlafend in einem Holzstuhl eingeschlossen. Es bietet sich an, in der konkreten Unterrichtssituation mit zusätzlichem Material und Darstellungstexten die Schüler einer Mittelstufe zu zweit oder in einer Gruppe diese äußerst komplexe Karikatur selbst erschließen zu lassen.

Diese Karikatur ist ohne umfangreiches Kontextwissen der politischen Situation des Vormärz in Europa nicht zu deuten. Gemeinsam kann der erste Schritt einer Bildanalyse angegangen werden, sodass sichergestellt ist, dass alle bedeutenden Bildelemente genannt werden, damit nicht einzelne Personen in der anschließenden Partner- oder Gruppenarbeitsphase übergangen werden. Die Karikatur besitzt sieben Elemente, die es zu entschlüsseln gilt. Die Aufgabe der Lehrkraft besteht darin, diese sieben Elemente in der Klasse zuzuweisen oder auch von größeren Gruppen alle Elemente gemeinsam einzufordern. Die Entschlüsselung der Gesamtbot-

15 Szarota, Tomasz: Der deutsche Michel. Die Geschichte eines nationalen Symbols und Autostereotyps. Osnabrück 1998, S.13 und 19.

schaft, die Interpretation der Karikatur, kann auch schriftlich festgehalten und am Ende mit einer Musterlösung verglichen werden. Folgende sieben Elemente müssen von den Schülern beschrieben und – mit Unterstützung der Lehrkraft oder durch Material – analysiert werden: Erstens der deutsche Michel selbst, der von drei Männern in den Schlaf gewiegt wird, dem ein Maulschloss verpasst wurde und der eine Schlafmütze und Latz mit Nummern trägt und in seinem Stuhl eingesperrt ist. Die Zahlen verweisen auf die 41 Bundesstaaten, die von 1815 bis 1866 den Deutschen Bund bildeten. Zweitens ist eine britische Bulldogge mit dem goldenen Löwenemblem des britischen Empires zu erkennen, die dem Michel einen Sack Geld aus der Manteltasche stiehlt, womit die britische Handelspolitik kritisiert wird, die auf Kosten der deutschen Lande geschah.[16] Drittens ist zu seiner linken ein Franzose mit schwarzem Vollbart und einer Uniform in Landesfarben zu sehen, der Michel am Arm reißt. Viertens ein Kosake mit der winterlichen Kopfbedeckung (Papacha) der ihn in den Schlaf wiegt und fünftens Fürst Metternich, als Repräsentant Österreichs, der an Michel einen Aderlass vollführt und aus dessen Blut Goldmünzen entstehen. Im Hintergrund ist sechstens der Papst mit dem Petrusschlüssel zu erkennen, der wütend die Situation verfolgen muss, und siebtens Soldaten des Deutschen Bundes, die warten und von einem Vorgesetzten zurückgehalten werden.

Der Detailreichtum und die Komplexität verdeutlichen, dass für die reine Beschreibung aller Elemente ausreichend Zeit eingeplant werden muss. Eine große Schwierigkeit wird zunächst die Einordnung der Personen in den historischen Kontext sein und davon ausgehend die Interpretation. Während die drei Personen, die Michel in den Schlaf wiegen und ausbeuten, leichter zu entschlüsseln sein dürften, können Metternich oder die Bulldogge in der Regel nicht ohne Zusatzinformation erschlossen werden. Auch die Soldaten des Deutschen Bundes dürften unbekannt sein und müssten durch die Lehrkraft vorentlastet werden oder mit

16 Nach dem Krieg gegen Napoleon erließ Großbritannien Maßnahmen zur Förderung des eigenen Exports und zum Schutz des eigenen Marktes. Hinzu kam der technologische Fortschritt in Großbritannien, das in dieser Zeit seine Stellung als domminierende Handelsmacht und „workshop of the world" ausbaute. vgl. Gruner, Wolf: Der Deutsche Bund 1815–1866. München 2012, S. 49.

geeignetem Material erarbeitet werden. Erschwert wird die Analyse durch den Detailreichtum: Metternich, der sich hier an der Schwäche des Michels bereichert, besitzt auch den Schlüssel für dessen Maulschloss, womit die Zensur und Unterdrückung der liberalen Nationalbewegungen in Deutschland gemeint sind, wie sie in den Karlsbader Beschlüssen von 1819 festgehalten und diktiert wurden. Russland befand sich damals mit Preußen und Österreich in einer Heiligen Allianz, die zum Ziel hatte, die Ständeordnung und monarchische Herrschaft zu bewahren und demokratische Bewegungen zu unterdrücken. Der französische Soldat symbolisiert die Ansprüche Frankreichs auf die linksrheinischen Gebiete des deutschen Bundes, nachdem die Niederlage Frankreichs in der Orientkrise derartige nationalistische Ansprüche geweckt hatte und zu einer Kriegsgefahr zwischen beiden Staaten anwuchs, die als Rheinkrise von 1840 in die Geschichte einging.[17] Das Bundesheer des Deutschen Bundes bleibt zur Untätigkeit erstarrt im Hintergrund, da Preußen und Österreich als wichtigste Mächte im Bund sich gegenseitig blockierten. Und der Michel selbst? Seine Hand ruht auf einer Keule, die oftmals übersehen wird, da sie unter Metternich zu verschwinden scheint und von dem Teller überlagert wird, in den das Blut tropft und Goldtaler entstehen. Hier hat der Karikaturist die Botschaft versteckt, dass der Michel eine starke Keule besäße, wenn er nur aus seiner eingesperrten Situation und aus der in den Schlaf wiegenden Umarmung der Mächte der Heiligen Allianz aufwachen würde.

Diese Karikatur erscheint auf den ersten Blick wie eine mögliche Überforderung für das Sachwissen eines Mittelstufenschülers, als auch für die kognitiven Fähigkeiten, die vielen Bilddetails zu erkennen, zu benennen und in Bezug zu setzen. Gerade der „Deutsche Michel“ (1842) verdeutlicht die Schwierigkeit, die Karikaturen

17 Keine Krise ohne Vorgeschichte: Während der Orientkrise 1839/41 versuchte Frankreich seinen Einfluss durch ein Bündnis mit Ägypten in Afrika und den Nahen Osten auszubauen, was zu einem erneuten Zusammenschluss der Heilige Allianz aus Russland, Österreich und Preußen erweitert um Großbritannien führte, die Paris eine diplomatische Niederlage im Nahen Osten zufügte. Aus dieser Niederlage wiederum resultierte die Rheinkrise, bei der alte Feindschaften auf beiden Seiten über die Gebiete Elsass, Lothringen und der Franche-Comté wieder wach wurden. vgl. Gruner, Wolf D.: Der Deutsche Bund 1815–1866. München 2012, S. 59-60.

im Geschichtsunterricht bereiten können und deshalb sollten sie nicht immer als vermeintlich schneller Einstieg in eine Stunde verstanden werden. Karikaturen sind schwierig. Gleichzeitig bietet diese Karikatur durch ihre Komplexität die Möglichkeit, die Fähigkeit der Karikaturanalyse einzuüben und durch eine geeignete Gruppenarbeit mit zusätzlichen Materialien und Hilfestellung, die Schüler zu einem Erfolgserlebnis zu bringen, das ihnen Leistung und Konzentration abverlangt. Auch lückenhafte Interpretationen, z.B. ohne das Bundesheer im Hintergrund oder die als Bulldogge dargestellte britische Handelspolitik, stellen einen wichtigen (Teil-) Erfolg dar. Für die politische Geschichte des Vormärz' als auch die grundlegende Ausprägung der Karikaturanalyse bietet sich diese Karikatur für den Geschichtsunterricht daher sehr gut an. Eine Lehrkraft, die über diese Arbeit mit der Karikatur hinausgehen will oder auch eine vertiefte Beschäftigung mit dem Thema anstrebt, sei noch auf die Karikatur desselben Künstlers hingewiesen, in der ein erwachter Michel zu sehen ist, der sich aus seinem Holzstuhl befreit, die linke Hand zum Himmel gestreckt hat und in der rechten Hand die Holzkeule gegen die Bulldogge, Franzosen, Russen und Österreicher austeilt. So gewaltig entspringt der Michel aus seinem Kasten, dass der Papst erschrocken mit seinem Stuhl nach hinten umkippt und dabei Stab und Schlüssel verliert. Ob direkter Vergleich in der Stunde oder zur Sicherung im Fazit oder auch als Anschluss für die nächste Stunde, hier kann beinahe einem Comic gleich, die Nationalgeschichte Deutschlands schrittweise mit diesen Karikaturen konkretisiert werden.

„Die Deutschen sind da!“ (1896)

Abb. 10: Jugend: Münchner illustrierte Wochenschrift für Kunst und Leben, Nr. 7 (15. Februar 1896), S. 105.

Ein direkter Vergleich zweier Karikaturen bietet sich auch beim Thema deutscher Kolonialismus anhand der Zeichnungen „Bevor die Deutschen kamen." und „Die Deutschen sind da!" (1896) an. Diese beiden Karikaturen bieten eine zeitgenössische Kritik des deutschen Kolonialismus und sind zugleich deutlich einfach gehalten, sodass sie passend für eine Mittelstufe oder jüngere Schüler sind. Zur Hinführung der Unterrichtsstunde könnte zunächst die Zeichnung des afrikanischen Urwalds gezeigt werden, die relativ schnell zu beschreiben und erschließen ist: Zu sehen ist eine unberührte Natur mit Löwen, Giraffen, Affen, Elefanten und Nilpferden, die überzeichnet paradiesisch frei, friedlich und fröhlich leben – die Elefanten lassen zum Beispiel ihr Elefantenbaby mit einem Wasserstrahl glücklich hochleben –, obwohl sich die Tiere eigentlich gegenseitig Beute und Jäger sind. Ein Detail ist sehr leicht zu übersehen und die Aufmerksamkeit der Schüler sollte darauf gelenkt werden oder dafür Zeit gegeben werden: Ein einzelner Mann steht mit den Händen in die Hüfte gestemmt, einer Pose des Eroberers, Machers oder Kommandanten, und betrachtete vom rechten Bildrand aus und von der Wildnis umschlossen die Tiere. Ist der Mann entdeckt und beschrieben, kann die Bildunterschrift aufgedeckt werden: „Lieutenant von Strehlau, frisch zur Schutztruppe in Afrika gekommen: Nette Gegend soweit!"

In einem zweiten Schritt, der Konkretisierung, beginnt dann die Analyse der zweiten Karikatur nach der Ankunft der Deutschen. Durch die erste Zeichnung sind die einzelnen Tiere und der kleine weiße Mann am rechten Bildrand bekannt und daher kann hier sehr zügig von der Beschreibung zur Analyse übergegangen werden. Durch Fragen, was sich zwischen beiden Bildern verändert hat, kann anhand dieser Karikaturen auch die Karikaturanalyse im Allgemeinen geschult werden. Denn nun stehen die Elefanten und Löwen, sogar die Krokodile, in Reih und Glied zum Appell. Den Tieren ist die Fröhlichkeit ihrer Gesichtsausdrücke genommen und streng blicken sie geradeaus. Auch wurde aus dem wilden Dschungel eine geordnete Palmenallee, in der ein deutscher Kolonialoffizier mit Monokel und Spitzbart die Reihen abschreitet, dem die Worte „Da muss Ordnung rin!" als Bildunterschrift mitgegeben werden. Bedeutend in der Karikatur sind nun die Rollen der Afrikaner, die im zweiten Bild dazugekommen sind. Einige stehen wie die Tiere in Reih und Glied und ihre Säbel und Uniform weisen sie als Kolonialsoldaten aus, andere folgen mit europäischer Mode und Sonnenschirm eingekleidet dem deutschen Offizier.

Während die Beschreibung und Analyse beider Karikaturen keine Schwierigkeiten bereiten dürfte, sollte über die Interpretation, die sich auch aufzudrängen scheint, nicht zu schnell weggegangen werden. Die militärische Anordnung dürfte schnell erschlossen sein und auch der Kolonialoffizier als Repräsentant der Kolonialherrschaft. Der Karikaturist drückt mit seinen Bildern eine deutliche Kritik an der deutschen Kolonialherrschaft in Afrika aus, die gesichert werden sollte: zum einen sollte die Herrschaft über die Afrikaner besprochen werden, die sie nur in einer dienenden und untergebenen Rolle kennt. Der Versuch, die Natur zu ordnen, verweist auf die Auswirkung des Kolonialismus auf vermeintlich „unberührtes" Land, das im Zuge der Kolonisierung nach europäischen Vorstellungen erschlossen wurde. Als Letztes, die satirische Beobachtung, der deutsche Kolonialismus drücke sich vorrangig durch preußischen Militarismus und deutschen Ordnungswahn aus. Dies steht im Einklang mit Darstellungen von Thomas Theodor Heine, der im Simplicissimus Karikaturen über die unterschiedlichen Arten der Kolonialherrschaft von Europäern mit nationalen Klischees und auch tatsächlicher Herrschaftsausübung verband. Im Kladderadatsch und Simplicissimus finden sich zahlreiche kritische Karikaturen über dem Kolonialismus, die sich für den Geschichtsunterricht eignen. Der Herrero-Aufstand führte sogar zu einer Spezial-Nummer „Kolonien", die ganz klar die moralische Fallhöhe bloßlegte: Wenn deutsche Kolonialbefürworter davon sprachen, Afrikanern oder Asiaten „Kultur" zu bringen, so bedeutete dies für die Betroffenen Krieg und Unterdrückung. Die Spezialnummer stellte dies mit der Karikatur „Das Ziel der Zivilisation" wie folgt dar: Zwei Herero stoßen zufällig auf Gold und reagieren dabei mit dem Satz: „Vergraben wir rasch das Gold wieder, sonst bringen uns die Europäer ihre Kultur." Dieses „antikoloniale Bildprogram" der Satirezeitschrift von 1904/05 stellte weiterhin Belgier als Menschenfresser und Trinker, Franzosen als Menschforscher und Lüstlinge, Engländer als Geldgierige mit Gebetsbuch und Deutsche als von Ordnung und Militarismus Getriebene dar.[18]

18 vgl. Joch, Markus: „Koloniales in der Karikatur. November 1884: Der Kladderadatsch sieht ‚Culturfortschritte am Congo'" in: Honold, Alexander und

Mit so einem Einstieg, einer didaktisch eher leichten Karikatur, die aber gleichzeitig grundlegende Aspekte und Themen deutscher Kolonialherrschaft vermittelt, können anschließend viele verschiedene Stundenziele verfolgt werden. Die Unterschiede europäischer Herrschaft können erarbeitet werden, die Auswirkungen des deutschen Kolonialismus auf die afrikanische Bevölkerung können anhand einer oder mehrerer Kolonien vertieft werden oder auch die Kritik am Kolonialismus in der Zeit des Kaiserreichs herausgearbeitet werden. Grundsätzlich kann diese Konkretisierung auch dazu genutzt werden, die Fähigkeit zur Karikaturanalyse zu schulen und zu festigen, indem Schüler stärker in Einzelarbeit und mit einer schriftlichen Sicherung das Dreischrittverfahren erlernen.

Sozialistische Propaganda (20. und 21. Jahrhundert)

Ein Plakat verkörpert wie kaum eine andere Geschichtsquelle die Werbung für eine Sache, ob Produkt, Partei oder Politik, und legt damit auch die Selbstsicht des Auftragsgebers auf sein eigenes Produkt oder die eigene Partei und Politik offen. Gerade nationalsozialistische und sozialistische Propaganda zeigen, wie mit Verführung und Manipulation den Menschen der neue arische Mensch in der Volksgemeinschaft oder der neue sozialistische Mensch in der kommunistischen Einheitsmasse als Ideal verkauft werden sollte.[19] Beide Systeme zielten darauf ab, durch Gleichheit das Individuum zu vernichten, damit es zur Verfügungsmasse politischer Lenkung werden konnte. Auch der Führerkult rechter und linker Diktaturen wird in der Bildsprache transportiert und daher eignen sich diese Propagandaplakate sehr gut zur Ideologiekritik und der Erarbeitung der elementaren Bedeutung von Ideologie und Propaganda für die Etablierung und Funktion einer Diktatur. Da Propagandaplakate den Anspruch haben, auf die Realität normierend einzuwirken, kann gerade anhand dieser Bildgattung auch die *visual history* einer bestimmten Zeit erarbeitet werden. Gerhard Paul hat dies treffend ausgeführt, indem er auf die **generative Kraft**

Scherpe, Klaus (Hrsg.): Mit Deutschland um die Welt. Eine Kulturgeschichte des Fremden in der Kolonialzeit. Stuttgart 2004, S. 66-76; Simplicissimus, „Kolonien", Nr. 6. Jg. 9 (3. Mai 1904).

19 Detlef Kühn: Der neue Mensch. Zur trügerischen Vision menschlicher Vollkommenheit in: APuZ 52/2014, S.30.

von Bildern hinweist, die sich die totalitären Bewegungen des 20. Jahrhunderts zu eigen gemacht haben. Derartige Plakate erzeugen und verbreiten die Grundbausteine rechter und linker Ideologien (Führerkult, „Neuer Mensch", Feindbilder) und pflanzen sie in die Köpfe der Menschen ein, um damit ihre totalitären Ziele umzusetzen: Die Vernichtung und Ausgrenzung aller Menschen die nicht in die rassistischen Vorstellungen des Nationalsozialismus sowie der klassenlosen kommunistischen Gesellschaft passten, war in derartigen Plakaten bereits angelegt.[20]

In einer Konkretisierung über die Ausprägung sozialistischer Herrschaft können mithilfe eines Plakatvergleichs die ideologischen Komponenten erarbeitet und darüber hinaus die manipulative Wirkung dieser politischen Botschaften interpretiert werden. Der Quellenbestand zu diesem Thema ist sehr gut, weshalb hier in einem Längsschnitt Plakate von Stalin (1938), der SED (1958) und Mao (1969) in der Konkretisierung eingesetzt werden. Die Konkretisierung dieses Stundenabschnitts ist feingegliedert in drei Phasen. In einem ersten Schritt, soll jedes Plakat beschrieben und analysiert werden. Hierfür eignet sich eine Unterteilung der Klasse in drei Gruppen, die Erscheinungs- und Bedeutungssinn eines jeweiligen Plakats erarbeiten sollen. Stalin wird anlässlich des Jahrestages der Verfassung vom 5. Dezember 1928 als Führer vieler verschiedener Völker dargestellt. Er posiert mit der Hand in der Jacke wie Napoleon überlebensgroß und mächtig über der kleineren Menschenmasse, in der Menschen arabischer, zentralasiatischer oder europäischer Herkunft zu erkennen sind. Die Menschen blicken freudig und in die Zukunft gewandt den Betrachter an und hinter Stalin und über allen Menschen weht die rote Fahne des Kommunismus und ist das Wappen der UdSSR zu sehen, auf der Hammer und Sichel über dem afrikanischen und asiatischen Kontinent eingerahmt von Ähren zu sehen sind.

Das Plakat des V. Parteitags der SED vom 10. bis 16. Juli 1958 verspricht „Der Sozialismus siegt!", in dem es eine schwarz-weiße Fotografie einer Menschenmenge verfremdet. Dazu werden farbige Banner in das Bild eingefügt oder hervorgehoben. Der Slogan des

20 Gerhard Paul, Visual History, Version: 2.0, in: Docupedia-Zeitgeschichte, 29.10.2012, URL: http://docupedia.de/zg/Visual_History_Version_2.0_Gerhard_Paul [aufgerufen am 02. Februar 2021]

Abb. 11: Plakat zum 10. Jahrestag der Verfassung; der sowjetrepublik Aserbaidschan. Mirzoev, E.M., 1938.

Abb. 12: Plakat zum 5. Parteitag der SED; Sauer, C., DDR, 1958. Stiftung Haus der Geschichte; EB-Nr. H 1998/01/1550

Abb. 13: Vorsitzender Mao, 1969; dpa Picture-Alliance

Parteitags auf dem größten Banners ist rot unterlegt und im Hintergrund sind kleinere Deutschlandfahnen und noch mehr Rot des Kommunismus zu sehen. Ebenfalls in rot und durch einen hellblauen Himmel von der Menge abgegrenzt sind auf einem wehenden Banner zwei einander schüttelnde Hände zu sehen, das Symbol der SED, welches auf die Zwangsvereinigung von KPD und SPD 1946 zurückgeht. Die Menschen scheinen der Partei zuzuströmen, unter deren Banner sie sich durch die Stadt bewegen, gut gekleidet und zuversichtlich.

Das dritte Plakat zeigt Mao Zedong über den Menschen im Himmel als gottähnliche Erscheinung von der Sonne angestrahlt und umgeben. Die Kalaschnikow als Symbol für das gewaltsame revolutionäre Element der sozialistischen Revolutionäre wird ebenfalls in die Höhe gestreckt. Den Blick hat Mao auf den Betrachter fixiert und unter ihm, deutlich kleiner, sind Menschen aus allen Kontinenten der Erde abgebildet, die dem sozialistischen Führer zujubeln und Schilder hochhalten, um ihn zu preisen. Der Bildtext „Vorsitzender Mao, das revolutionäre Volk der Welt liebt Sie unendlich!“ spricht dazu aus, was bildhaft dargestellt wird.

Nachdem die Schüler die Plakate genau beschrieben und gemeinsam oder mit Unterstützung der Lehrkraft deren Bedeutung erschlossen haben, sollte dies nun zunächst festgehalten werden: Sozialistische Propaganda beschwört entweder einen Personenkult, indem einzelne Führer überlebensgroß über den Massen dargestellt werden, oder einen Parteienkult, einer über den Menschen stehenden und sie lenkenden Partei. Die Menschen selbst werden konsequent nur als Teil einer Masse, jubelnd und einem Führer oder der Partei untergeordnet dargestellt und die Botschaften „Sieg“, „Kampf“ oder „Verehrung“ transportiert. Die propagandistische Absicht dieser Plakate und somit ihre Botschaft an die Menschen in linken Diktaturen kann durch sie erarbeitet werden: Als Individuum sollen sich die Menschen in die Masse fügen und sich einem sozialistischen Führer oder einer Einheitspartei unterordnen und deren Weisungen folgen. Unterschwellig wird vermittelt, dass Glück nur in der Volksgemeinschaft oder Menschenmasse zu finden und daher ein individuelles Heraustreten nicht vorgesehen ist. Nach der Interpretation dieser Propagandaplakate kann sich eine Konkretisierung durch Texte von Marx, Stalin, Honecker oder Mao anschließen, welche die marxistische Ideologe einer Weltrevolution in Texten oder Zitaten wiedergeben, die nur einen Kampf zwischen

Bourgeoise und Proletariat kennt, bis ein vermeintliches Endstadium der Geschichte eintreten würde.

Mit Verweis auf die Jahreszahlen und mit Unterstützung einer Karte, die die Ausbreitung linker Diktaturen zwischen 1917 und 1989 darstellt, kann in dieser Konkretisierung auch der Expansionismus der kommunistischen Ideologie im 20. Jahrhundert erörtert werden. Zwei unterschiedliche Stundenverläufe können von dieser Konkretisierungsphase aus verfolgt werden: Einerseits können rechte und linke Propagandaplakate verglichen werden, um die Elemente totalitärer System zu erarbeiten. Andererseits lässt sich auch durch eine weitere Arbeitsphase mit Bild- und Textquellen über die Herrschaftsausübung in der UdSSR, der DDR und China (Gulags, Kulturrevolution, politische Verfolgung, Ausgrenzung, Zwangsarbeit und Berufsverbote) die Bedeutung von Propaganda erarbeiten, die unter einem Deckmantel von Solidarität und Gleichheit einen Führer- oder Parteienkult in den Köpfen der Menschen festsetzen sollte, der es einer Einparteiendiktatur ermöglichte, Freiheits- und Menschenrechte zu verletzen und die Mangelwirtschaft staatlicher Planung ideologisch zu kaschieren.

Chancen von Karikaturen und Plakaten	**Grenzen Karikaturen und Plakaten**
... führen zur Dekonstruktion von Propaganda und Ideologiekritik ... bieten eine hohe Anschaulichkeit und einfache Bildbotschaften ... eignen sich als wertvolle kulturgeschichtliche Quelle ... lösen Vermutungen und Fragen aus, die zu einer Strukturierung des Unterrichts führen können ... bilden politische Deutungskämpfe ab	... arbeiten mit starker Emotionalisierung und Schärfe ... verbergen und generieren manipulative Botschaften ... nutzen verstärkt Ironie und Satire ... setzen sehr viel Kontextwissen voraus ... nutzen Symbole und Farben, die gekannt und verstanden werden müssen

Karten

Vor der Waldseemüllerkarte der Libary of Congress in Washington D.C. zu stehen, vermittelt einen Eindruck von der Bedeutung dieser Karte. Für Amerikaner ist sie bedeutsam, da dort zum ersten Mal der Name „America“ für den nordamerikanischen Kontinent zu lesen ist. Die Geschichte der Karte selbst erscheint wie aus einem Abenteuerfilm. Geschätzt 1000 Stück wurden in einem Holzschnittverfahren 1507 gedruckt und nur einziges existiert noch im 21. Jahrhundert. Der Jesuitengelehrte Joseph Fischer entdeckte die Karte 1901 wieder auf dem Schloss Wolfsegg in Oberschwaben. Daraufhin blieb die Karte trotz mehrmaliger Kaufgesuche durch die Libary of Congress im Besitz des Adelshauses zu Waldburg-Wolfegg und Waldsee. Damit die Karte dann überhaupt verkauft werden konnte, wurde das Kulturgutschutzgesetz aufgehoben und es spielten sowohl der damalige Bundeskanzler Gerhard Schröder und dann bei der Übergabe die amtierende Bundeskanzlerin Angela Merkel eine bedeutende Rolle. Im Gedanken der deutsch-amerikanischen Freundschaft erfolgte dann der Verkauf, der die Waldseemüllerkarte mit 10 Millionen US-Dollar zur am teuersten verkauften Karte der Geschichte machte.[1]

Auf der Waldseemüllerkarte findet sich neben der Bezeichnung „America“ und der Darstellung Amerikas als vierter Kontinent – Australien war zu diesem Zeitpunkt noch unbekannt – auch der Pazifische Ozean, was ein Novum für die eurozentrische Betrachtung der Welt war. Spannend ist dabei auch, wie Karten Geschichte schreiben: So haben Martin Waldseemüller und sein Kollege Matthias Ringmann diese Karten nach dem Studium im Elsass produziert. In ihrer Einleitung erklärten sie, den Kontinent nach dem italienischen Seefahrer Americo Vespucci benannt zu haben, da dieser ihnen als Entdecker seit Vespuccis Reisebericht von 1503 bekannt war. Diese Karte übte von da an eine starke Wirkung auf die Vorstellung über die Beschaffenheit der Welt aus und darüber hinaus kommt ihr

1 vgl. Lester, Toby: Der vierte Kontinent. Wie eine Karte die Welt veränderte. Berlin, 2009, S. 9-35.

Abb. 14: Faksimile der Waldseemüller-Karte in der Aussstellung der Library of Congress, Foto: Andreas Praefcke, 2007

eine sehr große Bedeutung für die Geschichtskultur zu, denn die Namensgebung dieses Kontinents durch zwei Elsässer 1507 setzte sich anschließend weltweit durch und gab dem amerikanischen Doppelkontinent seinen Namen.

Karten werden oftmals mit Geopolitik in Verbindung gebracht, weshalb daraufhin der gesamten Quellengattung in Deutschland nach dem Zweiten Weltkrieg etwas Anrüchiges anhaftete. Lehrkräfte, die große Karten ins Klassenzimmer trugen, wurden jedenfalls über die Jahrzehnte immer weniger und heutzutage sind Wandkarten, wie sie im Geografie- oder Geschichtsunterricht eingesetzt wurden, zu einer Rarität geworden. Dieser „militärische Muff", auf Länder und Regionen zur Planung von großer Politik oder militärischer Strategie zu blicken, wurde im 20. Jahrhundert mit dem britischen Geografen Harold Mackinder in Verbindung gebracht, der 1904 eine sehr simple Weltkarte zeichnete und in seinem Artikel *The Geographical Pivot of History* argumentierte, Russland und Zentralasien seien der Dreh- und Angelpunkt der Weltpolitik. Stark verkürzt: Jene Macht, die diese Weltregion kontrolliere, kontrolliere somit die Welt. Diese verkürzte These, die angesichts der Weltgeschichte des 20. und noch sehr kurzen 21. Jahrhunderts mit einem großen Fragezeichen versehen werden kann, wurde jedoch von Nazi-Geopolitikern wie Karl Haushofer rezipiert und pervertiert. Haushofer setzte die geographische Analysedimension absolut und ignorierte sozialwissenschaftliche Dimensionen, um einen geographischen Determinismus zu konstruieren und zu begründen, der Deutschland aus demographischen und ökonomischen Gründen zur Expansion zwinge. Mit dieser reduzierten und absolut-gesetzten „Theorie" konnte dann dem Lebensraum-Gedanken ein pseudowissenschaftlicher Anstrich gegeben werden. Diese ideologische Pervertierung der Nazis führte dann dazu, dass geopolitische Studien nach 1945 in Deutschland zu einer geächteten und verpönten akademischen Beschäftigung wurden. Im Kalten Krieg verblieben jedoch stark geographisch geprägte Analysen in den Köpfen vieler Sicherheitspolitiker.[2]

Mackinders These ist bis heute eine der meist diskutierten Themen in den Disziplinen der politischen Geografie, Politikwissenschaft sowie in den Internationalen Beziehungen. Politikwissenschaftler von jedem Kontinent erörtern die Relevanz oder Irrelevanz seines Beitrags. Ó Tuathail vergleicht die verkürzte These mit einem Mythos, da Mackinder selbst die Bezeichnung „Vater der Geopolitik" zu verabscheuen schien und eigentlich die Komplexität von Geschichte, Geographie und menschlichem Wirken erörtern wollte. Berühmt wurden er und seine Weltkarte durch die äußerst erfolgreiche geostrategische Verkürzung und Rezeption seiner Gedanken von amerikanischen, britischen, deutschen und russischen Militärs und Politikern.[3] Es wäre jedoch bedauernswert, aufgrund dieser Geschichte den Wert von Karten zu unterschätzen, da sie ein großes Potential für den Geschichtsunterricht bieten.

2 vgl. Grygiel ,Jacob J, Great Powers and Geopolitical Change. Baltimore 2006, S. 7-8; Ó Tuathail, Gearóid: „Putting Mackinder in his place. Material transformations and myth" in: Political Geography, Vol. 11 No. 1 (1992), S. 100-118.

3 vgl. Ó Tuathail: „Putting Mackinder in his place. Material transformations and myth", S. 100-118.

Chancen und Grenzen von Karten

Strenggenommen können Karten den Bildquellen zugeordnet werden und dieser Einordnung nach Bergmann und Schneider ist grundsätzlich zuzustimmen, da sie visuell kommunizieren und in ihrer zweidimensionalen Abbildung nicht von Bildern zu unterscheiden sind.[4] Die grundlegenden Potenziale und Grenzen von Bildquellen können somit auf Karten zutreffen, aber die Eigenschaften kartographischer Quellen unterschieden sich auch von Bildquellen und bergen eigene Chancen und Grenzen. Technische Neuerungen wie *google maps* oder dreidimensionale digitale Karten zeigen die sich verändernde Qualität und das Potential von Karten. Grundlegend und wertvoll für den Geschichtsunterricht sind die Ausführungen von Böttcher, die in Karten das „besonders interessante Phänomen" der „mentale[n] Verortung von Inhalts- und Raumstrukturen" erkennt.[5]

Eine Auseinandersetzung mit der Gattung der kartographischen Quellen kann zu einem Verständnis ihrer Übereinstimmungen mit Bildquellen und ihrer spezifischen Qualitäten führen. Karten liegen im klassischen Verständnis als **topographische Karte** mit Darstellung der Geländeformen und Höhenlinien vor oder als **thematische Karte**, die politische oder ökonomische Informationen wiedergibt. Beide Typen haben als Bezugspunkt die Erdoberfläche. Wie bei anderen Quellentypen können **Geschichtskarten** Darstellungen sein, so wie die Karten in den Schulbüchern, die politische Veränderungen in Europa über die Jahrhunderte wiedergeben oder als Quellen vorliegen. Als Quellen geben **historische Karten** einen Einblick in die zeitgenössische Sicht der Erde. Sie können noch geografisch unvollständig sein und Amerika als vierten Kontinent nur verzerrt oder den fünften Kontinent Australien gar nicht darstellen. Historische Karten können Jerusalem, Rom, Europa oder das chinesische Reich ins Zentrum ihrer Darstellung rücken. Solche historischen Karten geben damit das Weltbild der damaligen Zeit wieder und auf

4 vgl. Bergmann, Klaus und Schneider, Gerhard: Das Bild in: Schneider, Gerhard und Pandel, Hans-Jürgen (Hrsg.): Handbuch Medien im Geschichtsunterricht. Schwalbach/Ts. 2011, 6. erweiterte Auflage, S. 232.

5 Böttcher, Christina: Die Karte in: Schneider, Gerhard und Pandel, Hans-Jürgen (Hrsg.): Handbuch Medien im Geschichtsunterricht. Schwalbach/Ts. 2011, 6. erweiterte Auflage, S. 185.

antiken und mittelalterlichen Karten, wie z.B. der Hereford-Karte aus dem 13. Jahrhundert, finden sich Ungeheuer, Antipoden, Monster und Wundervölker in damals noch unbekannten Gebieten. Historische Karten können auch als stark **politisch ausgerichtete Karten** vorliegen, die Territorien und Siedlungsgebiete beanspruchen, wie z. B. Karten über Großserbien oder Großbulgarien und Karten über das Südchinesische Meer, mit denen geopolitische Maximalforderungen gegenüber den Anrainerstaaten formuliert werden. Während der Weimarer Republik und der nationalsozialistischen Herrschaft wurden Propagandakarten produziert, um die Tschechoslowakei als eine Bedrohung für das deutsche Staatsgebiet zu konstruieren. Deutsche Geographen erstellten Suggestivkarten, um „Raumsinn" und „Raumwillen" bei den Betrachtern auszulösen. Diese Propagandakarten reduzierten und simplifizierten den Informationsgehalt von Karten, in dem z.B. nur das Deutsche Reich in Schwarz und der „bedrohende" Staat in Weiß dargestellt wurden und die Topographie verschwand. Mit Pfeilen, die eine Flugdistanz oder Stoßrichtungen eines möglichen militärischen Einmarsches darstellten, wurden die Betrachter emotionalisiert und dadurch zugänglich für die Botschaft der Karte. Derartige historisch-politische Karten können daher zu ideologiekritischen Quellen einer vergangenen Zeit werden. [6]

Unter *mental maps* sind Darstellungen zu verstehen, welche die von Böttcher angesprochenen Eigenschaften von Karten zum Ausdruck bringen: *Mental maps* müssen nicht die exakten topographischen Begebenheiten der Landschaft und Kontinente wiedergeben, sondern verbinden die Vorstellungen von Individuen oder Kollektiven mit der Räumlichkeit der Welt. Assoziationen und Vorstellungen über räumliche Distanzen entstehen und verbleiben im Kopf der Menschen und sind daher sehr subjektiv zu verstehen. Für manche Menschen können je nach individueller Lebensgeschichte die USA „weit entfernt" und „fremd" erscheinen oder durch familiäre Verbindungen sich „nahe" und „vertraut" anfühlen – auch wenn die physische Distanz immer gleich bleibt. Noch weiter gedacht können durch *mental maps* auch kulturelle Perspektiven abgefragt und erforscht werden: so kann sich über die Zeit die Bezeichnung

6 vgl. Oswalt, Vadim. Karten als Quelle und Darstellung. Frankfurt a. M. 2019, S. 44-47.

„Osteuropa“ deutlich auf der Landkarte verschieben oder der Standpunkt alleine zu sehr unterschiedlichen Begriffsinhalten führen. Für manche Deutschen beginnt im Kopf Osteuropa an der Oder-Neiße-Linie, der deutsch-polnischen Grenze. Polen, Tschechen und Ungarn verstehen sich dagegen als Mitteleuropäer, manchmal liest man auch den Begriff „Ostmitteleuropa“ für diese Region und Länder. Ukrainer und Weißrussen, aus westeuropäischer und deutscher Perspektive kulturell sowie geografisch Osteuropäer, sehen sich dagegen zwischen West- und Osteuropa lebend. So bleibt die interessante Beobachtung von Frithjof Schenk, Osteuropa sei vermutlich die einzige europäische Großregion, die „zwar auf den kognitiven Landkarten vieler Menschen fest verankert ist, es jedoch wenige Menschen gibt, die diese ‚Fremdverortung‘ für sich selbst akzeptieren.“[7] Ähnliche Beobachtungen lassen sich über die kombiniert politischen und kulturellen Begriffe wie den Balkan oder den Westen beobachten.

Karten können daher nach der Darstellung des Raumes, in Welt, Länder oder Regionalkarten eingeteilt werden oder nach ihrer Art in politische, wirtschaftliche, kulturelle oder historische Karten. Denkbar ist auch eine Einteilung nach Form und Gebrauch in Wand- oder Handkarten. Für den Geschichtsunterricht in den unterschiedlichen Schulformen und Jahrgangsstufen bietet eine nach Komplexität abgestufte Einteilung von Karten eine weitere Kategorisierung. So werden als **Analysekarten** vermeintlich einfache Karten mit einer statischen Wiedergabe einer historischen Situation bezeichnet. Denkbar sind hier Karten, die ein Reich und seine Städte wiedergeben, aber noch nicht die räumlichen Veränderungen in der Zeit durch Farben oder Daten illustrieren. Meist finden sich solche Karten zur Darstellung antiker Reiche oder mittelalterlicher Herrschaft oder auch der griechischen Polis. Von einer **Synthesekarte** wird gesprochen, sobald inhaltliche und zeitliche Dimensionen gemeinsam auf einer Karte wiedergegeben werden. Kann also die Expansion des Römischen Reiches in mehreren Etappen von 264 v. Chr. bis 117 n. Chr. anhand der farblichen Unterschiede

7 Schenk, Frithjof Benjamin: „Mental Maps: Die kognitive Kartierung des Kontinents als Forschungsgegenstand der europäischen Geschichte“ in: Europäische Geschichte Online (EGO), Mainz (2013): http://ieg-ego.eu/de/threads/theorien-und-methoden/mental-maps/frithjof-benjamin-schenk-mental-maps-die-kognitive-kartierung-des-kontinents-als-forschungsgegenstand-der-europaeischen-geschichte [5. Februar 2021].

und der Legende ausgewertet werden, liegt eine Synthesekarte vor und damit die gängigste Kartenart im Geschichtsunterricht. Diese Synthesekarten können noch mit weiteren Informationsdimensionen versehen werden, wie z. B. Schlachten oder wirtschaftlichen Gütern, und können dann als **Komplexkarten** bezeichnet werden.[8]

Von dieser Kategorisierung der Kartenarten lassen sich auch kartenspezifische Methoden ableiten, wie aus einer komplexen Karte gezielt Informationen zu entnehmen sind, und umgekehrt können Schüler eine vorgegebene Karte mit eigenen Informationen aus weiteren Quellen ergänzen. Während die erste Methode grundlegende analytische Fähigkeiten schult, ist die zweite Methode ein spannender Ansatz, um die Ausprägung der **zeitlich-räumlichen Orientierung** im Geschichtsbewusstsein zu fördern. Durch Karten kann auch die Wechselwirkung zwischen Geografie und Geschichte herausgearbeitet werden. Dies zeigt sich u. a. bei der Vermittlung der Geschichte der Entdeckung der Welt: Eine Analyse einer Karte der Entdeckungsreisen kann zur Einsicht führen, dass einerseits geografische Begebenheiten wie der Atlantik im Westen und die Wüste Sahara in Nordafrika Entdeckungsreisen und Handel erschwerten. Andererseits war der Handel durch das Gebiet des Osmanischen Reiches nach Indien gefährlich, hoch besteuert oder für christliche Staaten und Händler verboten, weshalb aus diesen politisch-räumlichen Begebenheiten die Entdeckungsreisen an der afrikanischen Küste entlang durch die Portugiesen verfolgt wurden und dann die Atlantiküberquerung als Ausweg aus diesen Einschränkungen gewagt wurden. Diese Hoffnung, einen Handelsweg nach Indien zu finden, führten dann zur Entdeckung Amerikas. Für ein **Verständnis der Globalgeschichte** nehmen daher Karten eine besondere Rolle ein, um die Interaktionen und Verflechtungen zwischen Reichen, Staaten und Kulturräumen zu vermitteln.

Karten können anhand von vier oder fünf Schritten erschlossen werden, beginnend mit der **Entzifferung** der Darstellung, Symbole und Legende, der anschließenden **Orientierung** auf der Karte in Raum und Geschichte und der **Erschließung** der Informationen je nach Fragestellung der Lehrkraft. Die komplette Auswertung

8 vgl. Böttcher, Christina: Die Karte in: Schneider, Gerhard und Pandel, Hans-Jürgen (Hrsg.): Handbuch Medien im Geschichtsunterricht. Schwalbach/Ts. 2011, 6. erweiterte Auflage, S. 190-193.

der Informationen einer Karte führt zu ihrer **Interpretation** und bei stark politisierten Karten kann im Geschichtsunterricht **Kritik** an der Darstellung geübt werden. Insgesamt erlauben Karten sehr viele Arbeitsaufträge und Methoden, um ihren Aussagewert zu erschließen: Über die Informationsentnahme hinausgehend können eigene Karten erstellt werden, Informationen auf stummen Karten durch Beschriftung oder Kolorierung hinzugefügt werden, weitere Quellen der Karte zugeordnet und mit ihr kombiniert werden sowie Ereignisse, Ländergrenzen und Themen auf der Karte durch die Schüler entnommen oder verortet werden.[9]

Die Aufteilung Chinas (1839-1912)

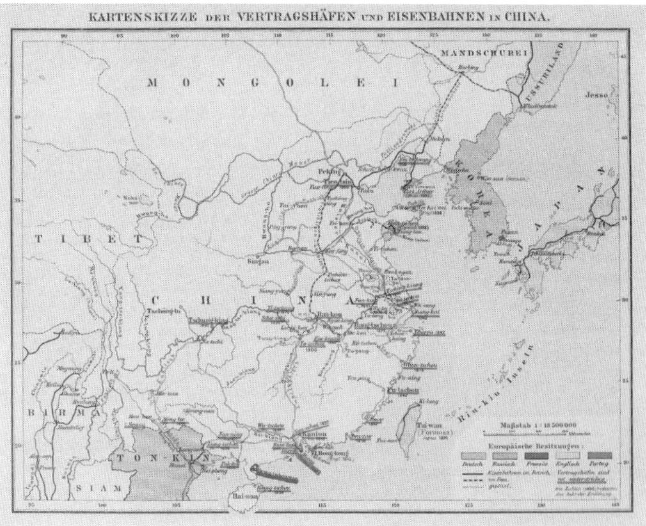

Abb. 15: Kartenskizze der Vertragshäfen und Eisenbahnen Chinas, Autor unbekannt, aus: Joseph Kürschner (Hrsg): China: Schilderungen aus Leben und Geschichte, Krieg und Sieg: Ein Denkmal den Streitern und der Weltpolitik. Staatsbibliothek zu Berlin – Preußischer Kulturbesitz 1901

9 vgl. Baumgärtner, Ulrich: Wegweiser Geschichtsdidaktik. Paderborn 2015², S. 188-189.

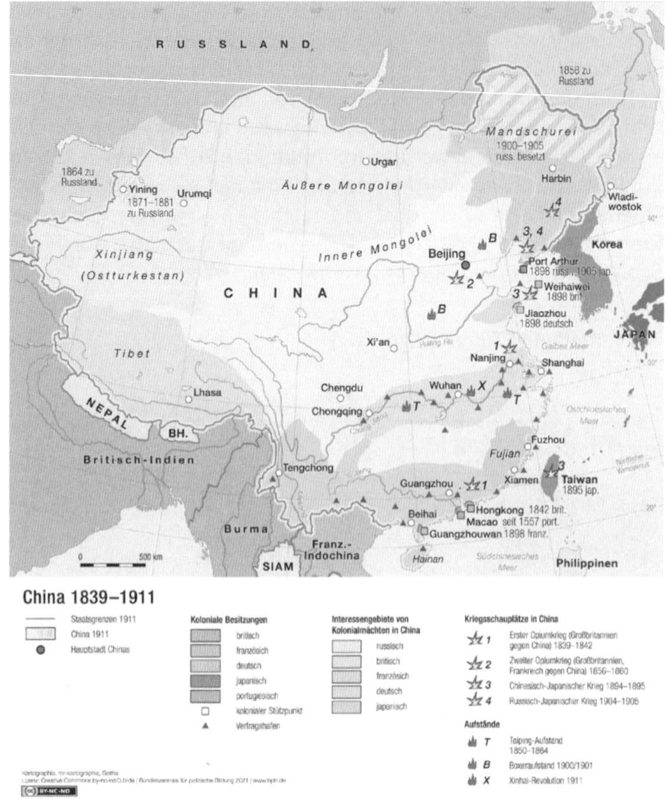

Abb. 16: China 1839–1911, Bundeszentrale für politische Bildung: cc by-nc-nd/3.0/ de/ (bpb, mr-kartographie, Gotha)

Kolonialismus, Imperialismus und Erster Weltkrieg sind drei Themenbereiche, die besonders mithilfe von Karten unterrichtet werden können, um die globalgeschichtliche Perspektive der Vorgänge herauszustreichen. Zum Einstieg in das Thema kann die Karikatur „Die Aufteilung Chinas" des Le Petit Journal (1898) genutzt werden, die fünf Nationalallegorien (König Victoria, Wilhelm II., Zar Nicholas II, die französische Marianne und den Kaiser von Japan) zeigt, die einen Kuchen mit Messern aufteilen, auf dem das Wort „China“ zu lesen ist. Im Hintergrund steht ein empörter chinesischer Mandarin in seiner traditionellen Hoftracht und mit erhobenen Händen.

Ist die Karikatur als Einstieg interpretiert, können Schüler zunächst in einer ersten Erarbeitungsphase eine Karte beschreiben und analysieren, die eine groben Überblick über die Einflusssphären der Kolonialmächte in China gibt. Dadurch können die Schüler das Wissen über die fünf Großmächte, die China wirtschaftlich und machtpolitisch durchdringen wollten, aus der Karikatur auf die Geographie Chinas übertragen und zum Beispiel den größeren britischen Herrschaftsbereich am Jangtsekiang verorten oder den kleineren Bereich des deutschen Kaiserreichs in der Provinz Shandong sowie die Einflusssphären Japans, Russlands und Frankreichs kennenlernen.

Von dieser groben Kartendarstellung der imperialistischen Einflusssphären kann dann eine historische Karte über die Vertragshäfen der europäischen Großmächte und Eisenbahnlinien herangezogen werden mitsamt der bedeutenden chinesischen Großstädte des ausgehenden 19. Jahrhunderts. So kann zunächst herausgearbeitet werden, ab welchen Jahren die Kolonialmächte in China präsent waren und so der große Zeitsprung von der Etablierung der portugiesischen Präsenz in Macau (1537) bis hin zur Phase des Imperialismus, Hongkong (1842), und dann des Hochimperialismus, Port Arthur (1897) sowie Kiautschou und Weihaiwei (beide 1898), wahrgenommen werden. Durch die Jahreszahlen der Etablierung der Vertragshäfen zeigt sich auch, wie ab den 1840er und 1860er Jahren die wirtschaftliche Durchdringung seitens der Kolonialmächte zunahm. Die farbliche Kenntlichmachung der fremden Mächte in China liefert zusätzliches Sachwissen für die Konkretisierung, wo Zentren russischer, portugiesischer, deutscher, britischer und französischer Herrschaft lagen.

Für die Entzifferung und Orientierung in dieser Epoche und diesem Raum sollte genügend Zeit eingeplant werden, da die Schüler hier nicht mit der öfter rezipierten Darstellung des Mittelmeerraums und Europas konfrontiert sind. Falls die „Aufteilung Afrikas“ bereits bekannt ist, können hier Parallelen gezogen werden oder aber die Lehrkraft entscheidet sich für eines der beiden Fallbeispiele, um das Thema „Imperialismus“ zu unterrichten. Grundlegende historische Informationen über Macht, Region und Zeitpunkt der Etablierung der Einflussgebiete, können somit durch Erschließungsfragen anhand der Karten ausgewertet werden. Für die Karten-Interpretation bietet sich nun eine zweite ausführliche Erarbeitungsphase an, die Akteure sowie die Formen der Fremdherrschaft zum Gegenstand hat. Dazu bieten sich fünf Gruppen zu den fünf Großmächten an, auch eine sechste Gruppe ist denkbar, die sich mit der amerikanischen *Open-Door-Policy* auseinandersetzt, in der die USA die anderen Großmächte dazu aufforderte, die territoriale Integrität Chinas zu wahren und gleichzeitig allen Nationen Handelsmöglichkeiten mit China einzuräumen; für eine Mittelstufe wäre die Hinzunahme der USA sehr speziell, für eine Oberstufe dagegen notwendig und bereichernd. Zur Auswahl stehen eine Fülle von Dokumenten, aus der es gilt auszuwählen, um das Thema umfassend zu bearbeiten: Bilder und Schriftquellen zum Boxeraufstand, Bernhard von Bülows „Platz an der Sonne"-Ansprache, in der er auch über China spricht, sowie Karikaturen oder Zeitungsquellen aus Frankreich, Großbritannien, Deutschland und Amerika, welche die eigene Imperial- und Kolonialpolitik oder die der Kontrahenten kritisieren oder begrüßen. Als Textquellen können folgende Verträge genutzt werden, um die Ansprüche der Kolonialmächte gegenüber dem chinesischen Kaiserreich zu erarbeiten: Vertrag von Nanking (1842), Verträge von Tientsin (1858), Vertrag von Aigun (1858), Vertrag von Peking (1860) oder das Jangtse-Abkommen (1900). Diese „Ungleichen Verträge" geben einzeln oder in ihrer Fülle das Vorgehen der Kolonialmächte wieder, über den chinesischen Kaiserhof hinweg ihre Interessen und Ansprüche zu bekunden und sich untereinander abzusprechen. Die Sammlung der Ergebnisse der Gruppenarbeit können dann anhand der Karten gesichert werden, mit denen die Schüler entweder durch Präsentation vor der Klasse oder durch kleine Expertenrunden innerhalb der Gruppen, die Ziele und Ausprägung der Herrschaft der Großmächte erläutern.

Ähnlich wie bei Karten über die „Aufteilung Afrikas" ergibt sich aus der Arbeit mit diesen zwei Karten auch die Möglichkeit zur Kartenkritik: Denn es ist schwer, von einer Karte den Grad der Durchdringung von Herrschaft abzuleiten. Auf einer Karte wird das farbig markierte Gebiet einer Großmacht unkritisch als Herrschaftsgebiet wahrgenommen. Die Kartenquellen bietet hier keine bis wenige Differenzierungen. Durch den Zweischritt, der groben Darstellung der Herrschaftsräume die feinere Darstellung von Vertragshäfen und Eisenbahnlinien gegenüberzustellen, kann jedoch ein Verständnis dafür angebahnt werden, dass Teile Chinas unberührt von europäischer, russischer oder japanischer Fremdherrschaft blieben und diese sich stark auf ökonomisch relevante Orte (Häfen) und Verbindungen (Eisenbahnlinien) beschränkte. Denn der Grad der Herrschaft der Kolonialmächte in China ist nicht einfach zu bestimmen und nicht so absolut, wie Karten suggerieren können, die nur mit Farbeinteilungen von Einflusssphären arbeiten. Wolfgang Seuberlich führt aus, wie Russland und Japan von den Eisenbahnzonen aus versuchten, ihre zwei Einflusssphären nach dem Frieden von Portsmouth (1905) auszubauen. Eine großflächige Herrschaft übten beide Mächte in China dennoch nicht aus und es ging ihnen vorrangig darum, nach außen hin andere Mächte von ihrem Herrschaftsgebiet fernzuhalten. Im Inneren des Landes bestand trotz einem „durchbrochenen" Souveränitätsprinzip Pekings durch die „Ungleichen Verträge" die chinesische Souveränität durchaus weiter, wie Seuberlich ausführt. Die chinesischen Lokalbeamten waren unterhalb der Ebene der großen Politik in der Lage, weitgehend eigenständig zu herrschen und auch Widerstand gegen die Kolonialmächte zu leisten.[10]

Abschließend kann in der Konkretisierung problematisiert werden, ob die Bezeichnung „Öffnung Chinas" für diesen historischen Vorgang angemessen ist und ob wirtschaftspolitische oder machtpolitische Beweggründe überwogen. Aber auch die Hinzunahme der Karte „Die imperialistische Bedrohung Chinas am Ende des 19. Jahrhunderts"[11] mit starken Elementen einer Karikatur aus China um 1900 kann zu einer Diskussion überleiten, was Imperialismus für die Menschen und Reiche in Afrika und Asien bedeutete und wie europäische Mächte, Japan und das russische Zarenreich das chinesische Kaiserreich unter sich aufteilten. Fortführend kann hier in einer Oberstufe auch ein Gegenwartsbezug hergestellt werden, um den historischen Hintergrund hinter der Rhetorik und dem Agieren des Weltmachtanspruchs Pekings im 21. Jahrhunderts zu erörtern.

10 Seuberlich, Wolfgang: Zur Verwaltungsgeschichte der Mandschurei (1644-1930). Wiesbaden 2001, S. 83-85 (Fußnote 398).

11 Die imperialistische Bedrohung Chinas am Ende des 19. Jahrhunderts, chinesischer Druck, um 1900. Sammlung: National Archives, Washington D.C. https://www.dhm.de/archiv/ausstellungen/tsingtau/katalog/fotos/aus2_2.htm [aufgerufen am 17. September 2021]

Stalinistischer Terror und Gulag-System

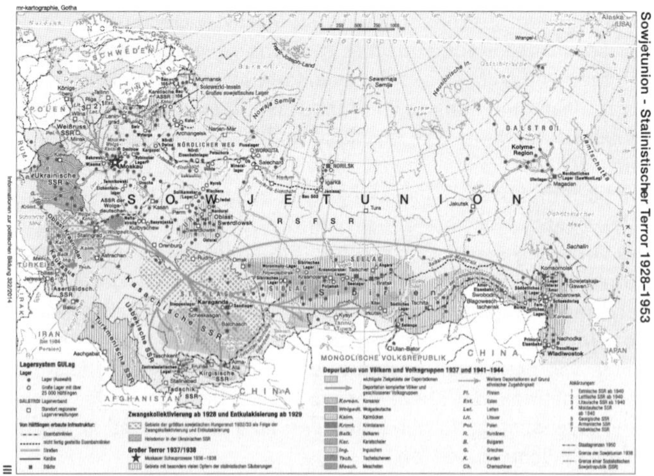

Abb. 17: Bundeszentrale für politische Bildung: Sowjetunion – Stalinistischer Terror 1928-1953 (© mr-kartographie)

Die sehr komplexe Karte der Bundeszentrale für politische Bildung oder anderer Anbieter über den stalinistischen Terror und das Gulag-System versucht die ungeheuerliche Dimension der Gewaltherrschaft in der Sowjetunion einzufangen. Sie ist kartographisch eine Herausforderung, aber äußert nützlich, um die Geschichte des Totalitarismus des 20. Jahrhunderts verständlich zu machen. Die historische Dimension wird durch Texte und Dokumente von Arseni Roginski (Menschenrechtsorganisation Memorial) und der gemeinsamen Ausstellung über Terror und Gulag der Stiftung Gedenkstätten Buchenwald und Mittelbau-Dora deutlich. Deutschland wie auch Russland durchliefen im 20. Jahrhundert nationale Katastrophen, die in Deutschland von 1933 bis 1945 und in Russland bis zu 70 Jahre andauerten. Reduziert man die Gewaltherrschaft innerhalb der Sowjetunion nur auf die Epoche des Massenterrors, so sind es von 1918 bis 1953 immer noch gut 35 Jahre. In dieser langen Zeitspanne wurden fünf Millionen Menschen aus politischen Gründen verhaftet und davon über eine Million erschossen. Zu

Zwangsarbeit in Lagern in Russlands Norden, Sibirien und Kasachstan wurden sechs Millionen Menschen verdammt. Zum Tod von über sechs Millionen Bauern durch Hunger führte die Zwangskollektivierung, bei der den Bauern ihr Land genommen wurde, um sie in sozialistische Großbetriebe zu zwingen. Circa vier Millionen Menschen wurden aus politischen Gründen, wie Zuspätkommen zur Arbeit oder dem unerlaubten Wechsel der Arbeitsstelle, ebenfalls in Arbeitslager transportiert.[12]

Tod im Gulag, Disziplinierung durch Arbeit, Folter und Gefängnis gehören zur russischen und sowjetischen Geschichte und erreichten in bestimmten Phasen extrem hohe Werte: Die Zahl der Gefangen pro 100.000 Einwohner lag Ende der 1940er und Anfang der 1950er Jahre bei über 1500. Für 2020 zum Vergleich kamen auf 100.000 Einwohner in den USA 639 Gefängnisinsassen, Cuba 510, Russland 334 und in China 121 – für Russland (Massenproteste) und China (Umerziehung- und Sterilisierungslager der Uiguren) jedoch müssen diese Zahlen kritisch reflektiert werden. Für den Gegenwartsbezug und zur Veranschaulichung: Dieser Wert liegt 2020 in Deutschland bei 69.[13]

Die komplexe Karte sollte nach einer Einstiegsphase, in der zum Thema durch Fotografien oder einer Passage aus Alexander Solschenizyns „Archipel Gulag“ (1974) zum Thema hingeführt wurde, mit ausreichend Zeit in einer längeren Erarbeitungsphase gemeinsam entziffert werden. Durch Leitfragen kann erstens das Ausmaß des Lagersystems in der Sowjetunion von den Schülern erfasst werden. Zweitens sind auch Straßen, Kanäle und Eisenbahnlinien, die von Häftlingen erbaut wurden, auf der Karte zu sehen. Drittens werden durch schraffierte Flächen wiederum Regionen kenntlich gemacht, die besonders durch den Großen Terror oder die Zwangskollektivierung betroffen waren sowie die Ukraine, wo durch eine politische Hungersnot (Holodomor) der Tod von 13 bis

12 vgl. Roginski, Arseni: Epilog in: Landau, Julia und Scherbakowa, Irina (Hrsg.): Gulag. Texte und Dokumente 1929-1956. Bonn 2014, S. 206.

13 vgl. Oleinik, Anton: „Das Gefängnis im heutigen Russland: Interpretation der Entwicklung einer Diziplinarinstitution“ in: Landau, Julia und Scherbakowa, Irina (Hrsg.): Gulag. Texte und Dokumente 1929-1956. Bonn 2014, S. 198-199; World Prison Brief. Highest to Lowest – Prison Population Rate: https://www.prisonstudies.org/highest-to-lowest/prison_population_rate?field_region_taxonomy_tid=All [aufgerufen am 9. Februar 2021]

14 Millionen Menschen herbeigeführt worden war. Viertens sind die Deportationen von Völkern und Volksgruppen zwischen 1937 und 1944 kenntlich gemacht worden, bei der die Vertreibung und Umsiedelung der Krimtataren, Wolgadeutschen, Balten, Kaukasier und auch Koreaner in unwirtliche Gebiete der Sowjetunion nachzuvollziehen ist. Über diese mannigfaltigen historischen Informationen hinaus, befinden sich dann noch, wie auf geographischen Karten üblich, die Namen und Grenzen der einzelnen Sowjetrepubliken sowie größerer Städte und Flüsse.

Die Entzifferung und Orientierung auf der Karte kann dazu führen, dass sehr viele unbekannte und für Schüler neue Aspekte der Geschichte der Sowjetunion kenntlich gemacht werden und durch die Karte einen räumlich-historischen Bezug erhalten: Großer Terror, Gulag-System, Zwangskollektivierung, Vertreibung und Umsiedlung sind durch die Kartenarbeit angelegt, aber es fehlt noch eine weiterführende Erarbeitung, die der abstrakten kartographischen Darstellungen des historischen Sachwissens durch Einzelschicksale und exemplarische Fallbeispiele Tiefe verleiht. In Einzelarbeit können sich Schüler mit den Schicksalen von Frauen und Kindern, des Komponisten Vsevolod Zaderatsky, gewöhnlicher Häftlinge und politischer Gefangener im Gulag auseinandersetzen. Für den Geschichtsunterricht hinsichtlich der Geschichte der deutschen Teilung sind auch Darstellungen und Texte zu den sowjetischen Speziallagern in der SBZ/DDR oder deutscher Gefangener in den Gulags vorhanden. Ebenso können Quellen zum Holodomor und den Vertreibungen vor und während des Zweiten Weltkrieges eingesetzt werden, um die totalitäre Herrschaft über ganze Volksgruppen durch die Sowjetunion erfahrbar zu machen. Je nach Stundenziel kann ein Schwerpunkt nur auf das Gulag-System gelegt oder, um eine Gesamtschau der Herrschaft zu erarbeiten, politische Hungersnöte und die Vernichtung der Bauern im Sinne der kommunistischen Ideologe aufgegriffen werden.[14]

Umfang und Arbeitsaufträge der Einzelarbeit bestimmt die Lehrkraft und sie muss angesichts der Fülle und des Umfangs der Do-

14 Didaktisch reduzierte Quellen und Dokumente sind u. a. zu finden in: Landau, Julia und Scherbakowa, Irina (Hrsg.): Gulag. Texte und Dokumente 1929-1956. Bonn 2014, S. 36-46; Sowjetunion II – 1917-1953. Informationen zur politischen Bildung Bonn (322) 2014; Sowjetunion II – 1953-1991. Informationen zur politischen Bildung (323) Bonn 2014.

kumente eine didaktische Reduktion der Quellen leisten. Danach folgt ein Zusammenkommen in drei bis vier Großgruppen, die ihre Erkenntnisse aus den Schicksalen der Menschen und Quellen austauschen. Dieser Austausch stellt bereits eine erste Sicherung dar, um die Zahlen, Daten und Pfeile der abstrakten Karte durch die Auseinandersetzung mit der Geschichte konkret und vorstellbar zu machen. Weitere gemeinsame Sicherungsschritte, ob schriftlich oder in einer Diskussionsrunde bieten sich an, um sicherzustellen, dass die Gesamtinformation und -aussage der Karte über den Totalitarismus sowjetischer Prägung von dieser sehr komplexen Karte schrittweise erarbeitet wurde. Gegenwartsbezüge zu dem Russland und China des 21. Jahrhunderts finden sich mit der Auseinandersetzung des Lagersystems für ganze Volksgruppen oder politische Gegner zahlreiche und können zum Einstieg oder Ende der Schulstunde genutzt werden.

Chancen von Karten	**Grenzen von Karten**
... eignen sich sehr gut, um Eigen- und Fremdverortung zu erkennen und zu analysieren (*mental maps*) ... vermitteln grundlegende und lebensrelevante Fähigkeiten im Umgang mit Karten ... bieten eine zeitlich-räumliche Orientierung in der Geschichte ... eignen sich, um ein globalgeschichtliches Verständnis von Geschichte zu schulen	... besitzen eine hohe Komplexität von Informationen auf einem kleinen Darstellungsausschnitt ... neigen zu einer abstrakten Darstellungsweise ... politische Karten können sehr perspektivisch sein

Comics

Comicfiguren leben seit Anfang des 20. Jahrhunderts in unseren Zeitungen, Werbungen, Unterhaltungsfilmen und damit seit über 100 Jahren in der Vorstellungswelt der Menschen. Der Spinatliebhaber Popeye trat erstmals 1919 auf, Clark Kent zog sich das Cape des Superman 1938 an und Tom jagt Jerry seit 1940. In Deutschland wachsen Kinder und Jugendliche mit den amerikanischen Comicstars *Die Simpsons* (1987) auf, den Galliern des französischen Comics *Asterix und Obelix* (1959) oder auch schwedischen Figuren wie dem kleinen Wikingerjungen *Wickie* (1963). In Deutschland war die Comicproduktion lange Zeit weniger ausgeprägt als im francobelgischen Kulturraum oder in den USA, von wo aus die deutsche Gesellschaft in der ersten Hälfte des 20. Jahrhunderts mit Comics in Berührung kam. Dort genossen Comicfiguren eine hohe Popularität, während sie in der Weimarer Republik beargwöhnt wurden, da sie gegenüber der klassischen Literatur als „Schundliteratur" betrachtet wurden. Dieses Stigma haftete Comics auch während der nationalsozialistischen Diktatur und auch in der Nachkriegszeit an.[1]

In der Gegenwart ist in Deutschland ein gegenläufiger Trend festzustellen: Animes, japanische Comics, gehören zum Alltag der Schüler, genauso wie es ein umfangreiches Angebot von Comics gibt, deren Zielgruppe Erwachsene sind. Im Zuge dieser Produktivität und Akzeptanz finden sich im Buchhandel auch Comics, die den Anspruch erheben, historische Ereignisse und Epochen mit dem diesem Medium eigenen Zugang zu vermitteln: Art Spiegelmann erzählt in *Maus* in Comicform die Geschichte des Holocaust nach, das Tagebuch der Anne Frank liegt als Comic vor, es gibt einen Comic zur Wannseekonferenz und in *Persepolis* erzählt Marjane Satrapi die Geschichte eines Mädchens, dass seine Freiheiten und

1 Gundermann, Christine: Jenseits von Asterix. Comics im Geschichtsunterricht. Schwalbach/Ts. 2007, S. 16-36; Kolb, Johannes: Der Holocaust im Comic. Art Spiegelmans „Maus" im Geschichtsunterricht. Hamburg 2013, S. 27.

Menschenrechte durch die islamische Revolution und die Machtübernahme des Regime ab 1979 verliert.

Erzählungen in Comicform sind augenscheinlich für Kinder, Jugendliche und Erwachsene sehr attraktiv und gehören zu den künstlerischen Ausdrucksformen wie literarische Werke oder Filme. Da Comics sich wie andere Kunstprodukte auch historischen Themen annehmen oder uns über vergangene Zeiten Einsichten gewähren wollen, sollten sie als fester Bestandteil der Quellenauswahl, als „graphische Literatur“[2] angesehen werden. Wie das Angebot von Comics zeigt, sollten Comics nicht auf kindische oder jugendliche Trivialunterhaltung reduziert werden, auch wenn sie landläufig oftmals als solche wahrgenommen werden. In Verbindung mit dem Medium Film prägen Disney-Figuren seit 1930 als Zeichentrickhelden von Mickey Mouse, Dumbo und Mogli über Pocahontas, Mulan und bis zu Vaiana Generationen von Kindern und Erwachsenen. Das Marvel-Universum hat die Comicbuchseiten verlassen und spätestens seit dem *X-Men* Film (2000) die globale Filmszene geprägt. Marvel-Superhelden fliegen dabei durch den Himmel oder das Weltall und reisen durch die Zeit, um Nazis zu bekämpfen, die Kubakrise zu beeinflussen oder auf Präsident Richard Nixon zu treffen. Gerade die zwei Weltkriege produzierten Comicfiguren und trugen zu ihrer Verbreitung bei: Superman, erschaffen von Jerry Siegel und Joe Shuster, trat 1938 in Erscheinung und kämpfte gegen stereotype Japaner, die wild und fremd und als äußert brutal und ohne Rücksicht auf Konventionen der Kriegsführung dargestellt wurden. Die Deutschen wurden wichtigtuerisch, arrogant, hasserfüllt und nach der Weltmacht strebend in Comics gezeichnet. Das Medium Comic erlaubte dann durch seine Bildsprache, die Kontraste zwischen den Bösewichten und Superhelden in Wort, Bild und Tat darzustellen und Superman stieg im Laufe des Zweiten Weltkrieges zu einem kulturellen Phänomen auf: Es wird vermutet, dass jede Comicausgabe von bis zu vier Menschen gelesen wurde und Superman eine Leserschaft von ungefähr 6 Millionen Amerikanern erreichte. Nicht gezählt werden können

2 Pandel, Hans-Jürgen: Comics. Gezeichnete Narrativität und Geschichte, in: Mayer, Ulrich, et. al: Handbuch Methoden im Geschichtsunterricht. Schwalbach, 2013⁴, S. 349.

die Millionen Menschen, die den Superhelden nur auf den Titelbildern der Magazine an den Zeitschriftenständen wahrnahmen.[3]

Lehrkräfte sollten daher die Macht der Bilder und der Comics ernst nehmen und nicht unterschätzen oder ausschließen, dass in der Vorstellungswelt mancher Schüler Römer und Gallier wie in den Comics von Asterix und Obelix reden und gekleidet sind, dass Wikinger in einer fröhlich-lustigen Gemeinschaft um einen kleinen Jungen herum leben oder dass ihr Wissen und Geschichtsbewusstsein über die Geschichte des Holocaust oder der Zeitgeschichte durch Comicromane (*graphic novels*) und Superheldenfilme geprägt sind. Hans-Jürgen Pandel bemerkt treffenderweise, dass gerade das Comic neben dem Film „zum epochentypischen Medium des 20. Jahrhunderts" zählt und „neue kulturelle Codes", also generalisierte Ideen und Vorstellungen, eingeführt hat. Der Einsatz von Comics im Geschichtsunterricht erlaubt den Lehrkräften Zugang zu historisch-kulturellen Selbst- und Fremdperspektiven, die in Comics transportiert werden.[4]

Chancen und Grenzen von Comics

Sollen Comics als Bildergeschichten oder als verbildlichte mündliche oder schriftliche Erzählung betrachtet werden? Gundermann und Pandel legen überzeugend dar, dass das Comic als ein eigenständiges Medium anzusehen ist.[5] Es verbindet Elemente der Bildlichkeit und der Schriftlichkeit und stellenweise können Bilder oder auch Texte im Comic überwiegen. Gleichzeitig sind dem Comic Sprechblasen, Lautmalerei, Handlungs- und Bewegungslinien und Symbole zu eigen, die Stimmungen ausdrücken – wie z. B. Glühbirnen für geniale Einfälle, Ausrufe- und Fragezeichen für Stresssituationen oder Unsicherheit. Daraus ergibt sich eine **Komplexität**

3 vgl. Chapman, Jane, Hoyles, Anna, Kerr, Andrew und Sherif, Adam: Comics and the World Wars. A Cultural Record. New York, 2015, S. 108-113.

4 vgl. Pandel, Hans-Jürgen: Comics. Gezeichnete Narrativität und Geschichte, in: Mayer, Ulrich, et. al: Handbuch Methoden im Geschichtsunterricht. Schwalbach, 2013[4], S. 351.

5 vgl. Pandel, Hans-Jürgen: Comics. Gezeichnete Narrativität und Geschichte, S. 349-351; Gundermann, Christine: Jenseits von Asterix. Comics im Geschichtsunterricht. Schwalbach/Ts. 2007, 58-66.

aus Bild, Text und Symbolen für die Schüler, die sie entziffern und verstehen müssen.

Das Lesen eines Comics ist in der Regel den Kindern vertraut, für die Arbeit im Geschichtsunterricht mit dem Medium ist es dennoch wichtig, sich die Begriffe und das Wissen über grundlegende Elemente eines Comics anzueignen, um dieses Medium gewinnbringend im Unterricht einzusetzen. Denn anders als ein Text nutzt das Comic Einzelbilder oder Panels, die zu einer Sequenz aneinandergereiht, eine Erzähllogik entfalten. Temporale Zusammenhänge werden durch Zeitsprünge („Hiatus") in Form von leeren Zwischenräumen zwischen den Bildern ausgedrückt, die für eine Sekunde, einen Tag oder mehrere Jahre stehen können. Dieses Element sollte nicht übersehen werden, da an dieser Stelle durch den Zeichner Inhalte bewusst ausgelassen wurden. Die Zeit wird im Comic auch noch durch den Bilderrahmen („Habitus") ausgedrückt, bei dem fünf oder mehr Einzelbilder in einem Bilderrahmen auf eine schnelle oder hektische Situation oder das Vergehen von viel Zeiteinheiten hinweisen können, während ein Bild in einem Bilderrahmen eine langandauernde Situation herstellen kann. Wie bei Filmen und Bildern kann der Zeichner dann den Einzelbildern auch noch durch Nah- und Großaufnahmen oder Halbtotale und in Ausschnitten eine eigene atmosphärische Wirkung geben – horizontale Panels können die Weite einer Landschaft unterstreichen oder geschwungene, unruhige Rahmen einen Traum oder eine Gedankenwelt signalisieren.[6] **Das Verständnis des Mediums Comic sollte daher in seinen Details nicht leichtfertig vorausgesetzt werden**, sondern wie bei einer Film-, Bild- oder Karikaturanalyse das spezifische Wissen zur Analyse mindestens einmal und grundlegend vermittelt werden: Denn durch Farbe, Helligkeit und Dunkelheit, Perspektivwahl und Mimik der Personen entsteht ein **starker Einfluss der Bildlichkeit auf die Erzählung**.

Diese künstlerische Darstellung des Comics sollte im Geschichtsunterricht ebenfalls erörtert werden, da sie die Erzählung der schriftlichen und bildlichen Ebene verbindet. Panels können so arrangiert werden, dass auf eine Sequenz mit dem Helden, eine

6 vgl. Näpel, Oliver: Das Fremde als Argument. Identität und Alterität durch Fremdbilder und Geschichtsstereotype von der Antike bis zum Holocaust und 9/11 im Comic. Frankfurt a. M., 2011, vgl. 70-77.

Sequenz des Bösewichts folgt, diese dann später in einer Bildfolge aufeinandertreffen. Große beinahe leere Seiten können Ratlosigkeit, Schicksalsschläge oder auch einen besonders bedeutenden Moment der Geschichte illustrieren. Der ästhetischen Freiheit des Künstlers sind dabei keine Grenzen gesetzt und auf dicht bebilderten Seiten mit mehreren Sequenzen können seiteneinnehmende oder seitenübergreifende Einzelbilder folgen. Diese **künstlerische Ebene** stellt somit eine dritte Erzählebene dar, die der schriftlichen und bildlichen übergeordnete Ebene, die wertvoll zur **Dekonstruktion der historischen Erzählung** ist.

Wie bei jeder Quellenart können Comics als **Geschichtscomics** Darstellungen sein, die eine historische Erzählung wiedergeben, oder als **Quellencomics** über die Entstehungszeit dienen. Funnies, wie *Hägar der Schreckliche* oder die *Peanuts*, können als eine dritte Kategorie gedacht werden, sind aus kulturhistorischer Sicht aber immer auch als Quellencomics über eine Epoche zu verstehen. Seltener sind sie als Comics mit einer besonderen historischen Aussagekraft nutzbar, da sie überwiegend auf die Gegenwart bezogen sind. Hägars Hintergrundnarration als Wikinger ist unterhaltsam, aber seine Gedanken über Beruf, Alltag und die Beziehung zu seiner Frau soll der Leser des 20. und 21. Jahrhunderts ironisch auf sein eigenes Leben beziehen können.[7] Aus dieser Kategorisierung heraus lassen sich erste Potentiale und Grenzen von Comics erkennen. Durch den Einsatz von Comics können im Geschichtsunterricht **Vorstellungen des Fremden** erarbeitet werden. So erschuf der italienische Zeichner Hugo Pratt (1927-1995) die Figur des Corto Maltese, einem Abenteurer ohne Schiff, der Anfang des 20. Jahrhunderts durch die Welt streift und in historische Konflikte und Mythen verwickelt wird. Wie auch bei Hergé (1907-1983), der Tim und Struppi die Welt entdecken ließ, und anderen ähnlichen Comicreihen werden Menschen aller Weltregionen oftmals stark stereotypisiert dargestellt, die wiederum Rückschlüsse auf die Entstehungszeit des Zeichners zulassen. Derartige Stereotype bieten

7 vgl. Pandel, Hans-Jürgen: Comics. Gezeichnete Narrativität und Geschichte, in: Mayer, Ulrich, et. al: Handbuch Methoden im Geschichtsunterricht. Schwalbach, 2013^{4}, S. 349; Gundermann, Christine: Jenseits von Asterix. Comics im Geschichtsunterricht. Schwalbach/Ts. 2007, 90-91.

wie bei Karikaturen, Plakaten und auch Texten wiederum das Potential, Fremdbilder im Geschichtsunterricht zu analysieren.[8]

Ähnlich Romanen bieten historische Comics oftmals Helden und Figuren aus der **Alltagsgeschichte** an, anhand derer große Ereignisse wie Entdeckungsreisen oder Kriege erzählt werden. Diese fiktiven Figuren geben dadurch Einblick in alltägliche Herausforderungen vergangener Zeiten, wie z.B. die dürftige Verpflegung an Bord der Segelschiffe der Frühen Neuzeit oder die Entbehrungen, Verletzungen oder Verstümmelungen von Soldaten im Ersten Weltkrieg. Hier korrespondieren **Bild, Text und Handlung** in einem Comic sehr gut, um auch leistungsschwachen Lerngruppen einen schnellen und einfachen Weg zu einer umfassenden Darstellung der Geschichte zu ermöglichen. Da einem Comiczeichner eine Vielzahl von gestalterischen Möglichkeiten zur Verfügung stehen, können historische Welten zum Leben erweckt und verbildlicht werden, die für manche Schüler in reiner Textform verborgen bleiben würden. Die **Motivation** für Comics bei Kindern und Jugendlichen ist daher groß, da das Comic einerseits Bestandteil ihrer Lebenswirklichkeit ist und andererseits auch der kognitiven Entwicklung entgegenkommt, da bildliche (pikturale) und abstrakte (schriftlich-symbolische) Informationen gemeinsam angeboten werden.

Gleich, und vermutlich noch stärker als bei einem Roman, der „nur" die schriftliche Ebene anbietet, liegt bei Comics das Problem der Erzählung und ihrer historischen Triftigkeit vor, da die bildliche Darstellung der Vergangenheit beim Comic mitgeliefert wird. Comicbuchautoren entscheiden einerseits über die Erzählform und andererseits über die gezeichnete Darstellung. In den Comicalben entstehen Silhouetten von Städten, Kutschen, Dampfschiffen und Gesichter von Personen, die oftmals nicht durch Quellen verbürgt und frei der Feder des Künstlers entsprungen sind. Auch berühmte Figuren können damit ein „Gesicht" und eine „Körperform" erhalten, die zutreffen mag oder nicht. Da die Frage der historischen Korrektheit auch Romane oder Filme betrifft, darf sie dem Medium Comic nicht zum Vorwurf gemacht werden, sondern muss als Herausforderung betrachtet werden, die auch beim Comiceinsatz

8 vgl. Näpel, Oliver: Das Fremde als Argument. Identität und Alterität durch Fremdbilder und Geschichtsstereotype von der Antike bis zum Holocaust und 9/11 im Comic. Frankfurt a. M., 2011, vgl. 263-294.

im Geschichtsunterricht thematisiert werden sollte. Wo möglich, kann exemplarisch **Fiktionalität und Faktizität** anhand einer Comicsequenz oder eines Einzelbildes überprüft werden und durch einen kritischen Umgang mit Comics und darüber hinaus Darstellungen von Geschichte geschult werden.

Berlin – Geteilte Stadt

In dem Comicband „Berlin – Geteilte Stadt" wurden Zeitzeugen zur Aufarbeitung der SED-Diktatur befragt, deren Lebenswege Einblick in die Teilung Berlins und damit in die deutsche Geschichte geben. Daraus entstanden fünf Comics mit Geschichten von 1961 bis 1989, denen jeweils eine historische Kontextualisierung und Originalquellen in Zusammenarbeit mit der Gedenkstätte Berliner Mauer nachgestellt ist. Insgesamt wird durch die Zeitzeugenbefragung und Quellennähe versucht, die Geschichte möglichst genau nachzuzeichnen. Für den Geschichtsunterricht in der Mittel- und Oberstufe eignet sich der Zeitzeugencomic von Ursula Malchow „Das Krankenhaus an der Mauer"[9] in zweierlei Hinsicht: einerseits kann damit die Teilung Berlins und Deutschlands vermittelt werden, andererseits bietet es die Analyse elementarer gestalterischer Mittel des Mediums Comic.

Die historische Triftigkeit kann daher als sehr hoch eingeordnet werden, weshalb sich dieser Comic in einer Erarbeitungsphase stärker zur Vermittlung von Sachwissen sowie der Erzähllogik der Geschichte eignet. Ein Einstieg mit dem Foto des „Sprung in die Freiheit" des Volkspolizisten Conrad Schumann oder seiner Skulptur in der Bernauer Straße von 2009 soll Interesse an der Geschichte des Mauerbaus und der deutschen Teilung wecken. Dies kann durch Fragen eingeleitet werden, wofür die Skulptur errichtet wurde und was sie zu vermitteln versucht, oder aus welchen Gründen der Soldat über den Stacheldraht gesprungen sein könnte.

Da der Comic ohne Informationstext zwölf Seiten lang ist, kann er in der Erarbeitungsphase den Schülern zur Eigenarbeit vorgelegt werden. Zur anschließenden Erarbeitung sollte folgende Leitfragen zum Lesen mitgegeben werden: Welche Folgen hatte die Mauer für

9 vgl. Buddenberg, Susanne und Henseler, Thomas: Berlin – Geteilte Stadt. Berlin 2012.

das Leben der Ost-Berliner? Wie reagierten die West-Berliner auf die Mauer? Warum wurden Menschen an der Mauer erschossen? Welche Bedeutung hat es, dass diese Geschichte aus der Sicht von Ursula Malchow erzählt wird?

Anschließend können zur Sicherung die starken und lebensgefährlichen Beeinträchtigungen durch den Mauerbau für die Ost-Berliner festgehalten werden, aber auch die Proteste der West-Berliner. Fluchtversuche über Dächer und aus Fenstern, nächtliche Kontrollen im Lazarus-Krankenhaus in der Bernauer Straße und auch die Unzugänglichkeit des Sophienfriedhofs für die Ost-Berliner können wiedergegeben werden. Das Panel der protestierenden Berliner zeigt dabei die Wirkmächtigkeit des Mediums Comic: Der Blocktext informiert den Leser über die Wut der West-Berliner, ernste Gesichter und offene Münder bringen diesen Protest zum Ausdruck und die Forderung „Mauer auf!“ erscheint im Hintergrund der Demonstranten in Blockschrift. Damit wird auf den drei Ebenen der Schriftlichkeit, Bildlichkeit und Ästhetik das Ausmaß der Proteste dargestellt. Durch die Perspektive der Krankenschwestern und Ärzte auf die Politik der SED-Diktatur besitzt der Comic eine spannende Dramaturgie, was bei Schülern zum Interesse an dem historischen Thema beitragen kann. So ist das Krankenhaus nicht nur für die regulär Kranken zuständig, sondern auch für Verletzte und Flüchtlinge aus dem Osten in den Westen, von denen manche Menschen wie Ernst Mundt ihre Flucht mit dem Leben bezahlten. Aus Sicht der Krankenschwestern und Ärzte wird demnach erzählt, dass sie Menschenleben zu retten versuchen, die durch die Entscheidung der SED in Gefahr geraten oder an der Mauer sterben. Sie sind also nicht nur mit natürlichen Unfall- und Krankengeschichten konfrontiert, sondern auch mit politischer Gewalt gegen die Bevölkerung.

Durch den Comic wird anhand der Zeitzeugen auch die Bedeutung des Schießbefehls deutlich, der für viele Flüchtlinge aus der SED-Diktatur tödlich endete. Die Seite in Abbildung 18 zeigt dabei, wie durch Sequenzen und Darstellung von Geräuschen („Peng“) der Mord durch einen Zielschuss des Grenzposten erfolgt und Ernst Mundt am Kopf getroffen von der Mauer fällt. Ursache für seinen Fluchtversuch war die Trennung von seiner Mutter, zu der er wollte. Von dieser Erarbeitungsphase ausgehend, können dann historisch-politische Diskussionen angestoßen werden. Die politische Diskussion in der Gegenwart über die Forderung mancher

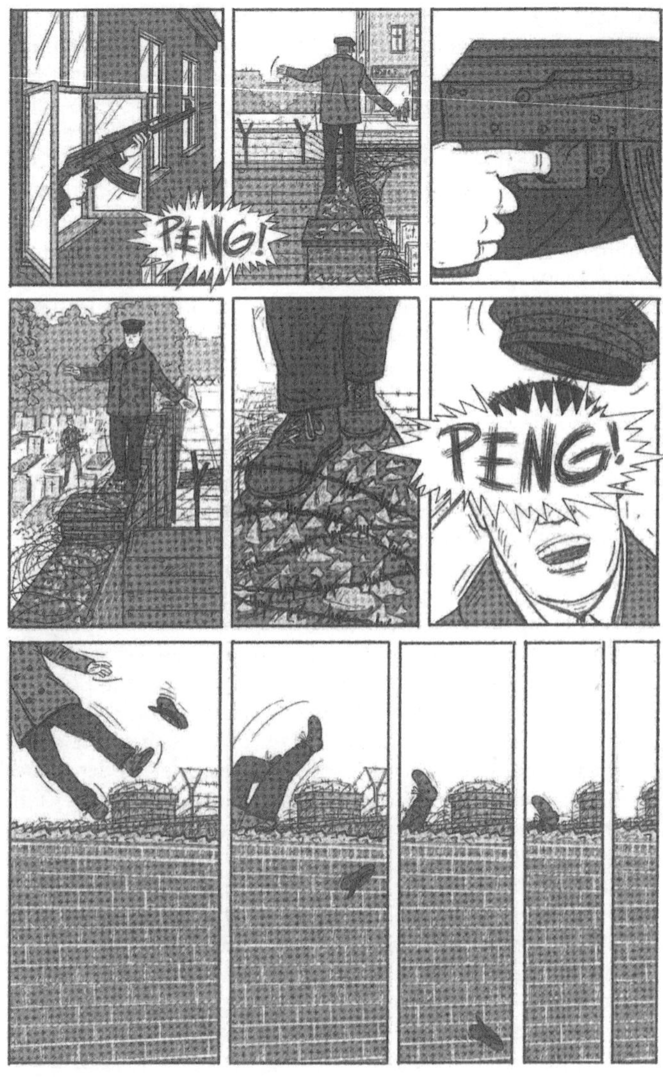

Abb. 18: Susanne Buddenberg und Thomas Henseler: Berlin – Geteilte Stadt. Berlin 2012, S. 36.

Politiker und Parteien, die DDR nicht als Unrechtsstaat zu bezeichnen, kann hinsichtlich der Mauertoten erörtert werden. Der Umgang mit den Erklärungen der Grenzpolizisten, sie hätten nur Befehle befolgt, kann besprochen werden unter Zuhilfenahme der Quelle, dass der Grenzpolizist, der den Schuss abgegeben hatte, in der sozialistischen Diktatur mit der „Medaille für vorbildlichen Grenzdienst" ausgezeichnet wurde. Sinn und Zweck des „Antifaschistischen Schutzwalls" können ebenfalls erörtert werden, welchen Zweck der Mauer durch die DDR-Propaganda zugewiesen wurde und welche Aufgabe sie in der Geschichte der DDR erfüllte. Der Widerspruch zwischen angeblichem Schutz vor westlichen „faschistischen" Kräften und dem Einsperren eines ganzen Volkes unter Schießbefehl bei Flucht kann durch diese oder andere Zeitzeugen-Comics gut erarbeitet und erfahrbar gemacht werden.

Die amerikanische Bürgerrechtsbewegung – March (Book One)

Die Biographie des Kongressabgeordneten John Lewis aus Georgia in Form einer Graphic Novel zeigt die hohe Stellung, die Comics in der amerikanischen Geschichtskultur eingenommen habe. Der dritte Teil von *March*, das als Trilogie vorliegt, gewann als erstes Comicbuch den *National Book Award* und den *Will Eisner Comic Industry Award*. *March*[10] erzählt die Geschichte von Rosa Parks und dem Montgomery Busboykott sowie von John Lewis und eine Gruppe von Aktivisten, die das *Student Nonviolent Coordinating Committee* (SNCC) gründeten, ausgesprochen SNICK. Aus den Augen von John Lewis wird dabei, an eine neue Generation von Amerikanern gerichtet, die Geschichte der Bürgerrechtsbewegung erzählt. Im Comic wird die junge Generation von zwei schwarzen Jungen und ihrer Mutter verkörpert, die Lewis in seinem Büro am Tag der ersten Amtsansprache von Barack Obama besuchen. Durch dieses erzählerische Mittel wird der Spannungsbogen der Graphic Novel etabliert: Es beginnt mit dem 7. März 1956, als die Bürgerrechtsaktivisten über die Edmund-Pettus-Brücke in Selma, Alabama, zogen, dem Tag, der aufgrund der Gewalt der lokalen Polizisten als Bloody Sunday in die amerikanische Geschichte ein-

10 Lewis, John, Aydin, Andrew und Powell Nate: *March. Book One*. Marietta, Ga, 2013.

ging. Der zeitliche Endpunkt der Graphic Novel stellt anschließend die Inauguration des ersten schwarzen Präsidenten am 20. Januar 2009 dar. Dazwischen wird die Entwicklung der Bürgerrechtsbewegung und die Rolle des Kongressabgeordneten in Episoden nacherzählt: Lewis lernt über Martin Luther King Jr. die Bewegung kennen, organisiert die ersten Sit-ins, bei denen schwarze Amerikaner gewaltlosen Widerstand gegen die Rassendiskriminierung und -segregation praktizierten. Dafür setzten sie sich an die Tresen der Restaurants im Süden der USA, wo ihnen die Bewirtung aufgrund ihrer Hautfarbe verweigert wurde, um ihre Forderungen nach Gleichbehandlung durchzusetzen.

March ist ein prägendes literarisches und visuelles Werk der amerikanischen Geschichtskultur über die Bürgerrechtsbewegung geworden und hat seinen Platz im Geschichtsunterricht an amerikanischen Schulen gefunden. Den Autoren ist es gelungen, die Stärken eines Comicbuches zu nutzen und dabei die Schwächen dieses Mediums zu vermeiden. Durch die schwarz-weiße Zeichnung stellt sich eine seriöse Atmosphäre ein und der Vergangenheitscharakter wird den Lesern dadurch bewusst. Die 121 Seiten sind durch Rückblicke in die 1960er Jahre, Episoden aus der Gegenwart von 2009, und noch weiter zurückreichende Rückblicke in das Leben und Aufwachsen von John Lewis kurzweilig und jede Episode liefert einen Einblick und eine Lehre über den Hauptcharakter oder die Bürgerrechtsbewegung. Durch den Bezug zur Obama-Ära durch das Gespräch des Kongressabgeordneten mit den zwei Jungen wird die Bedeutung des Themas für Leser des 21. Jahrhunderts hergestellt.

Die Graphic Novel kann aufgrund dieser Erzählweise didaktisch sehr gut eingesetzt werden, entweder als Gesamtwerk oder in Episoden. Für den Geschichtsunterricht in Deutschland lässt sie sich im Zuge eines Längsschnitts zum Thema „Menschenrechte" einsetzen oder auch in einem gymnasialen W-Seminar oder einem Projekt der oberen Mittel- oder Oberstufe. Da die Sprache des Comic-Buchs Englisch ist, kann hier auch ein fächerübergreifender Unterricht mit der Englischlehrkraft angestrebt werden. Grundsätzlich sollte jedoch ein Schüler ab dem dritten Lernjahr in der Fremdsprache mit dem Comicbuch zurechtkommen, da hier eine Stärke des Comics greift: Handlungen und Aussagen liegen gleichzeitig verbildlicht und unterstützt durch Symbole dar und die Sprache ist meistens einfach gehalten. Die Emotionen der Charaktere sind sehr gut erkennbar und durch die Panels wird die Handlung geleitet, sodass sie für Schüler gut verständlich ist.

In einer Doppelstunde zum Thema „Kampf für Menschenrechte in der Geschichte“ kann mit einem Videoausschnitt der Rede Martin Luther Kings vom 28. August 1963 begonnen werden, bei der er seinen Traum ausspricht, dass eines Tages seine Kinder nicht aufgrund ihrer Hautfarbe, sondern aufgrund ihres Charakters beurteilt werden würden. Diese Rede, die über das kollektive Bewusstsein der Amerikaner hinaus das Geschichtsbewusstsein vieler Menschen prägt, leitet zu der Problemstellung über, dass 1963 noch eine juristisch festgeschriebene Ungleichbehandlung zwischen Schwarzen und Weißen in den USA herrschte und die Freiheits- und Bürgerrechte der Schwarzen noch nicht verwirklicht waren. Dr. Kings Rede stellte den Höhepunkt des Marsches auf Washington dar, der zum Titel des Comic-Buchs wurde. Die Ziele der Stunde sind demnach einerseits die historische Ursachenforschung für den Marsch auf Washington und andererseits eine Diskussion über die Methoden der Bürgerrechtsbewegung und wie sie ihre Ziele verfolgten.

Es ist durchaus denkbar, dass ein Klassensatz des Comcibuches an einer Schule angeschafft werden kann und in einer Doppelstunde den Schülern die Zeit gegeben wird, das gesamte Heft mit Unterstützung der Lehrkraft bei Nachfragen inhaltlicher und sprachlicher Art zu lesen. Im Folgenden wird jedoch eine auf mehrere Abschnitte des Comics didaktisch reduzierte Vorgehensweise vorgestellt. Zunächst sollen sich die Schüler in Kleingruppen mit dem historischen Kontext der 1950er Jahre auseinandersetzen: Das Ende der Segregation in Schulen, die 1954 durch die Entscheidung *Brown v. Board of Education* des Obersten Gerichtshofs der USA eingeläutet wurde, als bedeutendes Erlebnis für John Lewis, für seine und die Rechte der Schwarzen zu kämpfen (S. 54-55). Sowie die Weigerung von Rosa Parks, sich ans Ende des Buses zu setzen, und der darauffolgende Busboykott in Montgomery durch die schwarze Bevölkerung, ebenfalls 1955 (S. 58f). Der grauenhafte Mord an dem 14-jährigen Emmett Till durch zwei weiße Rassisten im Jahr 1955, die anschließend freigesprochen wurden (S. 56-57). Im Comicbuch wird die historische Atmosphäre eingefangen, indem über der Zeichnung des Gewaltverbrechens und der sich umarmenden Mörder während des Freispruchs am Ende der Seite, der Satz vor einem schwarzen Hintergrund schwebt: „Das Ereignis im August, das niemand ignorieren konnte.“

Abb. 19: John Lewis, Andrew Aydin und Nate Powell: March. Book One. Marietta, Ga, 2013, S. 57

Durch einen Zeitstrahl kann nun das erarbeitete Sachwissen gesichert werden, indem die Jahreszahlen 1863 (Emanzipationsproklamation der Sklaven), 1954, 1955 und 1963 als Schritte des Kampfes um Menschenrechte festgehalten werden. Rückschläge oder retardierende Momente, wie z.B. die Jim-Crow-Ära, welche die Rassentrennung gesetzlich zwischen 1860 und 1954 zementierten, können auch aufgenommen werden. Bei der Fülle bedeutender historischer Ereignisse muss aber eine didaktische Reduktion gewagt werden, um die Inhalte der Stunde und des Comicbuches für die Schüler nicht zu überfrachten.

In einer Einzelarbeit sollen sich die Schüler dann mit dem Gedanken und Prinzip des gewaltlosen Widerstandes auseinandersetzen, die John Lewis durch Martin Luther King Jr. kennenlernt und verinnerlicht (S. 70-73, 77-83). Zusätzlich soll ein Beispiel dieses Prinzips in Form eines Sit-ins (S. 91-97) gelesen werden. Anschließend sollte im Plenum nachgefragt und gesichert werden, ob die gesamte Klasse, das Prinzip des Sit-ins verstanden hat. Gemeinsam sollten dann die Seiten 110 und 111 gelesen und besprochen werden: Die schwarze Bevölkerung ging 1955 in einen Boykott von Geschäften über, auf den im Comicbuch ein weißer Geschäftsbesitzer mit den Worten reagiert, die Stadt sei so leer, man könne eine Bowlingkugel die Straße hinunterrollen und niemanden treffen. Nach der Sicherung der Prinzipien des gewaltlosen Widerstands sowie des Bus- und Geschäftsboykotts wird dem Zielpunkt der Erzählung gefolgt, der Inauguration des ersten schwarzen Präsidenten, und eine historisch-politische Diskussion angestoßen. Dazu bietet sich zum Beispiel die Fishbowl-Methode des Sozialkundeunterrichts an, um den historisch-politischen Bildungsanspruch der Unterrichtsstunden einzulösen. Als Anstoß werden die Schüler zunächst mit der Frage konfrontiert, wann die Bürgerrechtsbewegung ihrer Meinung nach ihr Ziel erreicht habe. Als mögliche vorgegebene Antworten können der Civil Rights Act von 1964, der die direkten politischen Forderungen der Bewegung einlöste und ein Diskriminierungsverbot aufgrund der Hautfarbe aussprach, angeboten werden oder erst 2009, als Barack Obama der 44. US-Präsident der Vereinigten Staaten wurde. Um die rein historische Sachebene zu verlassen und sich der historisch-politischen sowie ethischen Dimension zu nähren, kann diese Frage dann mit einem Zitat des Baptistenpastors und Bürgerrechtsaktivisten Jesse Jackson vertieft werden: „The American Dream is equal protection under the law and equal opportunity. The American Dream does not promise equal results, but it does promise equal opportunity.“[11]

Eine Fishbowl-Methode gibt den Schülern im äußeren Kreis Zeit zum Zuhören der Argumente und individuelle Schüler können jederzeit vom Beobachterplatz in den inneren Kreis wechseln, um sich mit neuen Gedanken in die Diskussion einzubringen. Dabei werden bedeutende Fragen der historischen-politischen Bildung über die Idee der Chancengleichheit aufgegriffen, die von dieser historischen Fallanalyse aus exemplarisch diskutiert werden können.

Chancen von Comics	**Grenzen von Comics**
... ermöglichen die Erarbeitung und Analyse kultureller Selbst- und Fremdbilder ... bieten eine Darstellung und Perspektive von Alltagsgeschichte an ... führen durch Bild und Text zu einem schnellen Zugang zum Thema ... bieten eine hohe Motivation aufgrund ihres Lebensweltbezuges ... erzählen Geschichte spannend und bildlich ansprechend	... arbeiten mit Stereotypen ... sind von einer Komplexität aus Bild, Text und Symbolen geprägt ... besitzen einen starken fiktionalen Charakter .... besitzen einen sehr starken Einfluss der bildlichen und ästhetischen Darstellung auf die Erzählung

11 Übersetzung: „Der Amerikanische Traum bedeutet, das Recht auf gleichen Schutz durch das Gesetz zu haben, und Chancengleichheit. Der Amerikanische Traum verspricht nicht Ergebnisgleichheit, aber er verspricht Chancengleichheit.“

Filme und Serien

Filme sind sehr wirkmächtig: Als der Film *300* (2006) in die Kinos kam, prägte er nachhaltig die Vorstellung von Griechen und Spartanern als durchtrainierte Bodybuilder, die in der Schlacht bei den Thermopylen gegen eine übermächtige Streitkraft der Perser kämpften und verloren. Aber nicht nur die auf Frank Millers Comic basierende düstere und brutale filmische Darstellung der Griechen und Perser prägt das Geschichtsbewusstsein, sondern auch die Erzählung des Films, der die jahrtausendalten Narrative von Herodot aufnimmt, die von einem heroischen Kampf der Griechen in deutlicher Unterzahl gegen die Perser berichtet, die lieber kämpfen und sterben, als sich der persischen Fremdherrschaft zu unterwerfen.

Kriege stellen grundsätzlich ein beliebtes Thema großer Filmproduktionen dar und der Zweite Weltkrieg ist dabei eines der meist verfilmten Themen in den Hollywoodproduktionen: Neben *Pearl Harbour* (2001) von Michael Bay behandelt *Midway* (2019) von Roland Emmerich eine sehr ähnliche Thematik. Beide Regisseure sind für ihre Blockbuster bekannt, in der Bildgewaltigkeit in der Regel vor einer authentischen Umsetzung der Vergangenheit steht. Jedoch wurde *Midway* als der Anti-Pearl-Harbour-Film bezeichnet, da Emmerich ausnahmsweise größten Wert auf Authentizität legte und dafür mit dem *Naval History and Heritage Command* (NHHC) eng zusammenarbeitete. Der Direktor der Einrichtung zur Aufarbeitung und Verbreitung der Geschichte der United States Navy, Konteradmiral Sam Cox, bezeichnete den Film sogar als eine der realistischsten Umsetzungen der pazifischen Seekriegsgeschichte.[1]

Serien oder mehrteilige Fernsehfilme mit historischem Bezug finden ebenfalls hohe Zuschauerzahlen und entfalten damit einen

1 vgl. Bustle: This Historically Accurate WWII Movie Is The Anti-'Pearl Harbor' (6. November 2019) in: https://www.bustle.com/p/how-accurate-is-midway-dont-compare-it-to-pearl-harbor-19278800 [aufgerufen am 26. März 2021]

deutlichen Einfluss auf das Geschichtsbewusstsein: In der spanischen Serie *Velvet* (2014-2016) oder in der deutschen Produktion *Ku'damm 56/59/63* (2016-2021) werden die 1950er und 1960er Jahre zum Schauplatz von Eifersucht, Liebe und Intrigen. In *Outlander* (seit 2014) reist die Hauptdarstellerin aus dem Jahr 1945 zunächst in das Schottland des 18. Jahrhunderts zurück und erlebt dort den Kampf der schottischen Hochlandclans gegen die britische Armee mit. Die deutsche Serie *Deutschland 83/86/89* (2015-2020) nimmt sich in jeder Staffel einem historischen Hauptthema an, das als Geheimagententhriller erzählt wird: Das NATO-Manöver Able Archer 1983, die Waffengeschäfte der DDR und BRD in Afrika im Kalten Krieg 1986 und der Mord an Alfred Herrhausen 1989. Neben fiktiven Elementen ist der historische Detailreichtum beeindruckend, mit dem die Endphase des Kalten Krieges in dieser Serie dargestellt wird.

Chancen und Grenzen von Filmen und Serien

Die Wirkmächtigkeit der filmischen Darstellung von Geschichte und ihr Einfluss auf das individuelle Geschichtsbewusstsein sind derart präsent, dass eine Auseinandersetzung damit im Geschichtsunterricht zwingend notwendig ist, um ein reflektiertes Geschichtsbewusstsein zu vermitteln. In der **Geschichtskultur** wurde die Geschichte des amerikanischen Westens lange durch das Genre des Italowesternfilms vermittelt, in dem Nahaufnahmen von Gesichtern wie in *Für eine Handvoll Dollar* (1964) von Sergio Leone sowie Aufnahmen der Weite der Landschaft dominierten. Dieses Subgenre existierte bereits, als Leone seinen ersten Film drehte; ungefähr 25 andere Italowestern gab es damals schon. Der Italowestern galt als „Bastard" zwischen der italienischen Kinotradition und einem klassischen amerikanischen Western wie ihn John Ford gedreht hatte. Kritiker bezeichneten das Subgenre als ein „Schieß-Spiel, der italienischen Spielart des Wildwestfilms" oder als „Ersatzwestern made in Europe". Die Brutalität des Italowesterns rief Abwehr und Abscheu hervor, denn die idealisierte Darstellung des Lebens im Westen ging in diesen Werken unter, um einer bis zu diesem Zeitpunkt unbekannten Darstellung von Gewalt Raum zu geben: „Indianer werden skalpiert, Frauen vergewaltigt, goldene Munition wird bei vollem Bewusstsein aus dem Bauch herausgeschnitten und -gepult, Ohren werden abgetrennt, Hände zerschossen und zertrampelt, Menschen fressen Menschen."[2] Für Leser des 21. Jahrhunderts, die *Westworld* oder *Game of Thrones* gesehen haben, mag dies wie ein normales Repertoire einer erfolgreichen Fernsehserie wirken – die Parallelen zwischen den Italowestern und der Brutalität von *Westworld* sind interessant – für die frühen 1960er war dies jedoch ein schockierendes Novum.

Auch die Monumentalfilme und „Sandalenfilme" der 1950er und 1960er, in deren Tradition die Westernfilme standen, hatten einen hohen Blutanteil, weswegen sie Kritiker auch abschätzend „Spaghetti" aufgrund der „roten Sauce" im Film nannten.[3] Die Sandalenfilme prägten für lange Zeit das Geschichtsbild über die Antike. Ihnen waren die Schlachten und Herrschaftsmomente als Massenszenen, die Opulenz und Farbpracht und die „wohlproportionierten Helden mit gegenwartsbezogener Haarpracht" gemein. Geändert haben sich jedoch über die Jahrzehnte die antiken Helden im Film, die von heroisch und glänzend zu immer noch kämpfenden Heroen wurden, die jedoch an den äußeren Umständen scheitern, wie z.B. in *Gladiator* (2000) oder *Troja* (2004).[4] Dass Filme und Filmgenres auch nur eine **Interpretation einer Vergangenheit** darstellen und nicht immer in Übereinstimmung mit der Fachwissenschaft zu einer Epoche stehen, stellt daher einen wertvollen Ansatz in der Auseinandersetzung mit alten und aktuellen Filmen dar. Schüler können nach Peter Meyers lernen, dass Filme „Ausdruck ihrer Entstehungszeit und damit mit der Historienmalerei vergleichbar"[5] sind.

Wenn die Antike als düstere Comicwelt muskelbeladener Kämpfer oder opulentes Massenspektakel im Geschichtsbild verhaftet oder der Wilde Westen in Gedanken von harten, trinkenden und rauchenden, schießwütigen Männern bevölkert ist, ergibt sich zunächst ein **Authentizitätsproblem** für den Geschichtsunterricht. Zwar sind einige Biographien von Zug- und Bankräubern und *frontiersmen* historisch belegt, aber ihr Habitus im Film dürfte dann

2 Uebbing, Sandra: Amerika (er-)finden. Tradition und Transformation von Mythen in Filmen von Sergio Leone. München 2007, S. 4-5 und 35-36.

3 Uebbing, Sandra: Amerika (er-)finden. Tradition und Transformation von Mythen in Filmen von Sergio Leone, S. 4-5.

4 vgl. Sommer, Andreas: Geschichtsbilder und Spielfilme. Eine qualitative Studie zur Kohärenz zwischen Geschichtsbild und historischem Spielfilm bei Geschichtsstudierenden. Münster 2010, S. 33-35.

5 Meyers, Peter: Filme im Geschichtsunterricht. Frankfurt a. M. 1998, S. 51.

stärker dem Schauspieler und manchen Überzeichnungen durch Überlieferungen als der realen Person entsprechen. Die überzeichneten Griechen und römischen Gladiatoren im Film dagegen entsprechen vermutlich mehr einer mythenhaften Darstellung historischer Personen, so wenig ist von ihnen überliefert und bekannt und so viel wurde ihnen über die Jahrtausende angedichtet. Dennoch können filmische Darstellungen unabhängig von ihrer historischen Genauigkeit, und das Auftreten der Schauspieler durch die audiovisuelle Wirkung des Mediums Film Teil der individuellen Vorstellungsbilder von Geschichte werden.

In Geschichtsfilmen wechseln sich daher **faktuales und fiktionales Erzählen** ab und den Grad des Faktischen oder der Fiktion bestimmt der Regisseur. Die Überprüfung der Triftigkeit eines Spielfilms oder einer Szene kann daher eine Bereicherung für einen kritischen Umgang mit Geschichte darstellen. Sind Filme oder Serien sehr gut recherchiert teils in Zusammenarbeit mit Historikern entstanden, bewegen sie sich nahe an der quellenbasierten Geschichte und die Schauplätze, Kleidung, Ernährung und Verhaltensweisen entsprechen dem Wissen über die Vergangenheit. Faktuales Erzählen steigert die Authentizität von historischen Filmen und Serien wie in *Die Dunkelste Stunde* (2017) über Winston Churchill oder *Chernobyl* (2019) über die Nuklearkatastrophe. Historische Welten, die von fiktionalen Charakteren bereist und bewohnt werden, entstehen dagegen beim fiktionalen Erzählen, wie es in *Bridgerton* (2020) der Fall ist, das die Zeit von 1813 wiedergeben soll, aber weitestgehend rein fiktiv bleibt.[6]

Nach Norbert Zwölfer können die unterrichtspraktischen Potentiale und Herausforderungen des Filmeinsatzes in drei Dimensionen gegliedert werden: Aus lernpsychologischer Sicht sprechen Filme durch **Emotionalität und Affektivität** die Schüler an, bieten ihnen eine **audiovisuelle Konkretisierung** des Lernthemas an, an die sich durch diese multisensorische Erfahrung und emotionale Mitnahme besser erinnern lässt. Die **Anschaulichkeit** des Films führt zu zahlreichen **Sprechanlässen** für Schüler aller Leistungsstufen. Filme lösen Fragen aus und dramatische Szenen und Handlungen können zu Empathie mit vergangenen Ereignissen und

6 vgl. Fischer, Thomas und Schuhbauer, Thomas: Geschichte in Film und Fernsehen. Tübingen 2016, S. 37-38

Menschen oder auch Antipathie gegenüber Verbrechen und Verbrechern führen. Geschichtsdidaktisch wertvoll sind die **Förderung eines historischen Vorstellungsvermögens**, die **Verdichtung eines Themas** und die bereits erwähnte Überprüfung der Authentizität und damit der Frage, wie repräsentativ die filmische Darstellung für die historische Zeit ist sowie nach der dargebotenen Interpretation der Vergangenheit, die eine Aussage über eine vergangene oder gegenwärtige Geschichtskultur bietet.[7]

Peter Meyers schreibt nicht zu Unrecht von der „massiven Beeinflussung des Geschichtsbildes unserer Gesellschaft durch den Film", weshalb es wertvoll sei, den Film als Quelle, Produkt und Faktor des Geschichtsbewusstseins anzuerkennen.[8] Im Unterrichtseinsatz ist daher zu beachten, dass zwischen filmischen Quellen und Darstellungen unterschieden wird. Das nicht nachträglich bearbeitete Filmdokument besitzt den höchsten Authentizitätsgrad. Aber auch das **Filmdokument** muss wie alle Quellen einer Quellenkritik unterzogen werden, um seine Perspektivität über die Einstellung und den Auftraggeber oder Filmemacher zu erörtern. Durch die gewählte Einstellung kann ein Filmemacher bereits bei der bloßen Aufnahme eines Geschehnisses manipulierend eingreifen.[9]

Der **Dokumentarfilm** ist eine Zusammenstellung von Filmdokumenten und zusätzlichen Quellen wie Statistiken, Diagrammen oder Karten. Zeitzeugen, Experten oder Journalisten können zu Wort kommen, einzelne Szenen von Schauspielern nachgespielt werden und auch originale Filmdokumente nachträglich mit anderer Musik untermalt oder besprochen werden. Aus diesen mannigfaltigen Möglichkeiten der technischen Veränderung, aber auch inhaltlichen Komposition der Erzählung, ergibt sich die Beliebtheit von Dokumentationen, die komplexe Ereignisse verständlich und spannend erklären, aber auch der Einsatz derartiger Produkte für Propagandazwecke: So nutzten die Nationalsozialisten Dokumentarfilme wie *Feldzug in Polen* (1940) und *Theresienstadt. Ein Dokumentar-*

7 vgl. Zwölfer, Norbert: Filmische Quellen und Darstellungen, in: Günther-Arndt, Hilke und Zülsdorf-Kersting, Meik (Hrsg.): Geschichtsdidaktik. Praxishandbuch für die Sekundarstufe I und II, Berlin 2014[6], S. 133-135.

8 Meyers, Peter: Filme im Geschichtsunterricht. Frankfurt a. M. 1998, S. 39.

9 vgl. Meyers, Peter: Filme im Geschichtsunterricht, S. 42-43 und Baumgärtner, Ulrich: Wegweiser Geschichtsdidaktik. Paderborn 20152, S. 180-181.

film aus dem jüdischen Siedlungsgebiet (1945), um Kriegserfolge zu propagieren und von der Judenverfolgung und -vernichtung abzulenken. Daraus ergibt sich, dass ein Dokumentarfilm besonders viel kritischer Auseinandersetzung bedarf, da im Gegensatz zum Spielfilm die Manipulationen viel subtiler sind und die Zuschauer nach den Absichten des Dokumentarfilmmachers geleitet werden können. Der **historische Spielfilm** dagegen ist ein fiktionaler Film und damit eine filmische Darstellung. Einige Unterkategorien des historischen Spielfilms sind Abenteuerfilme, Western, Kriegs- oder Nostalgiefilme. Wie bei anderen Quellenarten ist zu beachten, dass je nach Fragestellung Spielfilme als filmische Darstellung betrachtet werden können oder als filmische Quelle, wenn z.B. Filmutopien der 1920er und 1930er als Quelle über die Zukunftsvisionen einer vergangenen Gesellschaft untersucht werden.[10]

Ausschlaggebend bei der Analyse des historischen Spielfilms ist seine Sequenzierung der Erzählung und die Wahl des Erzählschemas mit der er ein Geschichtsbild über die Vergangenheit erschafft: In *Asterix und Obelix gegen Caesar* (1999) unterlaufen furchtlose und witzige Gallier spielerisch die römische Herrschaft, da der historische Stoff als Comickomödie dargestellt wird. Der historische Inhalt dieses Films ist bis auf wenige Ortsnamen und Personen äußerst gering. In *Ballon* (2018) wird mit hoher historischer Genauigkeit die Flucht zweier Familien aus der DDR über den Todesstreifen nacherzählt, die nach Rückschlägen dennoch gelingt. Zusätzlich zur Analyse der Handlung des gesamten Films, um zu erarbeiten, ob der Film als Tragödie, Komödie oder Erfolgsgeschichte vorliegt, sollten einzelne Szenen genau betrachtet werden, die vertieft hinsichtlich Personenkonstellation, Musik, Licht, Szene und Inhalt ausgewählt werden. Dies gilt ebenso für Serien im Geschichtsunterricht als auch für Dokumentation, da es zwar gängig und berechtigt sein kann, eine Dokumentation oder einen Film in seiner gesamten Länge anzusehen – hierbei aber dann keine Didaktisierung vorliegt, also keine unterrichtspraktische Arbeit mit dem Film.

10 vgl. Meyers, Peter: Filme im Geschichtsunterricht. Frankfurt a. M. 1998, S. 44-48; Sommer, Andreas: Geschichtsbilder und Spielfilme. Eine qualitative Studie zur Kohärenz zwischen Geschichtsbild und historischem Spielfilm bei Geschichtsstudierenden. Münster 2010, S. 27.

Gleich ob filmische Quelle oder filmische Darstellungen, ihnen wohnt in unterschiedlichem Ausmaß die **Gefahr der Manipulation und Ideologisierung** inne. Dies geht einher mit dem scheinbar einfachen Einsatz von Filmen, Serien oder Dokumentationen im Film. Aber Schüler sind bei dieser audiovisuellen Quelle passive Rezipienten und auch ältere Propagandafilme können in der Gegenwart noch ihre Wirkung entfalten und in Spielfilmen sind Verzerrungen, Stilisierung und Verfälschungen historischer Ereignisse an der Tagesordnung. Insbesondere „gibt die dargestellte Vergangenheit nur den Spiegel ab, der der Gegenwart vorgehalten wird."[11] Pandel spricht damit ein gängiges Problem an, dass in historischen Spielfilmen mehr „Gegenwart" als „Vergangenheit" reproduziert wird: So taucht in der Serie *Barbaren* (2020) mit Thusnelda eine heroische Kämpferin auf, die sogar eine Führungsrolle in der Erzählung einnimmt, die aus den historischen Quellen nicht belegt ist. Hier zeigt sich, dass Filme und Serien oftmals wertvollere Aussagen über ihre Entstehungszeit als über die dargestellte Vergangenheit liefern.

Deutschland 83 (Kaffee)

Den Drehbuchautoren Anna und Jörg Winger und den Regisseuren von *Deutschland 83* und der folgenden Staffeln ist eine anspruchsvolle und ansprechende Verbindung von Originalquellen und einer Handlung gelungen, die spannend-fiktiv erzählt wird und zugleich sehr authentisch und quellennah aufgearbeitet ist. Die Handlung der Serie gibt die Narrative wieder, 1983 sei die Welt knapp einem atomaren Desaster entkommen, da es aufgrund der NATO-Übung Able Archer 83 zu beinahe zu einem präemptiven Nuklearschlag der Sowjetunion gekommen sei. Dieses populäre Narrative ist zwar durch Archivmaterial von Historikern des Kalten Krieges widerlegt worden, aber etablierte sich durch internationale Buchpublikationen und diese Serie in Deutschland und bietet daher eine sehr spannende Rahmenhandlung, bei der viele wertvolle historische Momente in der Serie gelingen, wenn auch die Rahmenerzählung

11 Pandel, Hans-Jürgen: „Filme" in: Schneider, Gerhard und Pandel, Hans-Jürgen (Hrsg.): Handbuch Medien im Geschichtsunterricht. Schwalbach/Ts. 2011, 6. erweiterte Auflage, S. 285-386.

dramatischer aufgeladen wurde, als es die Fachwissenschaft hergibt.[12]

In einer Oberstufe können durch die ersten acht Minuten der ersten Folge „Quantum Jump“ die Grundkonstellation des Kalten Krieges thematisiert sowie ein Einstieg in das politische und gesellschaftliche Klima der DDR gefunden werden. Im Zeitabschnitt von 0:01 bis 7:50 folgen vier Szenen, deren Analyse den Schülern Sachwissen über die letzte Phase des Kalten Krieges vermittelt und das Alltagsleben in der DDR näher bringt. Auch für eine spezifische Stunde zum NATO-Doppelbeschluss eignet sich der Einstieg der Serie sowie weitere Szenen der acht Folgen.

Als Einstieg in eine Schulstunde kann mit einer Beobachtungsfrage zur Bedeutung des Nescafé-Gold-Glases Neugierde geweckt werden, weshalb dieses Produkt eine historisch bedeutungsvolle Aussagekraft besitzen könne. Es empfiehlt sich, die vier Szenen an einem Stück zu betrachten, sie können aber auch kleinschrittig behandelt werden, um die vielen Details für leistungsschwächere Schüler nach und nach zu erarbeiten und zu klären. Dabei können die Schüler entweder selbst ein Szenenprotokoll erstellen oder in ein vorgefertigtes Schema Informationen eintragen. Zu der bewusst mysteriös gehaltenen Beobachtungsfrage über den Kaffee sollten noch spezifischere Arbeitsaufträge zu dem Szenenprotokoll erteilt werden: Welche Personen treten in welcher Rolle auf? Was können die Schüler über den Kalten Krieg aus den vier Szenen lernen? Wie wird das Leben in der DDR dargestellt?

Als Hilfestellung liefert die Serie in jeder Szene eine Einblendung des Ortes in Schreibmaschinenschrift, sodass die Schüler sofort erfahren, dass die Handlung 1983 spielt und alle vier Szenen in Ostberlin stattfinden. In der ersten Szene werden die Schüler mit der HVA-Geheimagentin[13] Lenora Rauch konfrontiert, die Ronald Reagans „Evil Empire“-Rede im Fernsehen verfolgt und daraus

12 vgl. Miles, Simon: „The War Scare That Wasn't. Able Archer 83 and the Myths of the Second Cold War" in: Vol 22, No. 3, *Journal of Cold War Studies* (2020), S. 86-118. Die Erzählung der atomaren Beinahe-Katastrophe findet sich u.a. in: Downing, Taylor: The World at the Brink. Boston 2018 und Jones, Nate (Hrsg.): Able Archer 83: The Secret History of the NATO Exercise That Almost Triggered Nuclear War. New York 2016.

13 HVA: Die Hauptverwaltung Aufklärung war der Auslandsgeheimdienst der DDR.

den Schluss zieht, ein kriegerische Handlung der USA gegen die Sowjetunion stünde bevor. In der Minute 1:03 nimmt sie dann das Glas Nescafé Gold mit und macht sich auf den Weg zu Ihrem Vorgesetzten.

In der zweiten Szene erleben die Schüler eine Befragung von NVA-Grenzoffizieren[14] mit, die zwei westdeutsche Studenten vernehmen, die günstige Literatur in der DDR eingekauft haben. Hier ist der Informationsgehalt dicht, da Martin Rauch den zwei Westdeutschen vorwirft, aus Geldgier und Selbstsucht gehandelt zu haben, da sie die für Westdeutsche vorteilhaften Wechselkurse nutzten, um in der DDR einzukaufen. Beiden Westdeutschen ringt er dann in dieser Zwangssituation ab, einzugestehen, der Sozialismus würde über den Kapitalismus siegen, da in der DDR alle zusammenhielten und in „Freiheit von der Geldgier" leben würden. Den Shakespeare der Westdeutschen behält Martin Rauch jedoch ein und sagt ihnen, sie sollten lieber „den Marx mitnehmen."

In der dritten Szene befindet sich die Geheimagentin Leonora Rauch in der HVA-Zentrale bei Generalmajor Walter Schweppenstette, der für die Spionage in Westdeutschland verantwortlich ist. Dort wird die weltpolitische Lage von 1983 kurz angesprochen und vereinbart, dass dringend Beweise für den möglichen Angriff des Westens auf die UdSSR gesucht werden müssten. Ihr Vorgesetzter fragt sie dabei, „Wann bringst du mir eigentlich mal wieder guten Kaffee mit?", und offenbart ebenfalls seine Unzufriedenheit mit dem Leben in der DDR. Danach trifft in der vierten Szene zuerst Martin Rauch bei der Geburtstagsfeier seiner Mutter ein, der ihr den von den westdeutschen Studenten konfiszierten Shakespeare-Band schenkt und danach seine Freundin aufsucht. Dabei wird der Alltag der DDR gezeigt, von der privaten Gartenidylle als Rückzugsort bis hin zum Empfang von Westfernsehen bei den jungen Erwachsenen, die einen Auftritt von Nena verfolgen und dazu tanzen. Anschließen kommt auch Lenora, Martins Tante, zur Geburtstagsfeier ihrer Schwester: Die Zuschauer erfahren, dass Martins Mutter eine Nierentransplantation braucht und dafür Westmedikamente benötigt werden sowie dass derartige Operationen nur für besondere und höherstehende Leute in der Einparteiendiktatur in Frage

14 NVA: Die Nationale Volksarmee war das Militär der DDR.

kommen. In der Minute 7:35 schenkt dann Lenora ihrer Schwester das Glas Nescafé Gold.

Die vier schnell aufeinanderfolgenden Szenen ermöglichen den Schülern viele historische Details zu benennen, auch wenn sie noch nicht über das gesamte Kontextwissen über die Zeit verfügen, und anhand der Personen und der Handlung ist zu erkennen, dass der Kalte Krieg 1983 auf einen sehr bedrohlichen Moment zusteuerte. Durch den Input, dass Nescafé ein begehrtes Westprodukt war, können die Schüler auf eine kritische Analyse der Handlungen der HVA-Agentin sowie des NVA-Offiziers gebracht werden. Beide sind Vertreter des DDR-Systems, wobei die Agentin eine überzeugte Ideologin ist. Martin Rauch, der Offizier, ist im System aufgewachsen, aber ohne die Dämonisierung des Gegners übernommen zu haben, wie sich im kurzen Gespräch im Garten zwischen den beiden Hauptfiguren zeigt. Beide Verfechter des Systems glauben unterschwellig nicht an die Überlegenheit des Sozialismus, obwohl es ihre Aufgabe ist, der DDR und dem eigenem System zum Sieg zu verhelfen. Martin lacht mit seinem Offizierskollegen über seine eigenen Belehrungen über die vermeintliche Überlegenheit des Sozialismus‘ und Lenora verschenkt lieber den „guten" Westkaffee, damit die Schwester kein DDR-Produkt trinken muss. Die Lehrkraft sollte Wert darauf legen, dass diese getäuschten Lippenbekenntnisse zum System der Hauptfiguren erkannt, besprochen und verstanden werden, da sie repräsentativ für den Alltag in der SED-Diktatur stehen.

Es bietet sich an, die kurzen Einzelszenen, die nicht länger als zwei Minuten sind, in der Sicherungsphase als Wiederholung anzusehen. Aus der ersten und dritten Szene lässt sich ein erstes Wissen über die Blockkonfrontation sichern und Fragen nach Ronald Reagans Rolle wecken und ein Verständnis kann entstehen, dass der Kalte Krieg einerseits ein Geheimdienstkrieg war sowie aus der zweiten Szene andererseits, dass er ein Propagandakrieg über die Frage war, welche Supermacht das bessere politische System verkörpere. Mit diesen vielen Wissenspartikeln, Fragen und der geweckten Neugier am Fortgang der Handlung sind mehrere Wege durch die Erarbeitungsphase der Stunde denkbar: Die Lehrkraft könnte sich für die Analyse der „Evil Empire"-Rede Ronald Reagans entscheiden, durch Karten und Statistiken den NATO-Doppelbeschluss analysieren oder mit weiteren originalen Alltagsquellen das Leben in der DDR erarbeiten – da Martin und Lenora Rauch bereits Personifizierungen von NVA-Soldaten und HVA-Agenten darstellen, die noch durch Quellen von Jugendlichen und junge Erwachsenen, Widerstandsgruppen, Arbeitern und Medizinern erweitert werden könnten, die in den Szenen direkt oder indirekt angerissen wurden.

Deutschland 86 (Stasi-Verhör)

Filmische Quellen eignen sich sehr gut zur Vorbereitung von Besuchen historischer Orte im Zuge einer Exkursion im Geschichtsunterricht. Vor einem Besuch in der Gedenkstätte Berlin-Hohenschönhausen sollten die Grundlagen der Einparteiendiktatur durch die SED vermittelt werden und ein Überblick über die Geschichte der DDR gelegt sein. Die Bedeutung des Ministeriums für Staatssicherheit (MfS, Stasi) in der Aufrechterhaltung des DDR-Regimes durch Unterdrückung und Verfolgung politischer Gegner und Überwachung der ostdeutschen Bevölkerung wird durch die Gedenkstätte Berlin-Hohenschönhausen, der ehemaligen Untersuchungshaftanstalt der Stasi, in Erinnerung gehalten und an die nächsten Generationen weitergegeben.

Wissen über die brutalen Foltermethoden werden dort durch Führungen von ehemaligen Häftlingen den Besuchergruppen vermittelt, die die fensterlosen und unbeheizten Zellen besuchen können. Licht brannte im „U-Boot" ununterbrochen, das die Bezeichnung wegen des Lärms der Belüftungsanlage und seiner Kellerlage erhielt, in der die Menschen in völliger Isolation lebten. In einer vorbereitenden Stunde kann neben dem Sachwissen über die DDR und die Stasi auch die Inhaftierung in diesem zentralen Untersuchungsgefängnis der Stasi sowie die Verhör- und Foltermethoden der Geheimpolizei den Schülern durch eine Szene aus der zweiten Staffel, Folge 8 „Vula" von *Deutschland 86* vermittelt werden.

Anstelle eines Szenenprotokolls bietet sich hier eine Analyse der Sprache, Befehle und des Verhaltens des Stasi-Offiziers gegenüber der Medizinerin an, um die Verhörmethoden der Stasi zu analysieren: In den Minuten 0:01-5:39 wird die beklemmende und entmenschlichende Atmosphäre in einem Stasi-Gefängnis dargestellt. Die Medizinerin Tina Fischer, die in der Serie den Medikamententests an DDR-Bürgern auf die Spur kommt, womit sich das Regime auf Kosten der Gesundheit der Menschen bereicherte, wird nur noch mit einer Nummer angesprochen und muss das

Gesicht zur Wand drehen, sobald ein anderer Gefangener passiert. Im Verhörzimmer muss sie sich auf die Hände setzen, eine weitere Demütigung, um Gefangene physisch wie psychisch gefügig zu machen. In einer tabellarischen Gegenüberstellung können die Charakteristika des Stasi-Mitarbeiters festgehalten werden: Er ist herablassend, herrisch und aggressiv gegenüber der Inhaftierten. Die Frau ist verängstigt, gedemütigt und in Sorge um ihre Kinder. In dieser Situation wird sie als eine Verbrecherin behandelt, da die Republikflucht für sie zu schweren juristischen Konsequenzen führt. So wird ihr nicht gesagt, wo sich ihr Mann oder ihre Kinder befinden. Der Stasi-Mitarbeiter zeigt deutlich durch Gestik und Gesprächsführung, dass er sie nicht als Mensch wahrnimmt und zeigt selbst keinerlei menschliche Züge mehr. Zum Vorgehen der Stasi gehörte auch, durch Lügen und Manipulationen Menschen zu falschen Geständnissen zu bewegen oder weitere Informationen über Fluchthelfer oder Menschen im politischen Widerstand zur DDR ausfindig zu machen. In dieser Szene behauptet der Stasi-Mitarbeiter, ihr Mann habe bereits alles gestanden.

Das Verhör setzt sich in den Minuten 24:17-26:10 fort. Die Zuschauer erfahren durch den Stasi-Mitarbeiter, dass die Medizinerin Klassenbeste war und eine erfolgreiche Karriere beschritten hatte. Auf den aggressiv-emotionalen Vorwurf „Was hat Ihnen die DDR denn getan!“ durch den ideologisch überzeugten Stasi-Mitarbeiter, antwortet die Medizinerin mit einer situationsbezogenen Antwort: „Sie sind alle Monster.“ Damit ist zwar die konkrete Situation gemeint, in der sie gefangen gehalten, verhört und gedemütigt wird, aber die Aussage lässt sich auf die Bespitzelung der gesamten Gesellschaft durch die Stasi und den Kindesentzug durch den Staat übertragen. Denn wie viele Kinder politischer oder gesellschaftlicher Gegner der SED-Diktatur werden auch die zwei Töchter der Medizinerin in einem DDR-Kinderheim zwangsuntergebracht.[15] Diese Szene endet damit, dass die Medizinerin Tina Fischer die Heuchelei des Systems aufdeckt, indem sie dem Stasi-Offizier

15 Kindesentzug und die Unterbringung „nicht-konformer“ Kinder und Jugendlicher in brutalen Jugendheimen zur Umerziehung im Sinne des Sozialismus waren Teil der SED-Diktatur, um Kinder und Jugendliche zu brechen und Druck auf Regimekritiker auszuüben. vgl. Glocke, Nicole: Erziehung hinter Gittern: Schicksale in Heimen und Jugendwerkhöfen der DDR. Leipzig, 2017².

entgegenhält, dass in der DDR Geld wichtiger als Menschenleben sei, was konkret auf die medizinischen Menschenversuche bezogen ist. Über den Alltag in der Zelle eines Stasi-Gefängnisses geben noch die Minuten 32:30-35:10 Aufschluss: Tina Fischer wird von ihrer Mitinhaftierten erklärt, dass sie durch Morsesignale mit anderen Gefangenen kommunizieren kann. Auch war es möglich, das Wasser der Toilette abzuschöpfen um mit Mitgefangenen über die Abflussröhren zu sprechen. In dieser Szene, in der Tina Fischer Kontakt zu ihrem Mann aufnehmen kann, wird auch noch gezeigt, dass Gefangene selbst auf der Toilette von Stasiwärtern beobachtet werden konnten.

In allen drei Szenen können durch eine Protokollierung und Charakterisierung des Stasi-Mitarbeiters und der Medizinerin Tina Fischer die Isolation, Anonymisierung durch Nummern anstatt persönlichem Eigenamen, die Demütigung und Willkür gegenüber den Gefangenen erarbeitet werden. Nach der schrittweisen Erarbeitung der Gründe für eine Inhaftierung, des Alltags im Gefängnis sowie einem ersten Einblick in die Verhörmethoden der Stasi sollte sich eine Gesprächsrunde über die Menschenrechtsverletzungen in der SED-Diktatur durch die Stasi anschließen. Dabei können auch noch weitere Fragen, die sich aus den Szenen ergeben und die mit Hinblick auf den Besuch in der Gedenkstätte Berlin-Hohenschönhausen relevant sind, geklärt werden: Material über die Gefangenschaft in der Untersuchungshaftanstalt und auch das Vorgehend der Stasi gegen die DDR-Bürger bietet die Behörde des Bundesbeauftragten für die Unterlagen des Staatssicherheitsdienstes der ehemaligen Deutschen Demokratischen Republik (BStU) an. Der anschließende Besuch der Gedenkstätte, in der auch Originalaufnahmen gezeigt werden und Zeitzeugen Auskunft über ihre Inhaftierung geben, ist mit diesen Szenen filmisch vorbereitet und kann dann in der Nachbereitung auch abgeglichen werden: Die wertvolle Fähigkeit, fiktive und faktische Erzählungen zu erkennen und über die empirische Triftigkeit der Szenen der Serie nachzudenken, kann durch die Verbindung von Filmquelle und Besuch des historischen Orts geschult werden.

Chancen von Filmen	Grenzen von Filmen
... ermöglichen eine Auseinandersetzung mit vergangener und aktueller Geschichtskultur ... bieten eine audiovisuelle Interpretation der Vergangenheit an und damit eine anschauliche Konkretisierung des Themas ... bieten zahlreiche Sprechanlässe für alle Leistungsniveaus ... fördern das historische Vorstellungsvermögen ... verdichten historische Themen und machen sie schnell erfahrbar ... eignen sich, um grundlegende Film- und Medienkritik zu schulen	... besitzen ein Authentizitätsproblem, da sie mit fiktiven Elementen arbeiten ... können durch Emotionalität und Affektivität überfordern oder manipulieren ... verdichten und verkürzen Themen und können ahistorische Dramatisierungen oder komödiantische Elemente enthalten ... bergen die Gefahr der Manipulation und Ideologisierung aufgrund vielfältigen filmischen und akustischen Techniken

Schriftquellen

„Ein einziges Wort verrät uns manchmal die Tiefe eines Gemüts, die Gewalt eines Geistes." Dieses Zitat der Schriftstellerin Marie von Ebner-Eschenbach unterstreicht die Bedeutung von Wörtern und Sprache in historischen Textquellen. Gleichgültig, ob Schüler das Handschreiben von Kaiser Wilhelm an Kaiser Franz Joseph vom 14. Juli 1914, die Grundrechte des deutschen Volkes aus der Reichsverfassung von 1849 oder die Atlantik-Charta vom 14. August 1941 lesen, in der Regel liegen diese Schriftquellen als schwarz-weißer Text im Blocksatz und als Auszug vor. So eindrucksvoll manche schriftlichen Quellen im Original auch wirken, wie die Goldene Bulle von 1356 in mittelalterlicher Handschrift und mit goldenem Siegel oder die Amerikanische Unabhängigkeitserklärung von 1776, die Schrift bleibt für den Ungeübten unleserlich. Daher werden solche Schriftquellen manchmal zur Illustration als Bilder im Schulbuch gezeigt, ihre Bedeutung für den Geschichtsunterricht liegt jedoch in den Wörtern und Ideen vergangener Zeiten und Personen.

Texte sind wirkmächtige Quellen für das Verständnis vergangener Zeiten. Die Erinnerungen an ihre Jugend unter Hitler hat Melita Maschmann autobiographisch festgehalten und die Autorin bringt dem Leser näher, welche Wirkung Fackelzüge, die Parole der Volksgemeinschaft, die aufpeitschenden und sentimentalen Lieder und die Kolonnen marschierender Männer, Jungen der Hitler-Jugend und Mädchen des Bund Deutscher Mädel auf eine Jugendliche hatten. Sie beschreibt und erzählt, wie und warum sich viele Jugendliche zu den Organisationen hingezogen fühlten, nur um aus dem Elternhaus herauszutreten oder um Teil von etwas „Größerem" zu werden. Ein solcher autobiografischer Text vermittelt also nicht nur die Ideologie und Organisation des Führerstaats, sondern darüber hinaus wird die Zeit aus Sicht der Zeitzeugin lebendig, die den historischen Sachverhalten noch eine persönliche Perspektive hinzufügt, die Geschichte weniger abstrakt und akademisch und wesentlich menschlicher und greifbarer macht.[1]

1 vgl. Maschmann, Melita: Fazit, mein Weg in der Hitler-Jugend. München 1981.

Das Selbstbild der Griechen findet sich in Herodots Historien, bei denen er den persischen König Xerxes mit einem Griechen reden lässt. Der Grieche beschreibt sich voller Inbrunst als frei und stark, tapfer und gesetzestreu. In der Sprache allein weht je nach Übersetzung ein antiker Geist, mit dem die Schüler in Berührung kommen können. Derartige Selbstzeugnisse in Schriftform finden sich für viele Epochen und Kulturen und Herodot bietet dem Leser damit einerseits einen Zugang zu seiner Sicht auf die Griechen und gleichzeitig fordert der Text den Leser heraus, über diese Selbstdarstellung nachzudenken. Denn in Schriftquellen verstecken sich immer auch Informationen über den Autor, die so wertvoll wie die reine Informationsentnahme aus der Textquelle sein können. Ob die Griechen wirklich das Gesetz mehr als Xerxes fürchten, wird unbeantwortet bleiben, aber Herodot wollte eine Beobachtung oder aber auch eine Überhöhung der antiken Griechen in dieser Form bewusst festhalten.[2]

Auch die Texte von Gelöbnissen, Verträgen und Urkunden können Einblicke in die Vergangenheit bieten. So gibt das Gelöbnis der Jugendweihe in der DDR Zeugnis über die Ideologie der SED-Diktatur ab, die mit der Jugendweihe einerseits die Kirche als Wertinstanz für Jugendliche verdrängen und andererseits die Jugendlichen mit marxistisch-leninistischer Ideologie indoktrinieren wollte. So mussten die Jugendlichen geloben „im Geiste des proletarischen Internationalismus' zu kämpfen" und dafür wurden sie „in die Gemeinschaft des werktätigen Volkes" aufgenommen, die unter der „revolutionären Partei, einig im Willen und im Handeln" den Sozialismus auf deutschen Boden errichten solle.[3] Die politisierte Sprache und Instrumentalisierung einer sonst religiösen Veranstaltung für den Staat und die SED kommt durch das Lesen des Textes deutlich zum Vorschein.

Chancen und Grenzen von Schriftquellen

Memoiren, Tagebücher, Verträge, Reden, Urkunden, Protokolle sind nur einige Beispiele für die Mannigfaltigkeit, in der schriftliche Quellen vorliegen können. Schriftliche Quellen eignen sich

2 vgl. Herodotus: Historien: Buch 7, griechisch – deutsch. Berlin 2014.

3 Judt, Matthias (Hrsg.): DDR-Geschichte in Dokumenten. Berlin 1997, S. 228.

besonders gut dafür, Schülern **den Unterschied zwischen Quelle und Darstellung** zu vermitteln. Quellen zum Ersten Weltkrieg sind z.B. Briefe von Soldaten in die Heimat und an die Familie, Kriegserklärungen aus dem Jahr 1914 oder die 14 Punkte von US-Präsident Woodrow Wilson. Darstellung dagegen können wissenschaftliche oder fiktionale Werke über die Geschichte sein, wie zum Beispiel Historikermeinungen über den Ausbruch und die Kriegsschuldfrage des Ersten Weltkriegs. Diese Frage wurde in der Forschung seit Fischers Publikation *Griff nach der Weltmacht* (1961) über die Jahrzehnte unterschiedlich beantwortet und zuletzt wurde der Ausbruch des Ersten Weltkriegs bei Christopher Clarks *Die Schlafwandler* (2012) als Tragödie dargelegt, in welche die Großmächte schlafwandlerisch eintraten.

Für die Konkretisierung eines Unterrichtsbeispiels lohnt es sich, die Entwicklung der Schriftlichkeit in der Menschheitsgeschichte im Kopf zu behalten, da dies in der Regel dem Einsatz von schriftlichen Quellenarten von der Grundschule bis in die Sekundarstufe I und II entspricht. Aus der Geschichte der Antike und des Mittelalters liegen uns überwiegend Inschriften, Gesetze und Urkunden vor, während in der Frühen Neuzeit und der Moderne die Presselandschaft aufblühte und neue Formen wie Zeitungen entstanden sowie der Briefverkehr zunahm. Im ausgehenden 20. und 21. Jahrhundert entstand eine schriftliche, aber digitale Massenkommunikation in E-Mails und in den sozialen Medien, die dann als Schriftquellen für den Unterricht genutzt werden können. Die Tweets des US-Präsidenten werden mittlerweile von den National Archives archiviert, da diese, wie auch die Nachrichten anderer Politiker in öffentlichen Kanälen, von großem Wert für die Öffentlichkeit sowie ausformulierte Politik sein können oder auch Einblicke in Entscheidungsprozesse und Gedankengänge politischer Entscheidungsträger liefern. Unabhängig von dieser Grobgliederung, die auf Unter-, Mittel-, und Oberstufe übertragen werden kann, um die Arbeit mit spezifischen Schriftquellen zu schulen, liegen aus allen Jahrhunderten persönliche Briefe, Reiseberichte, Romane und Reden vor.

Waldemar Grosch hat sich intensiv mit dem Wert einzelner Arten von Schriftquellen für den Geschichtsunterricht auseinandergesetzt. Seine Auflistung umfasst Urkunden, Geschäftsschriftgut, Briefe, propagandistische Quellen, Presseerzeugnisse, Selbstzeugnisse, Augenzeugenberichte, Gebrauchstexte, Epigraphische Quellen (Inschriften), Graffiti und Texte anderer Fachgebiete und

Wissenschaften. Jede dieser Schriftquellen bringt eigene Qualitäten in den Geschichtsunterricht ein, so können Briefe sehr persönlich sein, während manche Gebrauchstexte oder Urkunden rein informativen Charakter haben können. Presseartikel können distanziert-informierend oder kommentarhaft-beeinflussend geschrieben worden sein. Eine Auseinandersetzung mit diesen Arten von Schriftquellen im Geschichtsunterricht ermöglicht, den für das historische Lernen wichtigen Unterschied von **Tradition und Überrest** zu verdeutlichen. Für die Nachwelt absichtlich verfasste Quellen sind der Tradition zuzuordnen, wie *De Bello Gallico* von Gaius Julius Caesar, in dem Caesar der Nachwelt seine Darstellung des gallischen Krieges hinterlassen hat. Auch politische oder offizielle Dokumente aller Art gehören dazu. Überreste sind überwiegend im Gebrauchsschriftgut und anderen schriftlichen Quellen zu finden, die ohne Gedanken an die Nachwelt verfasst wurden: ein zufällig niedergeschriebener Einkaufszettel oder Notizen, die Auskunft über die Vergangenheit geben können.[4]

Durch Textquellen kann die elementare Fähigkeit der **Texterfassung in mehreren Schritten** vermittelt werden, die über den Geschichtsunterricht hinaus für das Leben wichtig ist. Aus Schriftquellen können Informationen entnommen sowie die Gliederung und das Thema des Textes erfasst werden. In der Inhaltsanalyse können Thesen und Aspekte des Textes erarbeitet werden. Unbekannte Begriffe aus der Vergangenheit sowie Fachsprache können geklärt und erworben werden und anschließend eine Kritik an Text und Verfasser durchgeführt werden. Eine Analyse und Recherche über den Autor kann Auskunft über die **Standortgebundenheit** und den Anlass des Textes geben, falls dazu Quellen vorliegen.[5]

Schriftquellen können jedoch für Schüler auch große Herausforderungen mitbringen. Die Quelle des fränkischen Laienabts über Karl den Großen ist dafür ein gutes Beispiel:

4 vgl. Grosch, Waldemar: Schriftliche Quellen und Darstellungen, in: Günther-Arndt, Hilke (Hrsg.): Geschichts-Didaktik. Praxishandbuch für die Sekundarstufe I und II: Berlin 2008, S. 76–81.

5 vgl. Grosch, Waldemar: Schriftliche Quellen und Darstellungen, S. 76–81; Hug, Wolfgang: Geschichtsunterricht in der Praxis der Sekundarstufe. Frankfurt am Main 1977, S. 150.

Einhard: Vita Karoli Magni (circa 817-836)
„Ich habe mir vorgenommen, so kurz wie möglich über das private Leben und vor allem auch über die Taten meines Herrn und Gönners, des trefflichen und hoch berühmten Königs Karl, zu berichten. [...] Man könnte mich also mit Recht undankbar nennen, wenn ich die großartigen Taten dieses Mannes, der sich um mich so sehr verdient gemacht hat, stillschweigend überginge und es zuließe, dass sein Leben keine schriftliche Würdigung oder gebührende Anerkennung erhielte – ganz so, als hätte er nie existiert!" [...]
„Er war kräftig und stark, dabei von hoher Gestalt, die aber das rechte Maß nicht überstieg. Es ist allgemein bekannt, dass er sieben Fuß [ca. 1,90 m] groß war. Er hatte einen runden Kopf, seine Augen waren sehr groß und lebhaft, die Nase etwas lang; er hatte schöne graue Haare und ein heiteres und fröhliches Gesicht. Seine Erscheinung war immer imposant und würdevoll, ganz gleich ob er stand oder saß. Sein Nacken war zwar etwas dick und kurz, sein Bauch trat ein wenige hervor, doch fielen diese Fehler beim Ebenmaß seiner Glieder nicht sehr auf. Sein Gang war selbstbewusst, seine ganze Körperhaltung männlich und seine Stimme klar, obwohl sie nicht so stark war, wie man bei seiner Größe hätte erwarten können. Seine Gesundheit war immer ausgezeichnet, nur in den letzten vier Jahren seines Lebens litt er öfter an Fieberanfällen und hinkte schließlich sogar auf einem Fuß. [...] Er kleidete sich nach der nationalen Tracht der Franken: auf dem Körper trug er ein Leinenhemd, die Oberschenkel bedeckten leinene Hosen; darüber trug er eine Tunika, die mit Seide eingefasst war; die Unterschenkel waren mit Schenkelbändern umhüllt. Sodann umschnürte er seine Waden mit Bändern und seine Füße mit Stiefeln. Im Winter schützte er seine Schultern und Brust durch ein Wams aus Otter- oder Marderfell. Darüber trug er einen blauen Umhang. Auch gürtete er sich stets ein Schwert um, dessen Griff und Gehenk aus Gold oder Silber waren."[6]

In diesem Abschnitt von Einhards Vita Karoli Magni werden mehr Fragen aufgeworfen, als beantwortet. Die **Adressatenfrage** kann bei Texten unklar bleiben, zumindest wissen wir bei dieser Quelle, dass Einhard das Leben Karls des Großen für die Nachwelt festhalten

6 Kürzungen und Einfügung wie in Baumgärnter, Urlich und Rogger, Herbert (Hrsg): Horizonte 7. Braunschweig 2005, S. 10; Einhard: Vita Karoli Magni. Das Leben Karls des Großen, übers. Firchow, Evelyn Scherabon. Stuttgart 2018, S. 5-7 und 45-47.

wollte. Aber viele Textquellen liegen auch ohne explizite Klärung der Leserschaft oder des Lesers vor. Über die **Beziehung** zwischen Autor und Subjekt kann erarbeitet werden, dass Einhart befürchtet, undankbar zu erscheinen, wenn er nichts über das Leben Karl des Großen schreiben würde. In der Einleitung schreibt der Mönch davon, eine „lebenslange Freundschaft" habe sie verbunden, seitdem Karl der Große ihn an den Hof geholt habe. Pflicht und Dankbarkeit klingen hier über den „Herrn" und „Förderer" deutlich durch.[7] Nicht alle Begriffe dürften bekannt sein, weshalb eine **Vorentlastung** bei Schriftquellen besonders wichtig ist. Dazu muss aus der Perspektive der Schüler gedacht werden und Wörter wie „Tunika" vermutlich geklärt werden. Aber auch Texte der Antike sowie des Kalten Krieges können gänzlich unbekannte Begriffe enthalten. Den meisten Textquellen gemein und eine grundsätzliche Herausforderung des Geschichtsunterrichts ist das **fehlende Kontextwissen**: Einerseits ist aus Sicht der äußeren Quellenkritik offen, wann genau die Textquelle entstanden ist. Vermutlich schrieb Einhart den Text nach dem Ableben des Kaisers zwischen 817 und 836. Andererseits finden sich in Textquellen oft Bezüge zur historischen Vergangenheit, die zum Verständnis des Textes von Bedeutung sein können. Krönungen im Mittelalter wohnten Bischöfe, Fürsten und Herzöge bei, deren Name oder Herkunft alleine dem Leser noch nicht verraten, ob und welche Rolle sie in der mittelalterlichen Herrschaft gespielt haben oder wo ihre Gebiete lagen. König- und Herzogtümer wie Burgund und Lothringen tauchen in den Textquellen des Mittelalters immer wieder auf und für die Autoren aus dieser Zeit spielten sie eine bedeutende Rolle und waren ein Begriff. Sie sind aber längst verschwundene Reiche, die in der Kürze der Schulzeit meist nicht ins Geschichtsbewusstsein übergehen oder gar Bestand des Geschichtsunterrichts sind.

Einharts Quelle birgt noch eine weitere Schwierigkeit, die mit dem fehlenden Kontextwissen über den Verfasser und dessen Beziehung zu dem Herrscher in Zusammenhang steht. Insgesamt liest sich die Lebensbeschreibung Karl des Großen wie eine exemplarische Lobpreisung eines mittelalterlichen Herrschers: Karl wird als kräftig und stark, mit selbstbewusstem Gang und von

7 Einhard: Vita Karoli Magni. Das Leben Karls des Großen, übers. Firchow, Evelyn Scherabon. Stuttgart 2018, S. 7.

ausgezeichneter Gesundheit beschrieben. Dennoch irritieren zwei Textstellen, die als Kritik oder Ironie interpretiert werden können. Schüler und Lehrer sind keine Fachhistoriker des Mittelalters und Texte laden von Natur aus dazu ein, Interpretationen auszulösen. Was hat Einhard dazu bewogen, Karl den Großen mit einem kurzen und dicken Nacken zu beschreiben? Auch „sein Bauch trat ein wenig hervor". Dies beschreibt der Laienabt dann sogar als Fehler, die jedoch nicht aufgefallen seien. Auch relativiert er Karls Männlichkeit, denn seine Stimme sei nicht so stark, „wie man bei seiner Größe hätte erwarten können."[8] Was hat Einhard bewogen, mit Ironie und Relativierung zu arbeiten? Wollte der fränkische Laienabt ein möglichst historisch genaues Portrait festhalten und Karl den Großen mit seinen Stärken und Schwächen wiedergeben oder versteckt sich hier eine feine Kritik in der Herrscherbiographie? Gereon Becht-Jördens urteilt über Einhards Vita Karoli, es sei eine Dankesgabe für seinen verstorbenen Förderer und Herren",[9] die aber einen „sachbezogenen schlicht und klassizistisch[en]"[10] Stil verfolgt. Das Werk erhebt damit einen Wahrheitsanspruch, da Einhard Karls Leben und Wirken ohne einen „rhetorischen Aufputz" wiedergibt. Zweifellos liefert der Laienabt eine Lebensbeschreibung, die eine Überhöhung darstellt, aber auf eine überbordende Rhetorik verzichtet. So ließe sich die Beschreibung des mittelalterlichen Herrschers erklären.[11]

Zweifellos ist Einhards Werk über Karl den Großen voller Ruhm und Würdigung des mittelalterlichen Herrschers, möglicherweise strebte Einhard auch eine möglichst authentische Wiedergabe von Karls Erscheinung an, aber nicht jeder Herrscher hätte akzeptiert, dass sein hervortretender Bauch oder andere „Makel" Eingang in seine Biographie finden würde. Da Einhard dies nach Karls Tod schrieb, kann gemutmaßt werden, dass sich der Laienabt solche

8 Einhard: Vita Karoli Magni. Das Leben Karls des Großen, übers. Firchow, Evelyn Scherabon. Stuttgart 2018, S. 45-47.

9 Becht-Jördens, Gereon: Einharts Vita Karoli und die antike Tradition von Biographie und Historiographie. Von der Gattungsgeschichte zur Interpretation, in: *Mittellateinisches Jahrbuch* 46 (2011), S. 343.

10 Becht-Jördens, Gereon: Einharts Vita Karoli und die antike Tradition von Biographie und Historiographie, S. 351.

11 vgl. Becht-Jördens, Gereon: Einharts Vita Karoli und die antike Tradition von Biographie und Historiographie, S. 351-369.

Worte erst nach dessen Versterben zutraute. Die Antwort auf die Frage wird offenbleiben, lädt jedoch zu der für den Geschichtsunterricht wertvollen Urteilsfindung über Autor und Aussage der Quelle ein. Umso ferner eine Geschichte in der Vergangenheit zurückliegt, umso stärker können derartige schriftliche Quellen **Mutmaßungen und Interpretationen** auslösen, die Grenzen für die Geschichtsvermittlung werden können. Einhards Quelle zeigt, dass nur eine eingehende fachwissenschaftliche Auseinandersetzung, für die im Schulunterricht keine Zeit ist, eine Antwort darauf liefern könnte, was Einhard zu dieser Beschreibung bewogen haben könnte. Aber aufgrund mangelnder Quellenlage, die den Kontext erhellen könnte, werden die Beweggründe des Autors vermutlich nie gänzlich aufgedeckt werden können, außer eine Quelle würde existieren, in der Einhard ganz explizit seine Motivation hinter den Textstellen offengelegt hätte. Dies wird eine Arbeit für Mittelalterhistoriker bleiben, für den Geschichtsunterricht eröffnen derartige **Interpretationsräume** Gelegenheiten, historisch-kritisches Denken in Form einer **inneren und äußeren Quellenkritik** über Textquellen und deren Aussagen über die Vergangenheit zu schulen. Denn gerade Herrscherbeschreibungen neigen dazu, entweder voller übertriebener Lobpreisungen der vermeintlichen Größe eines Herrschers oder im Gegenteil ein Angriff auf den Charakter, die Handlungen und das Leben eines Mächtigen zu sein. In beiden Fällen kann im Geschichtsunterricht etwas über Person und Zeit gelernt werden, aber gleichzeitig durch Text- und Quellenkritik noch mehr über den Autor und damit über den historischen Kontext.

Ironie, ironische Quellen und das Zwischen-den-Zeilen-Lesen stellen Schüler grundsätzlich vor eine Herausforderung, da sie lernpsychologisch erst im Laufe ihrer Entwicklung diese erkennen und einordnen können. In Textquellen können spitze Bemerkungen so fein und gleichzeitig von historischem Wert sein, dass sie schlichtweg beim Lesen untergehen und nicht erkannt werden. Würde man heute jemandem an den Kopf werfen, er sei ein „Philister", oder dies in einer Schriftquelle vorkommen, müsste dies zunächst als „Spießer" übersetzt und erklärt werden. Aber was machte einen Spießer aus? Anmerkungen in Texten über ein spießiges Leben haben sich über die Jahrhunderte stark gewandelt, das stellte Ödön von Horváth fest, als er in *Der Ewige Spießer* durch seine Charaktere, wie Alfons Kobler aus der Schellingstraße in München, diesen Typus einfangen wollte. Im Vorwort versuchte er eine Definition für seine Gegenwart und beschrieb den Spießer als „hypochondrischen Egoist", der sich überall feige anpasse und neu-formulierte Ideen verfälsche. Horváth war sich des Wandels des Spießerbildes über die Jahrhunderte bewusst, denn „auch der alte Typ des Spießers ist es nicht mehr wert, lächerlich gemacht zu werden; wer ihn heute noch verhöhnt, ist bestenfalls ein Spießer der Zukunft. Ich sage *Zukunft*, denn der neue Typ des Spießers ist erst im Werden, er hat sich noch nicht herauskristallisiert."[12]

Aus geschichtsdidaktischer Perspektive eignen sich Schriftquellen insbesondere dazu, **Alteritätsbewusstsein** zu schulen. Texte bieten die Möglichkeit, in die Gedankenwelt und Sprache einer vergangenen Zeit einzutauchen und dies aus der Perspektive des Verfassers. Im Geschichtsunterricht kann dadurch das zeitlich sowie kulturell Fremde in der Geschichte erfahrbar gemacht werden, denn Textquellen transportieren Denkweisen und Wertvorstellungen anderer Epochen und Kulturräume. Sie bieten eine eigene Logik und Argumentation aus einer vergangenen Zeit an und helfen Spannungsverhältnisse zwischen heutigen und vergangenen Wertvorstellungen und Perspektiven aufzuzeigen. Michael Sauer ist zuzustimmen, dass das „Dilemma zwischen Universalismus und Relativismus"[13] sich gerade durch das Unterrichtsprinzip der **Alteritätserfahrung** erörtern lässt. Dies ist grundsätzlich mit allen Quellentypen möglich, aber gerade Textquellen eignen sich besonders gut dafür: Eine Auseinandersetzung mit den Perspektiven vergangener Zeiten kann im Geschichtsunterricht einerseits verhindern, dass sich die aktuelle Generation moralistisch über die Vergangenheit erhebt und dabei verkennt, wie fortschrittlich vorhergegangene Epochen teilweise waren und Technik und Fortschritt, Rechtsstaatlichkeit und Demokratie oder Menschenrechte über die Jahrhunderte mal mehr und mal weniger stark gefördert und beachtet wurden. So waren mittelalterliche Universitäten oder die Philosophie der Aufklärung wesentlich freier und fortschrittlicher als die ideologischen Denkverbote, die im 20. Jahrhundert zu Meinungs- und Sprechverboten in Schulen, an Universitäten und in der Gesellschaft führten. Gleichzeitig kann anhand von

12 von Horváth, Ödön: Der ewige Spießer. München 2008, S. 111.

13 Michael Sauer: Geschichte unterrichten. Eine Einführung in die Didaktik und Methodik. Seelze: Klett, aktualisierte und erweiterte Auflage 2018[13], S. 76.

Textquellen, in denen religiöser Fanatismus, Rassismus, Frauenfeindlichkeit und andere Menschrechtsverletzungen zum Ausdruck gebracht werden, problematisiert werden, dass ein bedenklicher Relativismus nach dem Motto, alles könne entschuldigt werden, weil dies in der Geschichte zu dieser Zeit so üblich gewesen sei, ebenfalls kein zielführender Umgang mit den Texten und der Vergangenheit ist.

Eng verbunden mit der Beobachtung des Spannungsverhältnisses zwischen Universalismus und Relativismus ist das **Historizitätsbewusstsein**, dass ebenfalls besonders durch Textquellen vermittelt werden kann. Einhergehend mit dem Fremdverstehen für vergangene Zeiten, kann in der Auseinandersetzung mit alten Denkweisen, Einstellungen und Perspektiven des Autors die Geschichtlichkeit von Personen, Gegenständen und Ereignissen erfahren werden. Die Veränderungen in der Zeit liegen im Text in Form einer Erzählung über das Geschehene vor. Schüler können darüber lesen, mit welchen Problemen in ihrer Stadt während der Ständegesellschaft gekämpft wurde. Dabei können sie anhand von Berichten und Verordnungen über Bettler und die Armut analysieren, welche Probleme womöglich gleich geblieben sind und was sich zu ihrer Gegenwart hin verändert hat. Argumente können abgewogen werden, die in der Vergangenheit von Stadtherren und Aufklärern zur Armutsbekämpfung angeführt wurden, und erlernt werden, welche Methoden, wie die Einweisung in Zucht- und Arbeitshäuser, verschwunden sind. So kann sich aus Schriftquellen ein Bild ergeben, wie sich aus einer freiwilligen und kirchlichen Fürsorge in der Frühen Neuzeit und dann verstärkt während der Industrialisierung allmählich eine staatliche Fürsorge herausgebildet hat.

Ulrich Baumgärtner weist auf den Wert von Schriftquellen hin, die zur Herausbildung oder zum Erwerb der **historisch-kritischen Methode** führen können. Während die Fragestellung und Sammlung von Schriftquellen zu ihrer Beantwortung (Heuristik) meist bei der Lehrkraft verbleibt, können zunächst in einer äußeren Quellenkritik formale Merkmale wie Autor, Ort, Zeit und Adressaten erarbeitet werden. Die innere Quellenkritik nimmt sich des Inhalts an sowie der Absichten, Ideen und Werte, die zum Ausdruck kommen. Aufbau und Sprache können analysiert werden und um welche Art von Schriftquelle es sich handelt. Die Interpretation des Textes beantwortet nach der Erschließung des Inhalts die an den Text gestellte Fragestellung. Bei einer derartig strukturierten Vorgehensweise wird die Analyse von Textaufbau, Gedanken und Begriffen geschult, um die Argumentation des Textes und die Perspektive des Autors zu überprüfen und zu problematisieren. Darüber hinaus können durch dieses methodische Vorgehen in schriftlichen Quellen deutliche oder verborgene **Erzählungen** erarbeitet werden.[14]

Die Fähigkeit zur **Re- und Dekonstruktion von Geschichtserzählungen** hängen daher mit der Textanalyse und Textkritik zusammen. Selbstverständlich können Erzählungen auch in mündlichen Überlieferungen und auch als Bild vorliegen, aber die Analyse eines Textaufbaus, seiner Begriffe, der Argumentation, von Ausschmückungen und Auslassungen kann zur Erkenntnis führen, wieviel Narration in einer vorliegenden Geschichtserzählung steckt, wie die der freien Griechen von Herodot, die er in einem Gespräch und an selbstgewählten Vergleichen zum Leben erweckte. Reiseberichte, Biographien, historische Romane und auch Geschichtsdarstellungen von Historikern sind narrativ angelegt und Theoretiker weisen darauf hin, dass der Unterschied zwischen „historischen" und „fiktionalen" Geschichten, der Inhalt und nicht die Form sei. Hayden Whites Beobachtung über die Interpretation von Geschichte durch Historiker und ihrer anschließenden eigenen Darstellung in Form einer neuen Erzählung ist daher Beachtung zu schenken, wenn Historikermeinungen im Geschichtsunterricht eingesetzt werden, was aber auch zu einem gewissen Grad für nahezu alle Schriftquellen gilt, wie zum Beispiel Erlebnisberichte.[15]

Schriftliche Quellen eignen sich somit sehr, den Unterschied zwischen Quelle und Darstellung zu vermitteln. Sie bringen die Schüler in Berührung mit Fremd- und Andersartigkeit vergangener Epochen und lösen Fragen an die Geschichte aus. Texte laden zu verschiedenen Interpretationen ein und führen zu Diskussionen über die Geschichte und bereichern daher das Geschichtsbewusstsein. Auch wird das strukturierte Herangehen nach äußerer und innerer Quellenkritik besonders bei Schriftquellen geschult und

---

14 vgl. Baumgärtner, Ulrich: Wegweiser Geschichtsdidaktik. Paderborn 2015², S. 143-145.

15 vgl. White, Hayden: Die Bedeutung der Form. Erzählstrukturen in der Geschichtsschreibung. Frankfurt am Main 1990, S. 41-43.

eingefordert, da ansonsten viele Informationen und Erkenntnisse verschlossen bleiben würden.

Locke, Montesquieu und Rousseau – Die Errungenschaften der Aufklärung

Texte können abstrakt sein und die Worte von Philosophen oftmals auch. Aber gerade die philosophischen Schriften der Aufklärung stellen den Ausgangspunkt und die Begründung der freiheitlich-demokratischen Gesellschaften der Moderne dar. Locke, Montesquieu und Rousseau brachten mit ihren Ideen die alte ständische Ordnung zum Einsturz und die Amerikanische Unabhängigkeitserklärung (1776) sowie die Erklärung der Menschen- und Bürgerrechte (1789) kondensierten die Aufklärung in politische Verfassungen, die zunächst in den USA und Frankreich rechtlich garantiert wurden, aber bereits mit einem universalistischen Anspruch für die gesamte Menschheit formuliert worden waren. In der Gegenwart sind diese Werte in einigen Staaten der Welt verwirklicht worden, während sie in anderen Staaten der Welt aufgrund von Einparteienherrschaft, Kriegen oder Konflikten uneingelöst bleiben. Daher ist es wertvoll für das Verständnis der Gegenwart, sich mit der historischen Begründung dieser westlichen Werte auseinanderzusetzen, die im 18. Jahrhundert revolutionär waren und auch noch heute Revolutionen dort auslösen können, wo sie den Menschen verwehrt werden.

Das Thema Aufklärung wird in der Mittel- wie Oberstufe gelehrt und je nach Stufe können die Texte der Aufklärer länger sein, damit komplexere Gedankenabschnitte gelesen werden können. Als Minimum werden jedoch in der Regel die grundlegenden Passagen eingesetzt, anhand derer sich die Formulierung und Begründung von Demokratie, Rechtsstaatlichkeit, Gewaltenteilung und Menschenwürde finden. Als Einstieg in die Konkretisierung kann mit dem Zitat von Immanuel Kant „Habe Mut, dich deines eigenen Verstandes zu bedienen!“ begonnen werden, indem es in den historischen Kontext von mächtigen Monarchen und der Präsenz religiöser und ständischer Regeln für den Alltag der Menschen am Übergang von der Frühen Neuzeit hin zur Moderne gestellt wird. In einer offenen Runde können Schüler darüber nachdenken, was dieses Zitat für das Individuum und in einem zweiten Schritt für das Denken der Bürger über den Staat bedeutet haben könnte.

Die Sprengkraft dieses Zitates, das vermeintlich harmlos klingt, kann so als Leitmotiv für die Epoche der Aufklärung verstanden werden.

Im Kern der Konkretisierung stehen dann Textpassagen von John Locke „Zwei Abhandlungen über die Regierung“ (1689), Charles de Montesquieu „Vom Geist der Gesetze“ (1748) und Jean-Jacques Rousseau „Der Gesellschaftsvertrag“ (1762). Die Lehrkraft kann die Schüler in mehrere Dreiergruppen mit jeweils einem Text der Aufklärer oder die Klasse in drei Großgruppen zu je einem Philosophen einteilen, um die Texte erarbeiten zu lassen. Die philosophischen Abhandlungen sind kognitiv herausfordernd, aber in einer Sprache gehalten, die zwar „alt“ und gehoben wirkt, aber kaum Fremdwörter nutzt. Das philosophische Konzept des „Naturzustands“, der verkürzt entweder als Kampf- und Kriegszustand unter den Menschen verstanden werden kann (Hobbes), als ein Zustand vollkommener Freiheit (Locke) oder von Selbsterhaltung bestimmt (Rousseau), sollte bei jüngeren oder leistungsschwächeren Klassen vorher von der Lehrkraft erläutert werden, da die Aufklärer darüber intensiv diskutierten und somit ein Vorwissen über die Idee des Naturzustandes voraussetzten. Bei leistungsstarken Klassen kann jedoch auch aus den Passagen eine Definition des Naturzustandes eingefordert werden.

Wichtig für den Geschichtsunterricht sind ihre staatsphilosophischen Einsichten, die in unterschiedlichen Ausprägungen auf Volkssouveränität, Eigentumsschutz, Demokratie, Gewaltenteilung und Rechtsstaatlichkeit hinauslaufen. Dazu eignen sich:

John Locke: Zwei Abhandlungen über die Regierung (1689)

„Im Naturzustand herrscht ein natürliches Gesetz, das jeden verpflichtet. Und die Vernunft, der dieses Gesetz entspricht, lehrt die Menschheit, wenn sie sie nur befragen will, dass niemand einem anderen, da alle gleich und unabhängig sind, an seinem Leben und Besitz, seiner Gesundheit und Freiheit Schaden zufügen soll. Denn alle Menschen sind das Werk eines einzigen allmächtigen und unendlich weisen Schöpfers, die Diener eines einzigen souveränen Herrn, auf dessen Befehl und in dessen Auftrag sie in die Welt gesandt wurden. Sie sind sein Eigentum, da sie sein Werk sind, und er hat sie geschaffen, so lange zu bestehen, wie es ihm, nicht aber wie es ihnen untereinander gefällt.“ [...]

„Bei der Schwäche der menschlichen Natur, die stets bereit ist, nach der Macht zu greifen, würde es jedoch eine zu große Versuchung sein, wenn dieselben Personen, die die Macht haben, Gesetze zu geben, auch noch die Macht in die Hände bekämen, diese Gesetze zu vollstrecken. Dadurch könnten sie sich selbst von dem Gehorsam gegen die Gesetze, die sie geben, ausschließen und das Gesetz in seiner Gestaltung wie auch in seiner Vollstreckung ihrem eigenen persönlichen Vorteil anpassen. Schließlich würde es dazu kommen, daß sie von den übrigen Gliedern der Gemeinschaft gesonderte Interessen verfolgen würden, die dem Zweck der Gesellschaft und Regierung zuwiderlaufen. Deshalb wird in wohlgeordneten Staaten, in denen das Wohl des Ganzen gebührend berücksichtigt wird, die legislative Gewalt in die Hände mehrerer Personen gelegt, die nach einer ordnungsgemäßen Versammlung selbst oder mit anderen gemeinsam die Macht haben, Gesetze zu geben, die sich aber, sobald dies geschehen ist, wieder trennen und selbst jenen Gesetzen unterworfen sind, die sie geschaffen haben." [...]
„Obwohl die Erde und alle niederen Lebewesen allen Menschengemeinsam gehören, so hat doch jeder Mensch ein Eigentum an seiner eigenen Person. Auf diese hat niemand ein Recht als nur er allein. Die Arbeit seines Körpers und das Werk seiner Hände sind, so können wir sagen, im eigentlichen Sinne sein Eigentum. Was immer er also dem Zustand entrückt, den die Natur vorgesehen und in dem sie es belassen hat, hat er mit seiner Arbeit gemischt und ihm etwas eigenes hinzugefügt. Er hat es somit zu seinem Eigentum gemacht. Da er es dem gemeinsamen Zustand, in den es die Natur gesetzt hat, entzogen hat, ist ihm durch seine Arbeit etwas hinzugefügt worden, was das gemeinsame Recht der anderen Menschen ausschließt. Denn da diese Arbeit das unbestreitbare Eigentum des Arbeiters ist, kann niemand außer ihm ein Recht auf etwas haben, was einmal mit seiner Arbeit verbunden ist. Zumindest nicht dort, wo genug und ebenso gutes den anderen gemeinsam verbleibt."[16]

16 Locke: Zwei Abhandlungen über die Regierung, S. 203, 216f, 291 aus: Niedermaier, Hubertus: Wozu Demokratie. Politische Philosophie im Spiegel ihrer Zeit. München 2017, S. 144-150.

Der Philosoph Charles de Montesquieu über eine moderne Verfassung (1748)

In jedem Staat gibt es drei Arten von Gewalt: die gesetzgebende Gewalt, die vollziehende Gewalt in Ansehung der Angelegenheiten, die vom Völkerrechte abhängen, und die vollziehende Gewalt hinsichtlich der Angelegenheiten, die vom bürgerlichen Recht abhängen. [...] Ich werde diese letzte die richterliche Gewalt und die anderen schlechthin die vollziehende Gewalt des Staates nennen.

Die politische Freiheit des Bürgers ist jene Ruhe des Gemüts, die aus dem Vertrauen erwächst, das ein jeder zu seiner Sicherheit hat. Damit man diese Freiheit hat, muss die Regierung so eingerichtet sein, dass ein Bürger den anderen nicht zu fürchten braucht. Wenn in derselben Person oder gleichen obrigkeitlichen Körperschaft die gesetzgebende Gewalt mit der vollziehenden vereinigt ist, gibt es keine Freiheit, denn es steht zu befürchten, dass derselbe Monarch oder derselbe Senat tyrannische Gesetze macht, um sie tyrannisch zu vollziehen. Es gibt ferner keine Freiheit, wenn die richterliche Gewalt nicht von der gesetzgebenden und vollziehenden getrennt ist. Ist sie mit der gesetzgebenden Gewalt verbunden, so wäre die Macht über Leben und Freiheit der Bürger willkürlich, weil der Richter Gesetzgeber wäre. Wäre sie mit der vollziehenden Gewalt verknüpft, so würde der Richter die Macht eines Unterdrückers haben.

Alles wäre verloren, wenn derselbe Mensch oder die gleiche Körperschaft der Großen, des Adels oder des Volkes diese drei Gewalten ausüben würde: die Macht, Gesetze zu geben, die öffentlichen Beschlüsse zu vollstrecken und die Verbrechen oder die Streitsachen der Einzelnen zu richten. [...] Da in einem freien Staat jeder, dem man einen freien Willen zuerkennt, durch sich selbst regiert sein sollte, so müsste das Volk als Ganzes die gesetzgebenden Gewalt haben. Das aber ist in den großen Staaten unmöglich, in den kleinen mit vielen Misshelligkeiten verbunden. Deshalb ist es nötig, dass das Volk durch seine Repräsentanten das tun lässt, was es nicht selbst tun kann. [...]

Der große Vorteil der Repräsentanten besteht darin, dass sie fähig sind, die Angelegenheiten zu erörtern. Das Volk ist dazu keinesfalls geschickt. Das macht einen der großen Nachteile der Demokratie aus. Es ist nicht nötig, dass die Repräsentanten, die von ihren Wählern eine allgemeine Anweisung erhalten haben, noch eine besondere für jede Angelegenheit bekommen, wie das im deutschen Reichstag üblich ist. Gewiss würde auf diese Weise das Wort der Abgeordneten in höherem Grade der Ausdruck der Stimme der Nation sein. Aber das würde in nicht endende Verzögerungen hineinführen. [...]

Der repräsentative Körper soll nicht gewählt werden, damit er einen unmittelbar wirksamen Beschluss fasse, wozu er nicht geeignet ist,

sondern um Gesetze zu machen und darauf zu achten, dass die von ihm gemachten Gesetze wohl ausgeführt werden. Dazu ist er sehr geeignet, das kann niemand besser als er. [...]
Die vollziehende Gewalt muss in den Händen eines Monarchen liegen. Denn dieser Teil der Regierung, der fast immer der augenblicklichen Handlung bedarft, ist besser durch einen als durch mehrere verwaltet, während das, was von der gesetzgebenden Gewalt abhängt, häufig besser durch mehrere als durch einen einzelnen angeordnet wird.
Gibt es keinen Monarchen und wäre die vollziehende Gewalt einer bestimmten Zahl von Personen anvertraut, die der gesetzgebenden Körperschaft entnommen wären, so gäbe es keine Freiheit mehr. Denn die beiden Gewalten wären vereinigt, die gleichen Personen hätten manchmal nach ihrem Willen sogar dauernd Anteil an der einen wie der anderen. Würde die gesetzgebende Körperschaft während eines beträchtlichen Zeitraumes nicht versammelt, so gäbe es keine Freiheit mehr. Denn dann würde eines von beiden geschehen: Entweder würde es keine Gesetzesbeschlüsse mehr geben und der Staat fiele in Anarchie oder diese Beschlüsse würden von der vollziehenden Gewalt gefasst, die damit eine unbeschränkte würde."[17]

Jean-Jaques Rousseau: Vom Gesellschaftsvertrag (1762)
„Auf seine Freiheit verzichten heißt auf seine Eigenschaft als Mensch, auf seine Menschenrechte, sogar auf seine Pflichten verzichten. Wer auf alles verzichtet, für den ist keine Entschädigung möglich. Ein solcher Verzicht ist unvereinbar mit der Natur des Menschen; seinem Willen jegliche Freiheit nehmen heißt seinen Handlungen jegliche Sittlichkeit nehmen." [...]
„‚Finde eine Form des Zusammenschlusses, die mit ihrer ganzen gemeinsamen Kraft die Person und das Vermögen jedes einzelnen Mitglieds verteidigt und schützt und durch die doch jeder, indem er sich mit allen vereinigt, nur sich selbst gehorcht und genauso frei bleibt wie zuvor.' Das ist das grundlegende Problem, dessen Lösung der Gesellschaftsvertrag darstellt." [...]
„Wenn man in der Volksversammlung ein Gesetz einbringt, fragt man genau genommen nicht danach, ob die Bürger die Vorlage annehmen oder ablehnen, sondern ob diese ihrem Gemeinwillen entspricht oder nicht; jeder gibt mit seiner Stimme seine Meinung darüber ab, und aus

17 Dickmann, Fritz (Bearb.): Geschichte in Quellen. Renaissance. Glaubenskämpfe. Absolutismus. München 1976², S. 716–718.

> der Auszählung der Stimmen geht die Kundgebung des Gemeinwillens hervor. Wenn also die meiner Meinung entgegengesetzte siegt, beweist dies nichts anderes, als dass ich mich getäuscht habe und dass das, was ich für den Gemeinwillen hielt, es nicht war. Wenn mein Sonderwille gesiegt hätte, hätte ich gegen meinen eigenen Willen gehandelt und wäre deshalb nicht frei gewesen. Dies setzt allerdings voraus, daß alle Kennzeichen des Gemeinwillens noch bei der Mehrheit sind: Wenn sie dort nicht mehr sind, gibt es keine Freiheit mehr, welche Partei man auch ergreift."[18]

Die Sicherung der Texte kann in einem ersten Schritt in den Dreiergruppen stattfinden oder im Klassenverband, durch Abfrage oder Präsentation der Erkenntnisse der drei Großgruppen. In beiden Fällen sollten diese grundlegenden staatsrechtlichen Begriffe schriftlich gesichert und besprochen werden. Da sie die zentralen Begriffe einer Demokratie darstellen, sollten hier keine Unklarheiten verbleiben, sondern die Ideen der Aufklärer und auch ihre Unterschiede festgehalten werden – so bevorzugten Locke und Montesquieu den Parlamentarismus und die indirekte Demokratie, während sich Rousseau für die direkte Demokratie aussprach.

Die eingehende Arbeit mit diesen schriftlichen Quellen in einer Erarbeitungsphase wird Zeit einfordern und auch die Sicherung aller Ideen und Begriffe. Als Abrundung kann dann wieder ein Zusammenhang zum Einstieg hergestellt werden, indem die Schüler mit Rousseaus Zitat „Der Mensch ist frei geboren, und überall liegt er in Ketten." in Kombination mit einer politischen Karte des 18. Jahrhunderts konfrontiert werden. Die Bedeutung der Philosophie und die möglichen Auswirkungen auf die Geschichte können dann auf die politische Situation des 18. Jahrhunderts übertragen werden. Auch ein Gegenwartsbezug zu einer Karte des 21. Jahrhunderts des Freedom Houses,[19] welches farbige Karten mit den

18 Rousseau: Vom Gesellschaftsvertrag, S. 9, 11, 17, 116f aus: Niedermaier, Hubertus: Wozu Demokratie. Politische Philosophie im Spiegel ihrer Zeit. München 2017, S. 160-166.

19 Aktuelles Material und insbesondere die Weltkarte des *Freedom House* findet sich auf: https://freedomhouse.org/ [aufgerufen am 23. September 2021]

Kategorien unfrei, teilweise frei und frei anbietet, ist denkbar, um aktuelle Debatten der Zeitgeschichte aufzugreifen.

Mundus Novus des Amerigo Vespucci (1502/03)

Amerigo Vespucci begann seinen beruflichen Werdegang als Banker in Sevilla, wo er gemeinsam mit Christopher Kolumbus eine Gesellschaft zur Finanzierung der ersten Flotte bildete, die einen Seeweg nach Indien finden sollte. Ab 1497 gab Vespucci sein Bankerdasein auf und wurde selbst zum Forschungsreisenden, der für die Spanier Honduras, die Karibik, Guyana, Venezuela, Hispaniola und die Bahamas erkundete. Auf Einladung von König Manuel I. bereiste und erforschte Vespucci ab 1501 unter portugiesischer Flagge und auf seiner vierten Reise (1503-1504) dann mit Kommando über ein Schiff die brasilianische Küste. Nach diesen Reisen kehrte Vespucci nach Sevilla zurück, versuchte eine weitere spanische „Indienexpedition" zu organisieren, die jedoch nicht durchgeführt wurde. Im Jahr 1507 wurde er dann durch Martin Waldseemüllers Karte (s. S. 55) zum Namensgeber des neuen Kontinents und durch diesen Vorgang auf eine Ebene mit dem großen Kosmographen Ptolemaios gehoben. Als Oberster Navigator und Kartograph war es seine Aufgabe, die *Padrón Real* zu betreuen, die Seekarte aller der spanischen Krone bekannten Gebiete; eine Aufgabe, die er bis zu seinem Tod im 60. Lebensjahr in Sevilla ausfüllt.[20]

Die Beschreibung der dritten Reise in *Mundus Novus* ist laut Robert Wallisch „nicht nur ein Stück Geistes- und Wissenschaftsgeschichte, Vespuccis Text ist auch ein Stück innovativer Literatur." Gerade deshalb ist sein Bericht eine interessante Textquelle zur Vermittlung der Entdeckungsreisen des 15. und 16. Jahrhunderts und zugleich bietet sie einen Einblick in die eurozentrische Sichtweise auf die Welt, verbunden mit dem Drang, die engen geistigen Horizonte einer religiösen Ständegesellschaft zu durchbrechen. Vespucci begründete, ohne es zu wissen, das neue „Genre ‚empirischer' Literatur", bei der sich die „Originalität des Ereignisses in

20 vgl. Wallisch, Robert: Der Mundus Novus des Amerigo Vespucci: Text, Übersetzung und Kommentar. Wien überab. 2012³, S. 186-189.

einer exotischen, beunruhigenden und zugleich Sehnsüchte erweckenden neuen Wirklichkeit“[21] findet.

Vespuccis Reisebericht bietet den Schülern daher eine „authentische Stimme einer neuen Zeit und einer ‚Neuen Welt‘“,[22] die davon berichtet, wie Europäer weit reisten und in neuen Welten neue Gedanken entwickelten, wissenschaftliche Erkenntnisse sammelten und graduell den eingeschränkten Horizont ihrer Herkunftsgesellschaft verließen. In einer Konkretisierung kann der Text in Abschnitten aufgeteilt daher die europäische Ereignis-, Geistes- sowie Kulturgeschichte vermitteln und dabei die inhaltlichen Ziele des Geschichtsunterrichts in der Mittelstufe abdecken. Es kann mit einer Vorwissensabfrage eingestiegen werden, was über Christopher Kolumbus oder die Entdeckung Amerikas bekannt ist. Wird in der Stunde ein starker Wert auf die Begegnung zwischen Europäern und indigener Bevölkerung gelegt, kann auch mit dem Kupferstich von 1594 von Theodor de Bry „Kolumbus wird, als er zum ersten Mal in Indien angekommen, von den Einwohnern mit großen Geschenken verehret und begabet aufgenommen“ begonnen werden. In der Ideensammlung wird die Frage in einer Mittelstufe vermutlich offenbleiben, woher der Kontinent Amerika seinen Namen bekam. Diese Frage kann Neugierde erwecken, um in die Stunde über den Namenspatron einzuleiten.

Amerigo Vespuccis kurzer Bericht aus der Neuen Welt wird anschließend auf sieben Kapitel gekürzt verteilt und es bietet sich hier eine Einzelarbeit an, die in eine Gruppenarbeit übergeht. Anhand einer Sicherung an der Tafel oder eines Arbeitsblattes können die Informationen festgehalten werden, um einen historischen Gesamtkontext aus folgenden Abschnitten zu erhalten. Das erste Kapitel kann mit der Lehrkraft gemeinsam gelesen werden, da es grundlegende Informationen für alle weiteren sechs Kapitel enthält.

21 Wallisch, Robert: Der Mundus Novus des Amerigo Vespucci: Text, Übersetzung und Kommentar. Wien überab. 2012[3], S. 175.

22 Wallisch, Robert: Der Mundus Novus des Amerigo Vespucci, S. 177.

Eine Neue Welt – Brief des Amerigo Vespucci an Lorenzo di Pier Francesco de' Medici (1502/03)

„1 In den letzten Tagen habe ich Euch ausführlich von meiner Rückreise aus jenen neuen Regionen berichtet, die wir mit der Flotte, auf Kosten und im Auftrag des durchlauchtigsten Königs von Portugal (woher ich Euch nun schreibe) erkundeten und entdeckten, und die man als eine neue Welt bezeichnen könnte, wo doch die Alten von diesen Gebieten keine Kenntnis besaßen und deren Existenz allen, die davon hören, völlig neu ist. Denn in der Tat übersteigt dies die Vorstellungen der Menschen unserer Antike bei weitem, insofern der Großteil von ihnen meinte, es gäbe überhaupt kein Festland südlich des Äquators sondern nur noch das Meer, welches sie Atlantik nannten; und selbst wenn einige wenige behaupteten, daß dort Festland läge, so erklärten sie doch mit vielen Argumenten, daß dieses Land nicht bewohnbar wäre. Daß aber diese ihre Vorstellung falsch ist und der Wahrheit in keiner Weise entspricht, hat diese meine letzte Seefahrt bewiesen, da ich in jenen südlichen Breiten einen Kontinent fand, der mit Völkern und Tieren dichter besiedelt ist als unser Europa oder Asien und Afrika, und darüberhinaus ein Klima, das gemäßigter und angenehmer ist als in irgendeiner anderen uns bekannten Weltgegend, wie Ihr weiter unten noch hören werdet. Dort werde ich in aller Kürze die Hauptpunkte der Ereignisse und alle berichtenswerten Dinge, die ich in dieser neuen Welt gesehen oder gehört habe, zu Papier bringen. Doch davon später.“[23]

In diesen Zeilen wird Vespuccis Stolz ausgedrückt, wie in seiner Zeit die Menschen nun die Vorstellungen der Antike hinter sich lassen würden. Denn die wenigen antiken Autoren, die annahmen, dass auch jenseits des Atlantiks Land existiere, hätten dies als unbewohnbar bezeichnet. Diese Vorstellungen hat Vespucci durch seine Reisen in die Karibik und nach Südamerika bereits als hinfällig erklärt, indem er das günstige Klima und die Besiedlung dort anspricht. Wallisch weist darauf hin, dass Vespucci hier polemisch formuliert, um die Großartigkeit seines Wissens und seiner Zeit über das der Antike zu erhöhen, da er die Erkenntnisse von Pomponius Mela und Ptolemaios verschweigt, die Spekulationen

23 Wallisch, Robert: Der Mundus Novus des Amerigo Vespucci: Text, Übersetzung und Kommentar. Wien überab. 2012³, S. 17.

über einen Südkontinent anstellten.[24] Aber seine Sprache bringt die eigene Selbstsicht zum Ausdruck, dass trotz heutiger fachwissenschaftlicher Erkenntnisse aus den kartographischen Forschungen, Kolumbus und Vespucci für ihren historischen Zeit- und Raumkontext über geistige und geographische Grenzen hinausgegangen waren, als sie diese Forschungs- und Entdeckungsreisen angingen.

In einem zweiten Kapitel können die Schüler den Seeweg über die Kanaren, zu den Kap Verden und dann die lange Überfahrt nach Brasilien sowie die Dauer und die Gefahren der Überfahrt herausarbeiten, bis Vespucci ungefähr in der Region des heutigen Recifes angelangt war. Dazu sollte mit einer Karte gearbeitet werden, auf der die Überfahrt, optional auch die Überfahrten weiterer Entdecker, nachverfolgt werden kann, um das historisch-geographische Sachwissen zu sichern. Weitere Details über die Fahrt finden sich im dritten Kapitel, in der die Instrumente Quadrant und Astrolabium auftauchen. Beide Werkzeuge sollten mit einem Bild unterstützend besprochen werden, sodass ihre Funktionsweise verstanden werden kann. Denn Vespuccis Quelle lobt gerade diese neue Technik, die den europäischen Seefahren dabei geholfen hatte, große und unbekannte Distanzen auf See zu überwinden. Zur Beschreibung der indigenen Bevölkerung bieten sich das vierte und fünfte Kapitel an, in der zum einem die Menschen und ihr Auftreten beschrieben werden, und zum anderen ihre Waffen und ihr Zusammenleben in Krieg und Frieden. Vespucci gibt dann noch im sechsten Kapitel Auskunft über das Klima und den Boden, darunter den Fund von Gold in Brasilien, das dort im Überfluss vorhanden sein sollte. Zuletzt gibt sein Bericht über die Tiere und die Papageien, deren unbekannte Artenvielfalt er mit einem Seitenhieb auf Plinius beschreibt, in diesem Kapitel Einblick in die Bedeutung derartiger Forschungsreisen für die Naturwissenschaften. Vespucci hatte selbst die *Naturalis Historia* von Plinius dem Älteren studiert, das bis ins 16. Jahrhundert das Standardwerk über Medizin, Geographie und weitere Themen war. [25]

24 vgl. Wallisch, Robert: Der Mundus Novus des Amerigo Vespucci: Text, Übersetzung und Kommentar. Wien überab. 2012³, S. 70-71.

25 vgl. Wallisch, Robert: Der Mundus Novus des Amerigo Vespucci, S. 136.

„**6** Der Boden jener Gebiete ist sehr fruchtbar, und die Landschaft ist lieblich. Das Land ist überreich an Hügeln, Bergen, endlosen Tälern und gewaltigen Flüssen, es wird von gesunden Quellen bewässert und ist mit weiten, dichten und nahezu undurchdringlichen Wäldern gesegnet, die von Wild jeder Art voll sind. Die mächtigsten Bäume gedeihen dort ohne Pflege, und viele von ihnen bringen Früchte hervor, die sowohl köstlich im Geschmack als auch für den menschlichen Körper zuträglich sind. Für manche gilt allerdings das Gegenteil. Und es gibt dort keine Früchte, die den unsrigen hier ähnlich wären. Dort wachsen auch unzählige Arten von Kräutern und Wurzeln, aus denen sie Brot und hervorragende Breie herstellen. Sie haben auch viele Sorten Körner, die von den unsrigen hier völlig verschieden sind. Metalle haben sie dort keine außer Gold, das in jenen Regionen im Überfluß vorhanden ist (auch wenn wir auf dieser ersten Erkundungsfahrt nichts mitgenommen haben). Davon haben uns die Einwohner in Kenntnis gesetzt, die behaupteten, daß es im Landesinneren eine große Menge Goldes gäbe, dieses aber von ihnen selbst in keiner Weise geschätzt oder für wertvoll erachtet werde. Perlen gibt es in Fülle, wie ich Euch an anderer Stelle schon geschrieben habe. Wenn ich im einzelnen alles, was es hier gibt, berichten und über die Tierarten und ihre unzählbare Menge schreiben wollte, wäre dies ein weitschweifiges und unabsehbares Unterfangen. Und ich glaube, daß unser Plinius sicher nicht einmal den tausendsten Teil von der Familie der Papageien sowie der übrigen Vögel und Tiere erfaßt hat, die alle in diesen Regionen in so großer Vielfalt an Formen und Farben vorkommen, so daß selbst ein vollendeter Meister der Malerei wie Polyklet bei dem Versuch, diese zu malen, scheitern müßte. Die Bäume dort sind alle wohlriechend und jeder einzelne bringt entweder ein Öl hervor oder sondert irgendeinen Balsam ab. Wenn uns deren Eigenschaften bekannt wären, so zweifle ich nicht, daß diese Substanzen der Gesundheit des Menschen dienen könnten. Und sollte es tatsächlich in irgendeinem Teil der Erde das irdische Paradies geben, so glaube ich, daß es sicher nicht weit von jenen Regionen entfernt ist; und diese liegen, wie ich schon sagte, auf der südlichen Halbkugel in einem derart gemäßigten Klima, daß man dort weder jemals eisige Winter noch glühende Sommer hat.“[26]

---

26 Wallisch, Robert: Der Mundus Novus des Amerigo Vespucci: Text, Übersetzung und Kommentar. Wien überab. 2012[3], S. 31-33.

Alle Kapitel sind grundsätzlich gut lesbar, bedürfen jedoch gelegentlicher Unterstützung durch die Lehrkraft, wenn veraltete Namen oder Bezeichnungen auftauchen – die aber redigiert oder in Klammern oder Fußnoten erklärt werden können. Nach der Einzelarbeitsphase können die Schüler sich über das Gelesene austauschen, um in einer ersten eigenen Sicherungsphase alle Informationen über Reiseverlauf, Technik, Gefahren, indigene Bevölkerung, Klima, Land und Natur zu sichern. Anschließend sollte dies ein zweites Mal durch die Lehrkraft, eine Präsentationen oder einen Abgleich mit dem Erwartungshorizont gesichert werden. Nach dieser eingehenden Textarbeit haben die Schüler den eurozentrischen Blick der Entdeckungsreisen kennengelernt und können durch Nachfrage oder eine Zusatzinformation zur Waldseemüllerkarte beantworten, wie Amerika zu seinem Namen kam. An dieser Stelle bietet sich an, das Bild Vespuccis in seinem Reisebericht über die Menschen und die „Neue Welt" zu thematisieren: Da es wenig bis keine Quellen seitens der indigenen Bevölkerung gibt, kann hier z.B. auf historische Darstellungstexte zurückgegriffen werden, die Vespuccis eingeschränkte Kenntnis über den Gesellschaftsaufbau sowie die Sitten und Bräuche des Volks der Tupi mit Zusatzinformationen bereichern.

Vespuccis Text vereint literarisches Wirken und die Vermittlung von Sachwissen. In größerem Umfang kann die Schriftquelle in höheren Stufen eingesetzt werden, um Fremd- und Selbstbilder noch eingehender zu thematisieren. In der hier angebotenen Kürze zeigt er jedoch eindrucksvoll, wie Alteritätserfahrung durch Textquellen im Geschichtsunterricht vermittelt werden kann und dass Schüler viel über die Selbstsicht europäischer Entdeckungsreisender erfahren, die Fremdsicht auf die indigene Bevölkerung herauslesen können und darüber hinaus elementare historische Sachkenntnisse über die Entdeckungsreisen und ihre Bedeutung für die Eröffnung neuer geistiger Horizonte und Kulturkontakte ab dem 15. Jahrhundert erwerben können.

Chancen von Schriftquellen	Grenzen von Schriftquellen
... eignen sich, um den Unterschied von Quelle und Darstellung zu erlernen ... schulen die Texterfassung als grundlegende Fähigkeit für Schule, Alltag und Beruf ... eignen sich, um Diskussionen über Adressat des Schriftstücks und Beziehung zum Inhalt zu führen und damit elementare Quellenkritik einzuüben ... schulen das Alteritätsbewusstsein sowie das Historizitätsbewusstsein ... machen die Narrativität von Geschichte sichtbar	... setzen die Vorentlastung schwieriger oder unbekannter Begriffe voraus ... benötigen Kontextwissen ... arbeiten mit versteckten sprachlichen Hinweisen, Kritik oder Ironie ... besitzen einen starken erzählerischen oder sogar fiktionalen Charakter ... fordern sorgfältiges Lesen und strukturiertes Vorgehen ein

Schriftquellen: Reden

„Fragt nicht, was euer Land für euch tun kann – fragt, was ihr für euer Land tun könnt." Dieser Satz von John F. Kennedy wurde zum Kerngedanken einer Aufbruchsstimmung in den 1960er Jahren, den der damals vergleichsweise junge US-Präsident – nur Theodore Roosevelt war ein Jahr jünger bei seinem Amtsantritt – seinen Bürgern zurief und die ihm mit tosendem Beifall antworteten. Die Ansprache an die Eigenverantwortung und der Gedanke, die Politik, das eigene Leben und die Gesellschaft selbst zu gestalten, hallte in den Gedanken und dem Geschichtsbewusstsein der Amerikaner lange wieder, da in der amerikanischen Identität die Idee fest verwurzelt ist, den Staat als möglichen Problemlöser für alle Lebenslagen kritisch zu betrachten und individuelle Freiheiten sowie kommunale Lösungen übergeordneten Regelungen und Verboten vorzuziehen. Darüber hinaus wandte sich Kennedy im Kontext des Kalten Krieges an die Welt und wiederholte seine Forderung in leicht abgewandelter Form: „Meine Mitbürger in der ganzen Welt: Fragt nicht, was Amerika für euch tun wird, sondern fragt, was wir gemeinsam tun können für die Freiheit des Menschen."[1]

Mit wenigen Sätzen hatte Kennedy damit innen- wie außenpolitisch eine Grundstimmung erzeugt, in der es auf die Menschen in den USA und auf der Welt ankäme, die Herausforderungen der Zeit zu meistern, die er als „Tyrannei, Armut, Krankheit und den Krieg selbst"[2] benannte. Diese bekannten Sätze gegen Ende seiner Rede fassen prägnant und rhetorisch geschickt die Kernaussagen seiner gesamten Antrittsrede zusammen, bei der er die Gefahr unbewältigter Armut für die Freiheit aller ansprach. Die neuen unabhängigen Staaten im globalen Süden hieß er in der Gemeinschaft der „Freien Welt" willkommen und versprach ihnen Hilfe und Un-

1 Inaugural Address, 20 January 1961: https://www.jfklibrary.org/learn/about-jfk/historic-speeches/inaugural-address [aufgerufen am 5. März 2021]

2 Inaugural Address, 20 January 1961: https://www.jfklibrary.org/learn/about-jfk/historic-speeches/inaugural-address [aufgerufen am 5. März 2021]

terstützung bei der Überwindung des Kolonialismus. Den Gegnern im Kalten Krieg sprach er ein Gesprächsangebot aus.[3]

Reden können eine unglaubliche Kraft auslösen, wenn sie von begabten Rhetorikern gehalten werden. Die Qualität der eigentlich nicht-schriftlichen Quelle kann sich auch auf die textliche Transkription übertragen, wenn keine Video- oder Audioaufnahmen von der Rede existieren oder diese im Geschichtsunterricht nicht eingesetzt werden. Dies liegt daran, dass Zuspitzungen, Metaphern und weitere rhetorische Stillmittel auch beim Lesen ihre Wirkung entfalten können. Meistens bleiben in der Geschichte nur noch einzelne Zitate berühmter Reden übrig: Cato dem Älteren wird zugeschrieben mit *ceterum autem censeo Carthaginem esse delendam* („Im Übrigen bin ich der Meinung, dass Karthago zerstört werden muss.") seine Reden beendet zu haben, auch wenn die Quellenlage dafür äußerst dünn ist. Herbert Wehner (SPD) und Franz-Josef-Strauß (CSU) waren in ihrer ganz eigenen Art außergewöhnliche Redner, die geschickt durch intelligente Spitzen provozierten und dabei gleichzeitig komplexe philosophische und historische Themen in wenigen Sätzen wiedergeben konnten. Ihre Reden und Debatten spiegeln die gesellschaftlichen sowie inhaltlichen Auseinandersetzungen der Bundesrepublik bis 1989 wider, aber auch den Respekt über die Parteigrenzen hinweg, den die Redner sich trotz aller Schärfe zollten.

Von Barack Obama könnte womöglich im Geschichtsbewusstsein ein „Yes, we can." hängenbleiben, da er diesen motivierenden Ausspruch so geschickt in seinen Reden einsetzte. Aber sein Erfolg als Politiker und dann als US-Präsident lag insbesondere darin, in seinen Reden eine Geschichte zu erzählen, die allen Zuhörern eine positive Grunderzählung anbot.

Winston Churchill stimmte seine Zuhörer am Pfingstmontag, den 13. Mai 1940, auf die harten Kriegsjahre ein mit: „Ich habe nichts zu bieten als Blut, Mühsal, Tränen und Schweiß."[4] Während Joseph Goebbels am 18. Februar 1943 angesichts der immer

3 Inaugural Address, 20 January 1961: https://www.jfklibrary.org/learn/about-jfk/historic-speeches/inaugural-address [aufgerufen am 5. März 2021]

4 First Speech as Prime Minister to House of Commons, May 13, 1940: https://winstonchurchill.org/resources/speeches/1940-the-finest-hour/blood-toil-tears-sweat/ [aufgerufen am 15. Oktober 2021]

schlechter werdenden Kriegslage versuchte, durch rhetorische Fragen die drohende Niederlage aus den Köpfen der Menschen zu peitschen und laute Zustimmung auf seine Frage fand: „Wollt ihr den totalen Krieg? Wollt ihr ihn, wenn nötig, totaler und radikaler, als wir ihn uns heute überhaupt noch vorstellen können?“[5]

Es macht jedoch einen bedeutenden Unterschied, wann und wo die Rede gehalten wurde: Die deutsche Gesellschaft, in der Wehner und Strauß aufwuchsen, ist Vergangenheit und die Medien, die ihnen zur Verfügung standen, und die Themen, welche die Bundesrepublik prägten, überwiegend verschwunden. Bis 1963 gab es nur einen TV-Sender, die ARD sowie die Landesrundfunkanstalten, zu der sich dann das ZDF gesellte. Churchill stimmte angesichts der düsteren Lage auf dem europäischen Kontinent die britischen Bürger auf die bevorstehenden harten Kriegsjahre ein, da Hitler-Deutschland Norwegen und Dänemark bereits besetzt und mit der Westoffensive begonnen und dabei die Benelux-Staaten erobert hatte. Goebbels brüllte drei Jahre später im Sportpalast auf einer Großkundgebung die NSDAP-Mitglieder an, dass trotz der Siege der Alliierten in Nordafrika, der Bombenangriffe auf Deutschland und der vernichtenden Niederlage in Stalingrad der Krieg nicht verloren sei. Kennedy und Obama sprachen von Mut und der Hoffnung, die innen- wie außenpolitischen Herausforderungen mit Zuversicht und Leistungsbereitschaft zu meistern. Diese Redner sprachen in eine „spezifische Konstellation“ hinein, wie Baumgärtner schreibt, die sie in ihrem Sinne beeinflussen wollten. Daher sind Reden zugleich als Handlungen zu verstehen, auch wenn Schüler sie im Schulkontext überwiegend als Textquellen wahrnehmen.[6]

5 Kundgebung der NSDAP, Gau Berlin, im Berliner Sportpalast, Joseph Goebbels, 18. Februar 1943, Auszug aus der Rundfunkübertragung, DRA-Nr. 2600052: https://archive.org/details/JosephGoebbels-Sportpalastrede/ [aufgerufen am 15. Oktober 2021]

6 Baumgärtner, Ulrich: „Es gilt das gesprochene Wort!“ Politische Reden und historisches Lernen in: Praxis Geschichte 6 (2007), S. 6.

Chancen und Grenzen von Redequellen

In Europa bildeten sich ausgehend von der Gattungstrias der Antike – Gerichtsrede, Beratungsrede, Gelegenheitsrede –fünf Redegattungen heraus.[7]

Die **Gerichtsrede** (*genus iudicale*) sollte man sich nicht wie in den deutschen und amerikanischen Serien und Filmen der Gegenwart vorstellen, sondern in Attika fungierten in Gerichtsversammlungen Laienrichtern, die ein Volksgericht bildeten. Hierbei mussten sich Ankläger oder Verteidiger gegen bis zu 501 Bürger rhetorisch durchsetzen, wenn sie ihren Fall gewinnen wollten.[8] In der attischen Volksversammlung entwickelte sich auch die Gattung der **Parlamentsrede**, deren Funktion darin bestand, das „Nützliche" vom „Schädlichen" zu trennen, um zu einer Entscheidung zu gelangen. Hier liegt der Ursprung der politischen Parteirede (*genus deliberativum*) der Neuzeit. Die **Gedenk- und Festrede** (*genus demonstrativum*), auch Gelegenheitsrede genannt, stellt die dritte klassische Redeform dar, wie sie Aristoteles beschrieb. Festreden wurden ursprünglich für Gedenken, Lob und Totenehrung gehalten. In der Neuzeit wurden sie an den Höfen Europas zur Huldigung vor dem Angesicht des Monarchen praktiziert.[9] Keine eigenständige Form sieht Tischner in der Propagandarede, die ihm folgend eine Verbindung von Beratungs- und Gelegenheitsrede darstellt, da sie einerseits der Legitimation von Herrschaft dient und andererseits keine Gegenrede vorsieht.[10]

Als moderne Redeformen gelten die **Kanzelrede oder Predigt** (*ars praedicandi*), wie die Predigten von Johann Geiler von Kayserberg (1445-1510), Berthold von Regensburg (1210-1272) oder Meister Eckehart (1260-1327). Diese Predigten waren geprägt von biblischen Zitaten, um die Autorität der Bibel auf die Rede zu übertragen,[11] was sich auch als ein beliebtes Stilmittel in vielen Reden amerikanischer

7 vgl. Pandel, Hans-Jürgen, „Reden als Quellengattung" in: *Geschichte lernen* (85/2002), S. 6.

8 vgl. Pandel, Hans-Jürgen, „Reden als Quellengattung", S. 6 und Tischner, Christian, Historische Reden im Geschichtsunterricht. Schwalbach/Ts., 2008, S. 23.

9 vgl. Pandel, „Reden als Quellengattung", S. 7.

10 vgl. Tischner, Historische Reden im Geschichtsunterricht, S. 24f.

11 vgl. Pandel, „Reden als Quellengattung", S. 9.

Politiker wiederfindet. An den Universitäten kehrte im Zuge der Reformation die **Lehrrede** (*genus didascalicon* oder *didactium*) ein: Der Vortrag gehört dort zum akademischen Alltag und als Anspruch galt seitdem, den Lehrstoff intellektuell, argumentativ sowie sprachlich gekonnt an die Studenten weiterzugeben.[12]

Da Redequellen mehr als nur die Schriftlichkeit einer Textquelle transportieren, sollten neben den Textelementen auch außertextuelle Elemente beachtet werden: Die Realisierung der Rede durch den Redner als Handlung wird durch Auftreten und Körpersprache, wie Pose, Gestik und Mimik bestimmt. Der Körper ist ein „hochkomplexes Kommunikationsmedium“,[13] welches über die Wirkung einer Rede entscheiden kann. Über Redner werden scharfe Urteile gefällt: Otto von Bismarck galt als der „Hüne mit der Fistelstimme“,[14] Helmut Kohl war „ein Riese mit tiefer voluminöser Stimme.“[15]

Zur Redeanalyse gehört neben der Person die einmalige historische **Redesituation**, die in einem kommunikativen Prozess zwischen Redner und Zuhörer stattfindet und von dem **historisch-politischen Kontext der Rede** eingerahmt wird. Die Rekonstruktion der Redesituation ist daher bei der Arbeit mit Redequellen im Geschichtsunterricht zwingend zu beachten, um dem besonderen Charakter dieser in der Regel als Text vorliegenden Quelle zu beachten.[16] „Ich bin ein Berliner“, sagte Kennedy 1963 zu deutschen Zuhörern vor dem Schöneberger Rathaus im geteilten Berlin. Seine Inhalte und Formulierungen gewinnen in diesem Kontext erst ihre Bedeutung und können auch erst durch die Kontextualisierung voll entschlüsselt und für den Geschichtsunterricht gewinnbringend eingesetzt werden. Die Rede des französischen Präsidenten Charles de Gaulle am 9. September 1962 in Ludwigsburg war aus

---

12 vgl. Tischner, Historische Reden im Geschichtsunterricht, S. 25f; Pandel, „Reden als Quellengattung“, S. 9.

13 Pandel, „Reden als Quellengattung“, S. 11.

14 Goldberg, Hans-Peter: Bismarck und seine Gegner. Die politische Rhetorik im kaiserlichen Reichstag. Düsseldorf, 1998, S. 377 zitiert aus: Pandel, „Reden als Quellengattung “, S. 11.

15 „Eine bessere Rednerin als dargestellt“ in: Schwäbische Zeitung, 31. Dezember 2014, S .5.

16 vgl. Baumgärtner: „Es gilt das gesprochene Wort!“ Politische Reden und historisches Lernen in, S. 6.

dem Kontext heraus ein beeindruckender historischer Vorgang, da sich 17 Jahre nach Kriegsende ein französischer Präsident an die deutsche Jugend wandte und von ihr mit großem Applaus empfangen worden war. Zu diesem historischen Kontext gehört auch, dass dies eine Antwort auf die Reise Konrad Adenauers war, der ihm gleichen Jahr Frankreich besucht hatte und die wiedererstarkende Freundschaft beider Nationen am 8. Juli 1962 in der Kathedrale von Reims beschworen hatte. Der Quellenart Rede würde man daher im Geschichtsunterricht nicht gerecht werden, wenn die Kontextualisierung und Einordnung nicht vorher stattfindet oder aber in die Interpretation und Beurteilung einfließt.

Insbesondere politische Reden können sehr kompliziert sein und Schüler überfordern, da sich bei ihnen **Spezialbegriffe, politisches Kontextwissen und Zuspitzungen** – das sogenannte „auf den Punkt bringen" – in den Aussagen häufen. Dies zeigt sich an der für das Verständnis des NATO-Doppelbeschlusses äußerst wichtigen Rede von Helmut Schmidt (SPD) am *International Institute for Strategic Studies* in London am 28. Oktober 1977. Darin erläuterte er fachmännisch im dritten Punkt seiner Rede, weshalb in der sicherheitspolitischen Weltlage der 1970er und 1980er seiner Ansicht nach eine Nachrüstung in Form des Doppelbeschlusses notwendig sei. Dieses Thema des Geschichtsunterrichts in der Mittel- und Oberstufe kann zunächst Kopfzerbrechen bereiten. Denn nach einer längeren Ausführung der einzelnen Argumente, fasst Helmut Schmidt das Problem wie folgt zusammen:

Politische und wirtschaftliche Aspekte der westlichen Sicherheit (1977)
(...) Wir alle stehen vor dem Dilemma, dem moralischen und politischen Anspruch auf Rüstungsbegrenzung genügen und gleichzeitig die Abschreckung zur Verhinderung eines Krieges voll aufrechterhalten zu müssen.
Wir verkennen nicht, daß sowohl den USA als auch der Sowjetunion zu gleichen Teilen daran gelegen sein muß, die gegenseitige strategische Bedrohung aufzuheben. Aber: Eine auf die Weltmächte USA und Sowjetunion begrenzte, strategische Rüstungsbeschränkung muß das Sicherheitsbedürfnis der westeuropäischen Bündnispartner gegenüber der in Europa militärisch überlegenen Sowjetunion beeinträchtigen, wenn es nicht gelingt, die in Europa bestehenden Disparitäten parallel zu den SALT-Verhandlungen abzubauen. Solange dies nicht geschehen ist, müssen wir an der Ausgewogenheit aller Komponenten der Ab-

schreckungsstrategie festhalten. Das bedeutet: Die Allianz muß bereit sein, für die gültige Strategie ausreichende und richtige Mittel bereitzustellen und allen Entwicklungen vorzubeugen, die unserer unverändert richtigen Strategie die Grundlage entziehen könnten.
Ich habe bei der Tagung der Staats- und Regierungschefs in London im Mai dieses Jahres gesagt: „Je mehr wir die strategische nukleare Parität stabilisieren, was meine Regierung von Anfang an befürwortet hat, desto mehr wird es erforderlich, ebenso ein konventionelles Gleichgewicht herbeizuführen."
Lassen Sie mich heute, wiederum in London, ergänzen: Wir Europäer haben zu Beginn der SALT-Gespräche die enge Verbindung zwischen der Parität auf dem strategisch-nuklearen Gebiet einerseits und dem taktisch-nuklearen und konventionellen Sektor andererseits nicht klar genug gesehen oder nicht klar genug artikuliert. Es gilt jetzt, die Verzahnung von SALT und MBFR klar zu erkennen und daraus die notwendigen praktischen Schlüsse zu ziehen. (...)[17]

Um das Dilemma zu verstehen, wie im Kalten Krieg Rüstungsbegrenzung und Abschreckung versöhnt werden sollten, müsste als Kontextwissen den Schülern zur Verfügung stehen: die Bedeutung der gegenseitigen strategischen Bedrohung der Weltmächte, das Ausmaß der militärischen Übermacht der Sowjetunion, „die in Europa bestehenden Disparitäten", Wissen über die SALT-Verhandlungen sowie was „strategische nukleare Parität" und „konventionelles Gleichgewicht" bedeuten. Die Probleme der MBFR-Verhandlungen (Mutual and Balanced Force Reductions) zwischen 1973 und 1989, welche ausgewogene und gegenseitige Truppenreduzierung zum Ziel hatten, aber erfolglos blieben, wären zwar hilfreich, könnten aber aus didaktischen Gründen weggelassen werden. Nun ist es nicht das vorrangige Ziel des Geschichtsunterrichts, die Schüler in sicherheitspolitischen Analysen zu schulen, wie sie die Politiker des Kalten Krieges anstellten, aber ohne diese grundlegende Sicherheitskonstellation sind die Auseinandersetzungen über den NATO-Doppelbeschluss nicht nachvollziehbar und zu beurteilen. Dabei war es auch dieser Beschluss, der die Generation der Baby Boomer

17 Presse- und Informationsamt der Bundesregierung: Bulletin Nr. 112 (8. November 1977). Bonn, S. 1013-1020.

in Deutschland prägte und zu einer Ausdifferenzierung in der politischen Landschaft der Bundesrepublik führte. Die Auswirkungen dieser Entscheidung, die Helmut Schmidt durch seine Reden und seine Haltung herbeiführte, waren für die Geschichte Deutschlands und den Ausgang des Kalten Krieges bedeutend: Denn Helmut Schmidt argumentierte, dass es durch SALT-I zwar zu einer Begrenzung der interkontinentalen und damit strategischen Atomwaffen gekommen war, aber gleichzeitig ein Ungleichgewicht der konventionellen Streitkräfte, also Truppen, Panzer, Schiffe und Flugzeuge, herrschte und ein Ungleichgewicht der nukleartaktischen Kräfte zwischen West und Ost – und damit meinte er, Atomwaffen von einer begrenzten Reichweite (SS-20 Raketen) – zugunsten der Sowjetunion entstanden war. Daher müsste auf der unteren, nicht-strategischen und konventionellen Ebene aufgerüstet werden. Ansonsten wäre in Europa die Sowjetunion konventionell und nukleartaktisch dem Westen und der NATO überlegen und damit Deutschland und Westeuropa nicht mehr sicher, da das Gleichgewicht der Abschreckung seit 1974 durch die Stationierung von SS-20 Raketen aus der Balance geraten war. Aus dieser Perspektive ergibt der NATO-Doppelbeschluss sicherheitspolitisch Sinn, Verhandlung über den Abbau der SS-20 Raketen zu führen und gleichzeitig zu beschließen, aufzurüsten, falls diese Verhandlungen scheitern sollten. Aus der Sachlage kann dann eine historisch-politische Urteilsbildung erfolgen, welche das Für und Wieder des Doppelbeschlusses abwägt.

Wie schwierig Helmut Schmidts Rede aufgrund der Fachbegriffe und ihrer Komplexität sein kann, zeigt sich an diesem Ausschnitt. Daher muss ausreichend Zeit für die Textanalyse eingeplant werden, damit historische Reden gewinnbringend im Geschichtsunterricht eingesetzt werden können. Wie umfangreich im Geschichtsunterricht Methoden aus dem Deutschunterricht berücksichtigt werden müssen, beantwortet Ulrich Baumgärtner wie folgt: Der komplette Katalog **rhetorischer Stillmittel**, wie er im Deutschunterricht vermittelt wird, ist für das historische Lernen nicht ausschlaggebend. Ihm folgend genügt es auf „zentrale Merkmale der sprachlich-stilistischen Gestaltung einzugehen."[18] Für die Redeanalyse sind demnach wichtig, Wiederholungen zu erkennen sowie Metaphern und Vergleiche

18 Baumgärtner, Ulrich: „Historische Reden" in: Praxis Geschichte 5 (2017), S. 30.

zu analysieren und dadurch die **Lesekompetenz und Textanalyse zu vertiefen**, da Redequellen anspruchsvoll sind. Je nach Zeit, Motivation oder auch Geschichtsprojekt können Reden noch eingehender stilistisch untersucht werden; für den regulären Geschichtsunterricht genügen jedoch wenige, aber bedeutende rhetorische Mittel sowie die Erarbeitung der Gliederung der Rede: Schüler sollten der Textgattung gemäß lernen, dass eine Rede in ihrer Ganzheit aus Einleitung, Hauptteil und Schluss besteht und die Einleitung dazu dient, die Zuhörer zum Thema hinzuführen und eine These aufzustellen, im Hauptteil so viele Argumente wie nötig geliefert werden und zum Schluss in wenigen Sätzen das Gesagte zusammenzufasst wird und die Rede in der Regel mit einem Appell an die Zuhörer endet.

Aufmerksamkeit verdient auch die **Gedenk- oder Feiertagsrede**, da sie aufgrund ihrer Quellenart und inhaltlichen Ausrichtung besonders geeignet ist, um sich im Geschichtsunterricht mit der Erinnerungskultur einer Gesellschaft auseinanderzusetzen. Bundespräsidenten wie Theodor Heuss, Richard von Weizäcker und Joachim Gauck strebten an, für die Gesellschaft einen „kollektiven Konsens zu formulieren“ oder eine „weltliche Predigt“ zu halten.[19] Richard von Weizsäcker nahm in seiner Rede zum 40. Jahrestag der Beendigung des Krieges in Europa und der nationalsozialistischen Gewaltherrschaft am 8. Mai 1985 im Plenarsaal des Deutschen Bundestages zu zwei für die deutsche Erinnerungskultur bedeutenden Diskussionen Stellung: Einerseits verneinte er den Gedanken einer Kollektivschuld, da Schuld immer persönlich ist und nicht in Form einer Sippenhaft über Generationen vererbt werden kann. Andererseits bezeichnete er den Tag der Kapitulation, den 8. Mai 1945, nicht als „Tag des Untergangs“ oder als „Stunde Null“, sondern als Neubeginn und „Tag der Befreiung.“ Mit seiner Rede wollte er eine erinnerungspolitische Wende einleiten und dafür sorgen, dass dem 8. Mai in Zukunft als Beginn einer geglückten Demokratiegeschichte in Deutschland gedacht werden solle. Lehrkräfte, die sich mit der **Erinnerungskultur einer Nation** oder einem Gedenken an ein Ereignis auseinandersetzen, sind daher gut beraten, Gedenkreden

19 Baumgärtner, Ulrich, „Historische Sinnbildung in Reden. Die rhetorische Auseinandersetzung von Theodor Heuss mit dem Nationalsozialismus“ in: Handro, Saskia und Schönemann, Bernd (Hrsg.): Methoden geschichtsdidaktischer Forschung. Münster, 2002, S. 142.

zu recherchieren und diese einzusetzen, da in diesen meist die bestehende Erinnerungskultur besprochen, kritisiert oder gelobt und gleichzeitig eine aktualisierte (Neu-)deutung der historischen Erzählung angeboten wird sowie die Argumente aus einem Gegenwartsbezug heraus dargelegt werden.

Blockbildung im Kalten Krieg (1947)

Da politische Reden besonders gut geeignet sind, um Ideologiekritik zu schulen, lässt sich diese Textquellengattung gleichzeitig gut mit einer Konkretisierung verbinden, welche das Unterrichtsprinzip der Multiperspektivität verfolgt. Exemplarisch für eine solche Konkretisierung ist die Blockbildung in Ost und West im Anschluss an den Zweiten Weltkrieg. Als Einstieg in die Konkretisierung können Karikaturen über den Eisernen Vorhang oder die sowjetische Außenpolitik genutzt werden, die die Teilung Europas nachvollziehbar machen. Auch Plakate des Marshall-Plans oder kurze Nachrichtenabschnitte über den Marshall-Plan aus dem Jahr 1947 eignen sich für das Thema. In der Konkretisierung sollen dann zwei Redeabschnitte von US-Präsident Harry Truman und Stalins Zentralkomitee-Sekretär der KPdSU Andrei Schdanow zuerst in Einzel- und dann in Partnerarbeit gelesen werden.

Am 12. März 1947 hielt Präsident Harry Truman eine Rede vor beiden Kammern des amerikanischen Kongresses, um für die Militär- und Wirtschaftshilfe für die Türkei und für die antikommunistischen Parteien im griechischen Bürgerkrieg zu werben. Diese Rede wurde als die „Truman-Doktrin“ bekannt, in der er die Ziele der amerikanischen Außenpolitik gegenüber der Sowjetunion formulierte. Die Rede bedeutete eine deutliche Abkehr von der isolationistischen Grundhaltung der USA, wie sie George Washington und Thomas Jefferson ihren Landsleuten an der Wende zum 18. Jahrhundert noch empfohlen hatten. Truman bekräftigte die Absicht der USA, „freie Völker“ gegen „direkte oder indirekte Aggression“ zu unterstützten. Die Einsetzung autoritärer und totalitärer Regime durch Moskau in Polen, Rumänien und Bulgarien waren aus seiner Sicht nur Vorläufer einer weiteren Welle kommunistischer Expansion, die Griechenland und die Türkei bedrohte.[20]

20 Archiv der Gegenwart, 1947, S. 1038 ff.

Truman-Doktrin (1947)

Eines der vornehmsten Ziele der Außenpolitik der Vereinigten Staaten ist die Schaffung von Verhältnissen, unter denen wir und andere Nationen in der Lage sind, ein Leben frei von Zwang zu führen. Dies war der Grundgedanke im Krieg mit Deutschland und Japan. Unser Sieg wurde über Länder errungen, die darauf ausgingen, andren Nationen ihren Willen und ihre Lebensweise aufzuzwingen. Um eine friedliche Entwicklung der Nationen, frei von Zwang, sicherzustellen, haben die Vereinigten Staaten den größten Anteil bei der Schaffung der Vereinten Nationen übernommen. Die Vereinten Nationen sind dazu ausersehen, dauernde Freiheit und Unabhängigkeit für alle ihre Mitglieder zu ermöglichen. Wir werden jedoch unsere Ziele erst verwirklichen, wenn wir willens sind, freien Völkern bei der Erhaltung ihrer freien Institutionen und ihrer nationalen Integrität gegen Bewegungen zu helfen, die ihnen ein totalitäres Regime aufzwingen wollen. Dies ist nur die Anerkennung der Tatsache, dass totale Regierungsformen die freien Völkern durch direkte oder indirekte Aggression auferlegt werden, die Grundlagen des internationalen Friedens und damit die Sicherheit der Vereinigten Staaten untergraben.
Den Völkern einer Reihe von Staaten der Welt wurde vor kurzem gegen ihren Willen ein totalitäres Regime aufgezwungen. Die Regierung der Vereinigten Staaten hat wiederholt gegen den in Verletzung des Jalta-Abkommens ausgeübten Zwang und die Einschüchterung in Polen, Rumänien und Bulgarien Protest erhoben. Ich muss außerdem feststellen, dass in einer Reihe anderer Länder eine ähnliche Entwicklung vor sich gegangen ist. Im gegenwärtigen Augenblick der Weltgeschichte muss fast jede Nation zwischen zwei verschiedenen Lebensarten wählen. Zu oft ist die Wahl keine freie. Die eine Art zu leben gründet sich auf den Willen der Mehrheit und zeichnet sich durch freie Institutionen, repräsentative Regierungen, freie Wahlen, Garantien der persönlichen Freiheit, Freiheit der Rede und der Religion und Freiheit von politischer Unterdrückung aus. Die zweite Lebensart hat als Grundlagen den Willen einer Minderheit, die mit Gewalt der Mehrheit gegenüber geltend gemacht wird. Sie stützt sich auf Terror und Unterdrückung, kontrollierte Presse und Rundfunk, von vornherein bestimmte Wahlen und auf die Unterdrückung der persönlichen Freiheit. Ich bin der Ansicht, dass wir den freien Völkern beistehen müssen, ihr eigenes Geschick auf ihre Weise zu bestimmen. Ich glaube, dass unser Beistand in erster Linie in Form von wirtschaftlicher und finanzieller Hilfe gewährt werden sollte, eine Hilfe, die wesentlich ist für die wirtschaftliche Stabilität und ordnungsgemäße politische Entwicklung.

> Die Saat der totalitären Regimes gedeiht in Elend und Mangel. Sie verbreitet sich und wächst in dem schlechten Boden von Armut und Kampf. Sie wächst sich vollends aus, wenn in einem Volk die Hoffnung auf ein besseres Leben ganz erstirbt. Wir müssen diese Hoffnung am Leben erhalten. Die freien Völker der Erde blicken auf uns und erwarten, daß wir sie in der Erhaltung der Freiheit unterstützen. Wenn wir in unserer Führung zögern, können wir den Frieden der Welt gefährden und werden mit Sicherheit die Wohlfahrt unserer Nation gefährden.[21]

Aus seiner Standortgebundenheit beschreibt Truman den „gegenwärtigen Abschnitt der Weltgeschichte", in der „fast jede Nation ihre Wahl in Bezug auf ihre Lebensweise treffen" müsse: zwischen einer freiheitlich-demokratischen Lebensweise und einer kommunistisch-totalitären. Als Metapher für die Ausbreitung totalitärer Regime nutzt er die „Saat des Bösen", die in „Elend und Mangel" gedeihe. Wenn die Hoffnung auf ein besseres Leben durch Armut und Krieg stürbe, würde diese Saat aufblühen, womit Truman seine Forderung nach massiven Finanz- und Wirtschaftshilfen für Staaten und Völker weltweit begründete, die von einer Machtübernahme durch Kräfte des internationalen Kommunismus' bedroht wären.

Als Arbeitsaufträge bieten sich an, erstens, die Ziele der amerikanischen Außenpolitik anhand der Rede zu erarbeiten. Zweitens, die Charakterisierung der zwei gegensätzlichen Lebensweisen zu beschreiben und drittens die Argumentation unter Berücksichtigung stilistischer Mittel der Rede zu erarbeiten und zu beurteilen.

Nachdem im April 1947 die Moskauer Außenministerkonferenz gescheitert war, da sich die Siegermächte nicht über die wirtschaftliche Zukunft und über die Frage der Reparationen einigen konnte, entwickelte sich aus der zunächst begrenzten und konkreten Unterstützung für Griechenland und die Türkei eine weltweite Containment-Politik. In Europa wurde diese Eindämmung des sowjetischen Machtbereichs auf Osteuropa und die Abwehr der Einflussnahme auf Westeuropa wirtschaftlich durch das *European Recovery Program* (ERP) umgesetzt, nach dem damaligen Außenminister George C. Marshall kurz „Marshall-Plan" genannt. Dieses

21 Archiv der Gegenwart: XVI./XVII. Jahrgang 1946/47. Bonn , S. 1038-1039.

Programm legte den Grundstein für den deutschen und westeuropäischen Aufschwung, war aber auch den osteuropäischen Staaten offeriert worden, die jedoch auf Stalins Befehl die Hilfsgelder nicht annehmen durften. Zu groß war die Sorge des kommunistischen Diktators, dass die Bevölkerung in der Sowjetunion und den Satellitenstaaten ansonsten die Überlegenheit und Stärke der kapitalistischen Wirtschaftsform gegenüber der sozialistischen Planwirtschaft erfahren würden.

Die Konkretisierung erhält multiperspektivischen Charakter durch den Vergleich mit Schdanows „Zwei-Lager-Theorie", die in diesem kommunikativen Kontext eine direkte Antwort auf die Truman-Doktrin und den Marshall-Plan war und sich somit beide Originalquellen auf den gleichen historischen Ereigniszusammenhang beziehen. Im September 1947 hatte die Sowjetunion die Gründung des „Kommunistischen Informationsbüros" (Kominform) auf den Weg gebracht und auf ihrer Gründungskonferenz gab Schadnow die Perspektive der Sowjetunion auf die entstehende Bipolarität des Kalten Krieges wieder.

Schdanows „Zwei-Lager-Theorie" (1947)

Die Sowjetunion reagierte scharf auf Truman-Doktrin und Marshall-Plan-Angebot, das zunächst an alle europäischen Länder gerichtet war. Den in ihrem Machtbereich befindlichen Staaten wurde die schon zugesagte Teilnahme an Beratungen über das amerikanische Unterstützungsprogramm kurzerhand untersagt. Darüberhinaus leitete Moskau den Zusammenschluß regierender und nichtregierender kommunistischer Parteien in einem "Kommunistischen Informationsbüro" (Kominform) mit dem Ziel in die Wege, die Kräfte des eigenen Lagers zu festigen und ein gemeinsames antikapitalistisches und antiimperialistisches Aktionsprogramm auszuarbeiten. Auf der Gründungskonferenz des Kominform im September 1947 legte zu diesem Zweck und zugleich als Antwort auf Truman-Doktrin und Marshall-Plan der damalige enge Gehilfe Stalins ZK-Sekretär der KPUSU, A. Schdanow (1896-1948), die offizielle sowjetische Einschätzung der weltpolitischen Grundkonstellation dar.

Die als Folge des Krieges eingetretenen grundlegenden Änderungen in der internationalen Lage und in der Lage der einzelnen Länder haben die gesamte politische Weltkarte umgestaltet. Es entstand eine neue Gruppierung politischer Kräfte. Je größer die Periode ist, die uns vom Kriegsende trennt, desto krasser treten zwei Hauptrichtungen in der

internationalen Nachkriegspolitik hervor, die der Teilung der in der Weltarena aktiven politischen Kräfte in zwei Hauptlager entspricht: das imperialistische und antidemokratische Lager einerseits und das antiimperialistische und demokratische Lager andererseits. Die führende Hauptkraft des imperialistischen Lagers stellen die USA dar. Im Bunde mit den USA befinden sich England und Frankreich, wobei das Bestehen einer Labourregierung Attlee-Bevin in England und der sozialistischen Ramadier-Regierung in Frankreich, England und Frankreich nicht daran hindern, in allen wichtigen Fragen im Fahrwasser der amerikanischen USA-Politik als Satelliten zu segeln. Das imperialistische Lager wird ferner unterstützt von Kolonialstaaten, wie Belgien und Holland, von Ländern mit einem reaktionären, antidemokratischen Regime, wie die Türkei und Griechenland, und Ländern, die – wie die Länder des Nahen Ostens und Südamerikas und China – politisch und wirtschaftlich abhängig sind. Das Hauptziel des imperialistischen Lagers stellt die Festigung des Imperialismus dar, die Vorbereitung eines neuen imperialistischen Krieges, der Kampf gegen Sozialismus und Demokratie sowie die Unterstützung reaktionärer und antidemokratischer profaschistischer Regimes und Bewegungen.
Bei der Lösung dieser Aufgaben ist das imperialistische Lager bereit, sich auf die reaktionären und antidemokratischen Kräfte in allen Ländern zu stützen und seine militärischen Gegner von gestern gegen seine militärischen Verbündeten zu unterstützen.
Die antiimperialistischen und antifaschistischen Kräfte stellen das andere Lager dar. Die Grundlage dieses Lagers bilden die UdSSR und die Länder der neuen Demokratie. Ihm gehören ferner solche Länder an wie Rumänien, Ungarn und Finnland, die mit dem Imperialismus gebrochen und fest den Weg der demokratischen Entwicklung beschritten haben. Zum antiimperialistischen Lager gehören Indonesien und Vietnam, mit ihm sympathisieren Indien, Ägypten und Syrien. Das antiimperialistische Lager stützt sich auf die Arbeiterbewegung und auf die demokratische Bewegung in allen Ländern, auf die brüderlichen kommunistischen Parteien in allen Ländern, auf die Kämpfer der nationalen Befreiungsbewegung in den Kolonial- und in den abhängigen Ländern sowie auf die Hilfe aller fortschrittlichen demokratischen Kräfte, die in jedem Lande vorhanden sind. Das Ziel dieses Lagers ist der Kampf gegen die Gefahr neuer Kriege und gegen die imperialistische Expansion, die Festigung der Demokratie sowie die Ausrottung der Überbleibsel des Faschismus. Die Beendigung des 2. Weltkrieges stellte allen freiheitsliebenden Völkern die überaus wichtige Aufgabe, einen dauerhaften demokratischen Frieden zu gewährleisten, der den Sieg über den Faschismus verankert.

Bei der Lösung dieser Hauptaufgabe der Nachkriegsperiode fällt der Sowjetunion und ihrer Außenpolitik die führende Rolle zu. Das ergibt sich aus dem Wesen des sozialistischen Sowjetstaates, dem alle aggressiven Ausbeuterregelungen zutiefst fremd sind der daran interessiert ist, zur Durchführung des Aufbaus der kommunistischen Gesellschaft möglichst günstige Voraussetzungen zu schaffen. Eine dieser Voraussetzungen ist der äußere Frieden (...) Das durch den 2. Weltkrieg veränderte Kräfteverhältnis zwischen der Welt des Kapitalismus und der Welt des Sozialismus hat die Bedeutung der Außenpolitik des Sowjetstaates noch erhöht und die Maßstäbe seiner außenpolitischen Aktivität erweitert. Die Aufgabe der Sicherung eines gerechten demokratischen Friedens faßte alle Kräfte des antiimperialistischen und antifaschistischen Lagers zusammen. Auf dieser Grundlage wuchs und erstarkte die freundschaftliche Zusammenarbeit der UdSSR und der demokratischen Länder in allen Fragen der Außenpolitik. Diese Länder und vor allem die Länder der neuen Demokratie, Jugoslawien, Polen, die Tschechoslowakei und Albanien, die eine große Rolle in dem Befreiungskrieg gegen den Faschismus gespielt haben, sowie Bulgarien, Rumänien, Ungarn und zum Teil auch Finnland, die sich der antifaschistischen Front in der Nachkriegsperiode angeschlossen haben, erwiesen sich als standhafte Kämpfer für den Frieden, für die Demokratie und für ihre Freiheit und Unabhängigkeit gegen alle Versuche der USA und Englands, ihre Entwicklung zurückdrehen und sie erneut unter das imperialistische Joch zu zwingen (...)[22]

Schadnow spricht von einer Teilung der Welt in „zwei Hauptlager", das „imperialistische und antidemokratische Lager", womit er die Demokratien und Staaten des Westens meinte, und das „antiimperialistische und demokratische Lager", womit er die Sowjetunion und deren Satellitenstaaten meinte. Bildlich gesprochen warf er auch der sozialdemokratischen Labour-Regierung in England unter Attlee und Bevin sowie der sozialistischen Regierung von Ramadier in Frankreich vor, „in allen wichtigen Fragen im Fahrwasser der imperialistischen USA-Politik als Satelliten zu segeln." Danach zeichnet er ein Bild eines „imperialistischen Lagers" aus den USA, den

22 von Schubert (Hrsg.): Sicherheitspolitik der Bundesrepublik Deutschland. Dokumentation 1945-1977, Teil 1. Bonn: Verlag Wissenschaft und Politik, 1978, S. 64-69.

europäischen Kolonialstaaten und „politisch und wirtschaftlich abhängigen" Ländern weltweit, deren Ziel „die Vorbereitung eines neues imperialistischen Krieges" sei. Damit kann er das eigene Lager als verbunden durch „brüderliche kommunistische Parteien" beschreiben, die sich gegen „imperialistische Expansion" wehren würden und der eigentliche Hort der Demokratie seien.[23]

Auffällig oft wiederholt Schdanow das Adjektiv „demokratisch" und das Substantiv „Demokratie" und spricht von der Aufgabe, einen „gerechten demokratischen Frieden" unter Führung der Sowjetunion herzustellen. Im Duktus seiner ideologischen Prägung spricht er weiter davon, nach dem Krieg habe sich nun eine „antifaschistische Front" gebildet, die für Freiheit und Demokratie gegen die USA und ihre Verbündeten kämpfen müsse.[24] Auch seine Rede eignet sich dazu, die Ziele der sowjetischen Außenpolitik sowie die weltpolitische Lage und die kämpferische Rhetorik zu erarbeiten und ihre Wirkung zu beurteilen.

Abhängig von dem Vorwissen der Schüler können Zusatzinformationen zu beiden Politikern gegeben werden, um sich ihrer Standortgebundenheit zu nähern. Auch der Ort beider Reden ist bedeutend, um von der Standortgebundenheit eine historisch-politische Analyse abzuleiten: Im Prozess der Teilung der Welt wurden diese Reden 1947 zu dem Zeitpunkt gehalten, als beide Siegermächte sich auf eine längere Phase der Konfrontation einstellten, nachdem sich zwischen 1945 und 1947 gezeigt hatte, dass die Anti-Hitler-Koalition nur ein Zweckbündnis grundsätzlich verschiedener Großmächte gewesen war. Denn zuvor hatten der deutsche und der russische Diktator kooperiert und durch den Hitler-Stalin-Pakt 1939 die Aufteilung Europas unter ihren Herrschaftsbereichen herbeigeführt. Truman hielt seine Rede am 12. März 1947 vor den demokratisch gewählten Kongressabgeordneten und Senatoren, während Schadnow in Szklarska Poręba, südwestlich von Wroclaw (Breslau), zu ausgewählten Mitgliedern von insgesamt neun Parteien aus Bulgarien, Jugoslawien, Polen, Rumänien, Ungarn und der Tsche-

23 Schdanow, Andrei: Über die internationale Lage, Vortrag, gehalten auf der Informationsberatung von Vertretern einiger kommunistischer Parteien in Polen Ende September 1947, 3-34.

24 Schdanow, Andrei: Über die internationale Lage, Vortrag, gehalten auf der Informationsberatung von Vertretern einiger kommunistischer Parteien in Polen Ende September 1947, 3-34.

choslowakei sowie der Kommunistischen Parteien Frankreichs und Italiens sprach. Anders als der amerikanische Kongress besaß die Kominfom selbst keine Entscheidungsgewalt, keine Satzung und keine weiteren Organe wie einen Vorstand, ein Sekretariat oder inhaltliche Ausschüsse. Die Hauptaufgabe der Kominform bestand darin, eine Zeitung herauszugeben und die europäischen kommunistischen Parteien nach dem Willen Moskaus bolschewistisch auszurichten und damit ideologisch auf Linie zu halten.[25]

Inhaltlich kann die Darstellung der zwei Lebensweisen verglichen werden und dabei können die Schüler erarbeiten, wie sich die Repräsentanten beider Großmächte gegenseitig vorwarfen, eine Bedrohung für den Frieden zu sein. Beide Seiten nahmen rhetorisch für sich in Anspruch, Freiheit und Demokratie zu verteidigen. Unterschiede finden sich in der Beschreibung der Herrschaft des Gegners: So thematisierte Truman Terror, Unterdrückung, fehlende Pressefreiheit und manipulierte Wahlen im sowjetischen Machtbereich und damit die fehlenden Freiheitsrechte. Schadnow warf dem Westen dagegen vor, Faschisten und Ausbeuter zu sein, die einen neuen Krieg im Sinn hätten. In einer Sicherung sollten daher Wissen über die Redner selbst, den Ort der Rede sowie den Zweck der Rede festgehalten werden. Beide Redner wandten sich nicht nur an die Zuhörer in ihren Sälen. Truman sprach zu den Amerikanern und darüber hinaus an die Welt gewandt und ihm antwortete Schadnow im Auftrag Stalins ebenfalls mit Blick auf ein globales Publikum.

Eine Erörterung von Anspruch und Wirklichkeit der Forderung nach Freiheit und Demokratie in Europa und der Welt seitens beider Großmächte kann abschließend zu einer kritischen historisch-politischen Bildung über den Kalten Krieg beitragen. Denn aus dieser Feindbildkonstruktion lässt sich die Absicht des Kremls erarbeiten, den Mythos von der moralischen Gleichheit beider Großmächte abzuleiten. Eine derartige Relativierung der Lebenswirklichkeit in der UdSSR und Gleichsetzung beider Großmächte im Kalten Krieg würde die Sowjetunion moralisch aufwerten, obwohl die Menschen im Ostblock unter politischer Unterdrückung, Deportationen und Zwangsarbeit in Gulags litten und keine freie

25 vgl. Timmermann, Heinz: "The Cominform Effects on Soviet Foreign Policy" in: *Studies in Comparative Communism* Vol. 18 No. 1 (1985). S. 3-23, hier: S. 5.

Presse oder freie Wahlen hatten. Dieser deutliche Widerspruch von Rhetorik und Realität im Herrschaftsbereich des Kremls zeigt, wie mit Redequellen Ideologiekritik und historisch-politische Bildung erarbeitet und vermittelt werden können.[26]

Festakt „25 Jahre Friedliche Revolution"(2014)

Die Friedliche Revolution von 1989 in Deutschland war ein Baustein einer größeren mittel- und osteuropäischen Demokratiegeschichte von Revolutionen und Freiheitsstreben, die zum Sturz der kommunistischen Diktaturen in Europa führte. Aus diesem Anlass wurden 2014 in Polen, Tschechien, der Slowakei, Ungarn und Deutschland an Ereignisse und Ort dieser Friedlichen Revolutionen erinnert. Die „Rede zur Demokratie" des Bundespräsidenten Joachim Gauck am 9. Oktober 2014 in Leipzig ist daher als Teil dieses länderübergreifenden Erinnerns zu verstehen.

Als Einstieg zur Konkretisierung liegt eine Fülle an Quellenmaterial vor: Soll der Geschichtsunterricht sich spezifisch an der Stadtgeschichte orientieren, so kann mit Bildern der Massendemonstrationen vom 9. Oktober 1989 zum Thema hingeführt werden. Grundsätzlich eignen sich auch Bilder und Aufnahmen des Mauerfalls, wenn das Thema Wiedervereinigung insgesamt mit Ausschnitten dieser Rede vermittelt werden soll oder spezifischer Zeitungsartikel über die Debatte um die Bezeichnung der DDR als Unrechtsstaat, um das erinnerungskulturelle Thema gleich zu Beginn anzureißen.

Joachim Gaucks Rede liegt als Aufnahme und Text vor. Da die Rede in größeren Auszügen erarbeitet werden soll, bieten sich zwei Wege an: Die Einzelarbeit an Textpassagen bei einer leistungsstarken Klasse mit ausreichender Zeit oder eine Arbeitsteilung in Partnerarbeit sind denkbar. Eine weitere Zerstückelung der Textpassagen in kleinere Abschnitte empfiehlt sich nicht, da die erinnerungskulturelle Argumentation des Redners in seinem Gesamt-

---

26 vgl. Magnúsdóttir, Rósa: Enemy Number One: The United States of America in Soviet ideology and propaganda, 1945–1959. New York, 2019, S. 17; Pöllath Moritz, "Agents, fascists and provocateurs: disinformation as an instrument to delegitimize uprisings in Eastern Europe (1953, 1956, 1968) and its impact on the politics of memory" in: *Journal of Intelligence History* (2021). DOI: 10.1080/16161262.2021.1918940

zusammenhang verständlich wird und ansonsten nur Fragmente bei den Schülern hängenbleiben könnten.

Zu Sicherung des Sachwissens und der Ereignisgeschichte sollten die Beschreibung des Redners über das Leben in der DDR und die Gründe für die Revolution erarbeitet werden. Gauck schlägt auch einen großen historischen Kontext für die Bedeutung der Friedlichen Revolution für die deutsche, europäische und die Weltgeschichte vor, der analysiert werden sollte. Zusätzlich ist Gaucks Redestil bedeutend und seine mögliche Wirkung auf die Zuhörer.

25 Jahre Friedliche Revolution (2014)

[...] Die Bewegung in Leipzig hatte ein klares Ziel vor Augen: „Demokratie, jetzt oder nie!" Menschen, die ihr Leben lang unter Diktatoren gelebt hatten, die ihnen Individualität und Selbstbestimmung verwehrten, Menschen, deren Grundrechte beschnitten und deren Denken und Handeln überwacht worden war, Menschen auch, die sich oft ohne große Überzeugung angepasst, ohnmächtig gefühlt oder in Nischen eingerichtet hatten – fast alle überwanden innerhalb weniger Wochen, ja Tage, ihre Angst, ihre Bedenken, ihre Zurückhaltung. Ob in Dresden, Halle, Berlin und auch im Osten und Norden des Landes – aus dem Aufbruch sollte der radikale Umbruch werden.

Was in kleinen oppositionellen Gruppen und Zirkeln begann, wurde zu einer breiten Demokratiebewegung, die auch den letzten Winkel des Landes erfasste. Am 7. Oktober, als die Machthaber den 40. Geburtstag der DDR mit Michail Gorbatschow feierten, riefen manche noch „Gorbi, hilf!". Veränderung, so ihre bisherige Erfahrung, sei nur möglich von oben. Wenig später riefen oft dieselben Menschen aber schon: „Wir sind das Volk!". „Wir sind das Volk!" – mit diesem Ruf knüpften die Ostdeutschen an die lange Geschichte demokratischer Revolutionen an. Sie stellten sich – bewusst oder unbewusst – in eine Reihe mit den Aufbegehrenden, die genau 200 Jahre zuvor in Frankreich „liberté, egalité, fraternité" durchsetzten und in den Vereinigten Staaten mit dem Satz „We the people" zum Souverän wurden. Sie stellten sich in eine Linie mit der deutschen Freiheitsbewegung von 1848 und dem demokratischen Aufbegehren von 1918. Heute erinnern wir uns voller Dankbarkeit daran, dass es in der Geschichte unseres Landes, die im 20. Jahrhundert von so viel Unrecht, Verbrechen und Versagen geprägt ist, auch Widerstand, Zivilcourage und Freiheitswillen gab. Wir können gemeinsam stolz darauf sein, im Osten und im Westen. [...]

Die Keime für den Aufbruch vom Herbst 1989 waren lange vorher gelegt. Repressalien der Machthaber, die Verweigerung von Grundrech-

ten, die Militarisierung der Gesellschaft, der Verfall der Städte und die Zerstörung der Umwelt forderten Widerspruch heraus. In kleinen und größeren Gruppen fanden sich Menschen zusammen, um gemeinsam für Veränderungen einzutreten. Wir müssen uns heute klar machen, wie riskant ihr Engagement damals war. Die DDR war ein Unrechtsstaat, es gab keine unabhängige Gerichtsbarkeit, Verwaltungsgerichte oder ein Verfassungsgericht existierten nicht, Willkür regierte das Land. Wehrdienstverweigerer mussten mit Gefängnisstrafen rechnen, jungen Leuten wurden Bildungswege verbaut und Zukunftschancen verstellt. Wer von der herrschenden Linie abwich, musste mit Berufsverbot rechnen. Schon das offene Wort war riskant, wie wir heute aus den Stasi-Akten wissen. In diesem Klima der Angst und der Ohnmacht passten sich viele an, gaben dem Druck nach und richteten sich in Nischen ein. Andere aber widerstanden. [...]
Wir aber, die wir blieben, wurden das Volk, eine kraftvolle Bewegung von unten, ohne die im Herbst 1989 der Weg in Demokratie und Freiheit nicht gelungen wäre. Wir wurden jenes Volk, das nicht länger Verfügungsmasse der Herrschenden sein wollte und jetzt sogar wagte, die Stasi-Dienststellen, die Zwingburgen des SED-Regimes, zu besetzen. Wir vollbrachten etwas, was undenkbar schien: Wir zwangen das Regime zum Abdanken. Eine wahrhafte Revolution, die die Herrschenden entmachtete, aber auf wahrhaft friedliche Weise – ganz ohne Racheakte und Selbstjustiz. [...] Vom aufrechten Gang war damals überall die Rede. Wir gewannen Selbstachtung und Würde zurück. Es war der Übergang vom Untertan zum Citoyen. Und selbst heute – schon lange in Freiheit lebend – können wir uns genau an diese Momente erinnern, als mit uns die Freiheit so unvertraut, so jung auf unsere Straßen und Plätze kam. Befreiung, so empfinde ich es heute, ist noch beglückender als Freiheit. Es war magisch und ganz irdisch zugleich – unendlich viele Träume hatten sich erfüllt. Und für unendlich Viele war es einfach – Glück. [...]
Vordergründig betrachtet strebten wir damit ein nationales Ziel an. Aber genauer betrachtet wurden im Herbst 1989 alle Staaten Mitteleuropas nicht nur unabhängig und demokratisch. Sie wurden Teil eines gemeinsamen Europas. Europa fand wieder zusammen wie auch Deutschland wieder zusammenfand. Was 1945 nach der Befreiung vom Nationalsozialismus begann, erhielt 1989 neue Impulse, neue Dimensionen und neuen Schwung. Die Friedlichen Revolutionen und die Wiedervereinigung Deutschlands waren der erste Schritt zum Beitritt der mittelosteuropäischen Staaten zur Europäischen Union. Für mich ist dieser Schritt so etwas wie eine zweite Gründung der EU! Die epochale Zäsur, die im Frühjahr 1989 mit der Beseitigung von Minen und Zäunen an der ungarischen Grenze begann, fand im Fall der Berliner Mauer am

9. November ihr wichtigstes Symbol. Mit gutem Grund feiern die Berliner und ihre Gäste aus aller Welt dieses Ereignis. Ich aber habe bewusst die Präsidenten der befreundeten Länder hierher nach Leipzig eingeladen. Hier und heute sagen wir es noch einmal ganz deutlich: kein 9. November ohne den 9. Oktober. Vor der Einheit kam die Freiheit. [...]
Uns sollte bewusst sein: Wir würden den alten Ruf „Wir sind das Volk!" nur halb verstehen, vielleicht gar entwerten, wären wir der Meinung, er hätte nur für die Zeit der Friedlichen Revolution gegolten. „Wir sind das Volk!" fasst vielmehr das Grundprinzip des demokratischen Gemeinwesens zusammen. Denn wer da ruft: „Wir sind das Volk!", der sagt zugleich: „Ich bin ein Bürger!" – und ist bereit, Verantwortung zu übernehmen, völlig unabhängig davon, ob er Abgeordneter ist, gewählter Gremienvertreter, Bürgermeister oder einfach Bürger und Wähler. Wir wissen heute: Es ist weder leicht noch geschieht von selbst, was Katrin Hattenhauer und Gesine Oltmanns 1989 als Losung in die Öffentlichkeit trugen: ein „freies Land mit freien Menschen" zu sein. [...]
1989 glaubten wir, mit dem Ende des Kalten Krieges stehe Europa vor einem Jahrhundert des Friedens. Viele sahen sogar das Ende der Geschichte gekommen, weil die Demokratie die Diktatur besiegt hatte. Stattdessen sind wir heute konfrontiert mit gescheiterten Staaten, mit Terrorismus, Fundamentalismus, Gewalt, Anarchie und Bürgerkrieg. Und am Rande Europas werden Normen des Völkerrechts missachtet und militärische Mittel eingesetzt, wo friedliche Koexistenz möglich wäre. Wir haben offensichtlich neu nachzudenken, welche Mitverantwortung Deutschland angesichts dieser veränderten Lage für die „Eine Welt" zu tragen bereit ist – gemeinsam mit seinen Freunden und Partnern. Einfach ist es nicht, das Prinzip Verantwortung nicht nur im eigenen engeren Lebensbereich zu praktizieren, sondern auch in der erweiterten europäischen und globalen Dimension. Aber war es je einfach, der Freiheit und dem Recht zum Sieg zu verhelfen?
Aber: Dass es möglich ist, ist unser gemeinsames Leipziger Wissen. Es lautet: Wir wollen nicht gelebt und regiert werden, wir wollen unser Leben selbst gestalten und regieren. Wir können das, wenn wir an uns und unsere Werte glauben. Wir können das, wenn wir einander in der Tradition von Leipzig versprechen: Wir werden bleiben und werden, was wir 1989 waren.[27]

27 Gauck, Joachim: Festakt "25 Jahre Friedliche Revolution am 9. Oktober 2014: https://www.bundespraesident.de/SharedDocs/Reden/DE/Joachim-Gauck/Reden/2014/10/141009-Rede-zur-Demokratie.html [aufgerufen am 10. März 2021]

Nach Gauck besteht kein Zweifel daran, dass die DDR ein Unrechtsstaat war und seine historische, quellenbasierte Argumentation entkräftet auch tagespolitische und ideologisch-vorbelastete Versuche, die SED-Diktatur und STASI-Verfolgung zu beschönigen oder gar umzudeuten: In der DDR gab es „keine unabhängige Gerichtsbarkeit, Verwaltungsgerichte oder ein Verfassungsgericht existierten nicht, Willkür regierte das Land. Wehrdienstverweigerer mussten mit Gefängnisstrafen rechnen, jungen Leuten wurden Bildungswege verbaut und Zukunftschancen verstellt. Wer von der herrschenden Linie abwich, musste mit Berufsverbot rechnen. Schon das offene Wort war riskant, wie wir heute aus den Stasi-Akten wissen."[28] Die Verweigerung elementarer Menschen- und Bürgerrechte in der SED-Diktatur veranlassten die Menschen sich in Kirchen und anderen Bewegungen zu organisieren, auf die Straße zu gehen und das Regime zu stürzen. In seiner Rede macht Gauck an mehreren Stellen deutlich, dass trotz der „Gorbi, hilf!"-Rufe kein Umbruch von oben zu erwarten war, sondern eine Überwindung der Diktatur von unten stattgefunden habe. Rhetorisch gibt Gauck dem Gedanken der Veränderung von oben damit eine Absage, wenn er wiederholt und ausspricht, dass das Volk als „eine kraftvolle Bewegung von unten" nicht „länger Verfügungsmasse der Herrschenden sein" wollte und daher die „Stasi-Dienststellen, die Zwingburgen des SED-Regimes" besetzte.[29]

Erinnerungspolitisch möchte Gauck seine Zuhörer auch zum Nachdenken über die Erinnerung an die gesamtdeutsche Geschichte im 20. Jahrhundert bringen: Er spricht kurz das „Unrecht, Verbrechen und Versagen" der deutschen Geschichte im vergangenen Jahrhundert an, setzt dieser negativen Trias aber auch eine positive mit „Widerstand, Zivilcourage und Freiheitswillen" entgegen, auf die das geeinte Deutschland stolz sein könne. Hier zeigt sich auch für Schüler, wie Redner mit Stilmitteln arbeiten, um ihre Argumente zu untermauern. Insgesamt ordnet er dann die Leipziger Demons-

---

28 Gauck, Joachim: Festakt "25 Jahre Friedliche Revolution am 9. Oktober 2014: https://www.bundespraesident.de/SharedDocs/Reden/DE/Joachim-Gauck/Reden/2014/10/141009-Rede-zur-Demokratie.html [aufgerufen am 10. März 2021]

29 Gauck, Joachim: Festakt "25 Jahre Friedliche Revolution am 9. Oktober 2014.

trationen in eine große Freiheitsgeschichte ein, indem er die Leistung der Menschen in Leipzig und Mittel- und Osteuropa in die Tradition der Amerikanischen Unabhängigkeitserklärung 1776, der Französischen Revolution 1789 und der deutschen Revolutionen von 1848 und 1918 stellt. Auf die Zeitgeschichte bezogen stellt für ihn 1989 durch seinen europäischen Charakter sogar eine „zweite Gründung der EU" dar, da der Mauerfall und die Überwindung der linken Diktaturen in Ostmitteleuropa Voraussetzung für den Beitritt dieser Länder in die Europäische Union waren.

Die Sicherung des Rednerstils kann unterstützend mit den ersten Minuten einer Aufnahme der Rede erarbeitet werden. Gauck lässt die Zuhörer wissen, dass er ohne sie nicht hier sein würde. Diese direkte Ansprache durchzieht Gaucks gesamte Rede, denn er spricht in einer doppelten Rolle als Bundespräsident sowie als Zeitzeuge und Akteur der friedlichen Revolution zu den Menschen, die sich wie er selbst engagiert hatten oder in dem Unrechtsstaat aufgewachsen waren. Gauck betont regelmäßig das „wir" und mit den Schülern sollte die Stelle eingehender betrachtet werden, an der er sagt: „Wir gewannen Selbstachtung und Würde zurück. Es war der Übergang vom Untertan zum Citoyen. (...) Es war magisch und ganz irdisch zugleich – unendlich viele Träume hatten sich erfüllt. Und für unendlich Viele war es einfach – Glück."[30] Wertvoll für die Auseinandersetzung und Vermittlung von Demokratiegeschichte ist eine Erörterung von Gaucks Formulierung des „Übergangs zum Citoyen", ein Fremdwort des notwendigerweise erklärt werden muss, in einer ansonsten sehr zugänglichen Rede ohne ein Übermaß an Fach- und Fremdwörtern. Gauck schließt sich ein, wenn er Selbstbestimmung und politische Mitbestimmung mit Selbstachtung und Würde verbindet und damit klarstellt, dass Diktaturen nicht nur Menschen politisch entmündigen, sondern gleichzeitig ihnen ihre Würde und Achtung nehmen. Auf diese zwei Begriffe heruntergebrochen, kann man nach Gauck als Untertan durch das Leben gehen, mit allen negativen Konnotationen dieses

30 Gauck, Joachim: Festakt „25 Jahre Friedliche Revolution am 9. Oktober 2014: https://www.bundespraesident.de/SharedDocs/Reden/DE/Joachim-Gauck/Reden/2014/10/141009-Rede-zur-Demokratie.html [aufgerufen am 10. März 2021]

Begriffs, oder als Citoyen, als aufrechter selbstbestimmter Bürger. Seine direkte und emotionale Rede zeigt sich an dieser Stelle auch in der Aufnahme, wenn er von der Erfüllung der Träume und dem tiefempfundenen Glück spricht, das die Menschen 1989 verspürt hatten.

Nachdem diese längeren Textabschnitte gelesen wurden, Sachwissen und die vorgeschlagene erinnerungskulturelle Einordnung erarbeitet und analysiert wurden, kann als Gegenwartsbezug der Appel der Rede in die Bewertung von Gaucks Aussagen aufgenommen werden. Das Ende der Rede könnte dann angesehen werden, der Text als Unterstützung zum Lesen beigegeben werden und Schülermeinungen können dabei eingeholt werden. Auch können Bilder des Festakts von 2014 gezeigt werden, bei denen zehntausende Kerzen zu sehen sind, die den Schriftzug „Leipzig 89" bildeten. Sollte der 3. Oktober primär der Erinnerung an die Wiedervereinigung dienen oder stärker Gaucks Forderungen entsprechen, ein Erinnerungstag für die deutsche Freiheitsgeschichte zu werden? Bedarf es dazu vielleicht eines anderen Tages, wie dem 9. Oktober, an dem die erste Montagsdemonstration mit gut 70.000 Teilnehmern in Leipzig stattfand? Wie stehen die Schüler zu Gaucks Position, dass sich aus 1989 ein Auftrag und eine Verantwortung ableite, sich aktiv in die Gesellschaft einzubringen und wie dazu, dass sich Deutschland aktiver in der Weltpolitik engagieren solle? Gaucks Appell an eine neue Verantwortung Deutschlands in der Welt lohnt sich zu diskutieren, denn hier tritt diese Forderung nicht im Rahmen des Sozialkundeunterrichts und den Herausforderungen der internationalen Politik auf, sondern seine Begründung leitet sich aus der historischen Erfahrung von 1989 ab. Haben die Schüler diese Argumentation nachvollzogen, kann sich daran eine wertvolle Diskussion über Gaucks Kernaussage anschließen: „Wir sind das Volk!" fasse das Grundprinzip des demokratischen Gemeinwesens zusammen. Wie stehen Schüler zu seiner Forderung, nicht nur Untertan zu sein, sondern sich aktiv in die Demokratie einzubringen und „in der Tradition von Leipzig" sich für Freiheit und Demokratie im eigenen Land und der Welt einzusetzen? Was würde dies für ihren Alltag bedeuten?

Joachim Gaucks Rede zum Festakt „25 Jahre Friedliche Revolution" gibt eindeutige Antworten auf die DDR-Geschichte und SED-Diktatur und zeichnet die ostdeutsche Revolutionsbewegung als Teil eines großen historischen Prozesses im Kampf zwischen

Freiheit und Demokratie mit Tyrannei und Unterdrückung. Gauck fordert seine Zuhörer dazu auf, aktiv die Gesellschaft und Politik mitzugestalten und sich nicht selbst als Untertan zu sehen. Die Analyse seiner Rede erlaubt daher sowohl wertvolle erinnerungskulturelle Debatten im Geschichtsunterricht aufzugreifen als auch über Gaucks Demokratieverständnis und Forderungen für das eigene Leben nachzudenken und zu diskutieren.

Chancen von Redequellen	**Grenzen von Redequellen**
... zeigen den Umgang mit rhetorischen Stilmitteln ... vertiefen die Lesefähigkeit und Textanalyse ... demonstrieren die Standortgebundenheit des Redners ... eignen sich zur Schulung von Ideologiekritik ... bieten Zugang zur Erinnerungskultur von Staaten und Gemeinschaften	... setzen ein umfangreiches Wissen über den historischen kommunikativen Kontext voraus ... verwenden oftmals Fach- und Spezialbegriffe ... arbeiten mit Verkürzungen und Zuspitzungen ... arbeiten mit Metaphern und weiteren rhetorischen Stilmitteln

Schriftquellen: Historikermeinungen

Wie dunkel war das Mittelalter? Woran scheiterte die Weimarer Republik? Was löste die Völkerwanderung aus? Solche Fragen erzeugen Interesse an der Vergangenheit und viele Schülern aber auch Erwachsene erhoffen sich einfache klare Aussagen, ähnlich wie bei der Naturwissenschaft oder Mathematik. Geschichte jedoch wird in Darstellungen von Historikern wiedergegeben, die versuchen, solche Fragen auf Quellenbasis und nach wissenschaftlicher Methodik zu beantworten. Dennoch unterliegen die Darstellungstexte der Historiker Erzählungen, die sie wiederum aus den Erzählungen der Quellen entnehmen. Dies bedeutet nicht, dass Darstellungen über die Vergangenheit völlig frei konstruierbar sind und damit einem Märchen oder einer fantastischen Erzählung gleichen, dies passiert nur, wenn grundsätzliche Vorgehensweisen der Geschichtswissenschaft wie die Quellenkritik und Quellenauswahl missachtet werden. Dennoch kommt es unter Historikern zu unterschiedlichen Bewertungen über historische Sachverhalte, weshalb der Vergleich unterschiedlicher Historikermeinungen automatisch dem Prinzip der **Kontroversität** folgt und Wissen und den Umgang mit widersprüchlichen Meinungen schult.

In Deutschland wurde viel über die Kriegsschuldthese direkt nach dem Ersten Weltkrieg und dann wieder in den 1960er gestritten, als der Hamburger Historiker Fritz Fischer behauptete, die Schuld sei alleine in Berlin zu finden. Dies zog Wiederlegungen, Streit und schließlich einen Konsens in den 1980er Jahren nach sich, in dem Deutschland eine Hauptschuld, nicht jedoch die alleinige Schuld zugesprochen wurde. Christopher Clark und Herfried Münkler zweifelten in ihren Veröffentlichungen zum 100. Jahrestag den Sinn der Schuldfrage und der Suche nach einer *smoking gun* an und wiesen dem Agieren aller Großmächte Schuld am Ausbruch des Ersten Weltkrieg zu. Die Darstellung mehrere kriegsbereiter und kriegsbegeisterter Großmächte, die 1914 bereit waren, ihre politischen Ziele auf dem Schlachtfeld zu erreichen, etablierte sich durch diese aktuelleren Veröffentlichungen.[1]

Die Darstellung von Geschichte unterliegt einem ständigen Wandel, der in seltenen Fällen durch neue Quellen, sondern meist durch die Neubewertung bereits vorhandener Quellen und durch neuere Fragestellungen entsteht. Historikermeinungen in Form von Darstellungen eignen sich daher gut, um die **Konstruktivität von Geschichte** sowie das Vorliegen von **Geschichtsdarstellungen in erzählerischer Form** zu erarbeiten. Da solche Texte oftmals von und für das historisch interessierte Publikum geschrieben sind, sind sie nicht immer motivierend und einfach verständlich für Schüler – wenn auch eingängig und gut geschriebene Darstellungswerke für viele Themen und Epochen vorliegen. Da das Fach Geschichte aber auch grundsätzlich zur **Wissenschaftsorientierung des Schulunterrichts** beitragen soll, kommen Schüler durch derartige Darstellungen mit den Ergebnissen geschichtswissenschaftlicher Forschung in Berührung, versuchen sich darin, diese nachzuvollziehen und erwerben dadurch auch nach und nach einen Schatz an **Fach- und Fremdwörtern**.

Die Reichverfassung von 1871

Mit der Reichsgründung 1871 war ein Bund entstanden aus 22 Königreichen, Großherzog-, Herzog- und Fürstentümern, drei Freien Städten (Lübeck, Bremen und Hamburg) und dem Reichsland Elsass-Lothringen, das erst ab 1911 rechtlich den anderen Gliederungen annähernd gleichgestellt wurde. Als Staatsoberhaupt fungierte der König von Preußen als „Deutscher Kaiser“ mit einer beachtlichen Machtfülle: Der Kaiser konnte den Bundesrat und den Reichstag einberufen, aber auch schließen. Über Verträge mit anderen Nationen sowie Krieg und Frieden entschied der Kaiser ebenfalls und führte den Oberbefehl über alle Streitkräfte, bis auf die bayerische Armee, die er nur im Kriegsfalle befehligen durfte. Den Reichskanzler sowie die Reichsbeamten konnte er ernennen und entlassen und da er gleichzeitig König von Preußen war, hatte er auch noch die Kontrolle über den preußischen Ministerprä-

1 vgl. Mombauer Annika: „Julikrise und Kriegsschuld – Thesen und Stand der Forschung“ in: Aus Politik und Zeitgeschichte (16–17/2014), S. 10-16.

sidenten, der zumeist zugleich auch der Reichskanzler war, und damit über die größte und mächtigste Gliederung im Kaiserreich. Das parlamentarische Element der Reichsverfassung von 1871 war gering ausgeprägt, das Volk konnte die Länderparlamente der Einzelstaaten sowie den Reichstag in einer allgemeinen, gleichen und geheimen Wahl wählen, wenn auch im Kaiserreich das Wahlrecht nur Männer ausüben konnten.

Um das Geschichtsbewusstsein über diese mittlerweile ferne Vergangenheit in der deutschen Geschichte zu schulen, können Verfassungsschemata zur Reichsverfassung in Kombination mit einer politischen Karte des Kaiserreichs genutzt werden: Beide Medien erlauben einerseits die Grundzüge der Verfassung herauszuarbeiten, wie z.B. die doppelte Machtfülle des Königs von Preußen, die Unterordnung des Reichskanzlers unter den Kaiser und die nur sehr begrenzte Parlamentarisierung und das damit weitgehend fehlende Mitspracherecht der Wähler in den politischen Instanzen. Die Macht des Reichskanzlers selbst zeigt sich darin, dass er Vorsitzender des Bundesrats war und die Reichsregierung aus Staatssekretären bestand und nicht aus eigenverantwortlichen Ministern. Der Reichstag insgesamt hatte zu Beginn des Kaiserreichs wenig Einfluss und galt als ein Zugeständnis an die liberaldemokratischen Kräfte im Reich. Jedoch besaß der Reichstag das Haushaltsrecht und konnte auch an Reichsgesetzen mitwirken, jedoch nur gemeinsam mit dem mächtigeren Bundesrat, der die Interessen der Fürsten der Bundesstaaten wahrte.

Eine politische Karte der Verwaltungsgliederung des Reiches zeigt seinen föderalistischen Charakter und erlaubt den Schülern durch einen Gegenwartsbezug die Geschichte des föderalen Charakters Deutschlands zu erkennen, der seinen Ursprung im Mittelalter hat. Auch kann durch die Bezeichnungen von Königreichen und Großherzogtümern, Fürstentümern und Reichsland erarbeitet werden, dass das Deutsche Reich anfangs ein freiwilliger Zusammenschluss von Fürsten gewesen war, die auf die Wahrung ihrer eigenen Verfassungen und Landesgrenzen bedacht waren. Ist durch Karte und Verfassungsschema das Dachwissen über die politische Verfasstheit des Reiches gesichert, kann in der Konkretisierung mit Hilfe von zwei Historikermeinungen ein Urteil vorbereitet werden, wie parlamentarisch das Kaiserreich tatsächlich war.

Der Historiker Heinrich von Sybel schrieb 1871 als Zeitgenosse über das Deutsche Reich, er glaube nicht an einen raschen

Siegeszug des Parlamentarismus in Deutschland, lobte aber die Existenz des Reichstags als eine „höchst bedeutende Schranke gegen jeden willkürlichen Absolutismus der Regierung.“ Eine regelmäßige Präsidentenwahl betrachtete er aufgrund der internationalen Spannungen in Europa als gefährlich und destabilisierend für Deutschland und war froh, die Regierung „in fester Hand“ zu wissen und nicht den „Wogen der populären Agitation“ ausgesetzt zu sein. Von Sybel begrüßte somit den Parlamentarismus, aber schätzte auch einen starken Monarchen.[2]

Das neue deutsche Reich (1875)
„(...) so wird man für Deutschland dem System der parlamentarischen Regierung keinen raschen Triumph (...) Auch wenn eine Volksvertretung (...) nicht die Kraft besitzt, Minister ein- und abzusetzen, so ist schon ihr Dasein und ihre Debatte, ihre Kritik des Budgets und ihre Befugnis, mißlungene Gesetzesentwürfe zu vernichten, eine höchst bedeutende Schranke gegen jeden willkürlichen Absolutismus der Regierung. Diese Regierung aber in fester Hand und den Wogen der populären Agitation entzogen zu wissen, erscheint uns (...) als unschätzbarer Segen. Deutschland wird auch nach seinen letzten großen Siegen eine höchst gefährdete Stellung in Europa haben zwischen dem rachedurstigen Frankreich, dem ehrgeizigen Rußland, dem schwankenden Österreich. Was wir in dieser Lage vor allem bedürfen, sind Stetigkeit und Sicherheit der Regierung. Eine vierjährige Präsidentenwahl wäre bei uns jedes Mal ein Spiel über Leben und Tod.“[3]

Die fehlende Beteiligung der Bürger durch die Parlamente brachte dem Deutschen Reich den Titel eines „unvollendeten Verfassungsstaates“ ein. So wurde in einem Ausstellungskatalog von 1981 vorrangig auf die Stärke des Kaisers und Bismarcks geblickt und ein Bild eines ohnmächtigen, nahezu irrelevanten Reichtags gezeichnet.

2 Sybel, Heinrich: Das neue deutsche Reich, in: Sybel, Heinrich: Vorträge und Aufsätze. Berlin 1875², S. 327.

3 Sybel, Heinrich: Das neue deutsche Reich, S. 327.

Fragen an die deutsche Geschichte (1981)
„Linksliberale Kritiker nennen das Kaiserreich einen unvollendeten Verfassungsstaat. Nach den Forderungen der Liberalen sollte es parlamentarisch auf breiter Basis regiert werden. In Wirklichkeit wird es regiert von einem einzigen Mann, der zudem allein vom Vertrauen des Kaisers abhängt. Die überaus komplizierte Reichsverfassung ist auf die Persönlichkeit Bismarcks zugeschnitten, der in der Schlüsselposition als Reichskanzler und preußischer Ministerpräsident den Regierungs- und Verwaltungsapparat beherrscht: die Reichsbehörden, an deren Spitze weisungsgebundene Staatssekretäre und nicht verantwortliche Minister stehen, den Bundesrat, in dem die preußische Führungsmacht den Ausschlag gibt, das preußische Staatsministerium, in dem Bismarck den Vorsitz führt. Der politische Einfluß des Reichstages beschränkt sich auf das Gebiet der Gesetzgebung. Nicht das parlamentarische Prinzip wird verwirklicht, d.h. die Abhängigkeit der Regierung von einem starken souveränen Parlament, sondern die „Regierung über den Parteien" [...][4]

Die Schüler können hier in Partnerarbeit die Argumente aus den Darstellungstexten auflisten, die für oder gegen eine parlamentarische Ausprägung der Reichverfassung sprechen. In beiden Fällen verweisen die Historiker auf die Stärke des Reichskanzlers und die Schwäche des Reichstags, der zeitgenössische Betrachter von Sybel erkennt jedoch im Reichstag zumindest ein demokratisches Moment der Einflussnahme auf monarchische Entscheidungen, wenn auch dieses gering ist.

Beate Althammer hat das Kaiserreich in einen europäischen Kontext gestellt und darüber nachgedacht, inwieweit Deutschlands Weg in die Moderne anderen Ländern glich oder von diesen abwich. Althammer kommt dabei zu wertvollen Einblicken über die konstitutionelle Monarchie in Deutschland, in dem der Reichstag in parlamentarischer Tradition zwar nicht über die Regierung bestimmte, der Kaiser aber auch nicht mehr absolut herrschte.[5]

4 Deutscher Bundestag: Fragen an die deutsche Geschichte. Ideen, Kräfte, Entscheidungen von 1800 bis zur Gegenwart. Bonn 1981, S. 217.

5 vgl. Althammer, Beate: Das Bismarckreich 1871-1890. Paderborn 2009, S. 61.

Das Bismarckreich (2009)

„In jüngster Zeit hat die Forschung verstärkt die gesamteuropäischen Züge in der verfassungshistorischen Entwicklung des 19. Jahrhunderts herausgearbeitet. Die preußisch-deutsche Herrschaftsordnung erscheint demnach nicht mehr als pseudokonstitutionelle Abweichung von einem ‚normalen' Pfad in die Moderne, sondern als Variante des zeittypischen monarchischen Konstitutionalismus. Der Kaiser hatte keineswegs absolutistische Vollmachten, er verfügte nur in gewissen Bereichen über Vorrechte, die in anderen europäischen Monarchien ähnlich weit gingen. Der Reichstag bestimmte zwar nicht die Regierung, es herrschte also kein parlamentarisches System wie in Großbritannien oder im republikanischen Frankreich. Damit stellte das Deutsche Reich jedoch keine Ausnahme dar. Vielmehr war eine spannungsvolle Gewaltenteilung zwischen monarchisch ernannter Exekutive und gewählter Volksvertretung eher die Regel, obgleich die Parlamente etlicher Nachbarstaaten graduell mehr zu sagen hatten. Bismarck war gewiss eine herausragende Gestalt, aber weder Diktator noch Exponent eines Militärregimes. Der ‚eiserne Kanzler' trat zwar stets in Uniform im Reichstag auf, womit er seine Distanz zu den bürgerlich gekleideten Parlamentariern unterstrich. Aber trotz dieses martialischen Auftretens und trotz gelegentlichen Liebäugelns mit Staatsstreichmethoden respektierte er die verfassungsmäßige Ordnung, verteidigte auch entschieden den Primat der politischen Führung gegenüber den Militärs, während Putsche in anderen Teilen Europas nicht völlig unbekannt waren."[6]

Eine Diskussion über die unterschiedlichen Darstellungen durch Historiker und Historikerinnen aus den Jahren 1871, 1981 und 2009 zeigt die unterschiedliche Beurteilung der parlamentarischen Qualität des Kaiserreichs wie auch die unterschiedliche Möglichkeit der historischen Darstellung über den gleichen Sachverhalt – Althammers Darstellungstext eignet sich darüber hinaus gut für den Schulunterricht, da er eine europäische Perspektive auf das Thema eröffnet.

6 Althammer, Beate: Das Bismarckreich 1871-1890. Paderborn 2009, S. 61.

Die Französische Revolution 1789

Die Französische Revolution ist eines der zentralen Ereignisse, die die politische Moderne einleiteten. Auch wenn sie von der Schreckensherrschaft der Jakobiner zunächst überdeckt und durch Napoleons Herrschaft abgelöst wurde, überdauerte ihr universalistischer Anspruch auf Menschenrechte und Demokratie diese Rückschläge. Der unscheinbar und positiv klingende „Wohlfahrtsausschuss", dem zunächst Georges Danton und dann Maximilien de Robespierre vorstanden, organisierte eine Terrorherrschaft gegen jeden Andersdenkenden und Kritiker der Revolution. Die hohen Opferzahlen beim Dritten Stand, der am meisten auf die Befreiung von der Herrschaft des Adels gehofft hatte, veranlasste den von Danton und Robespierre inspirierten Schriftsteller Georg Büchner dazu, in seinem Werk „Dantons Tod" den Protagonisten sprechen zu lassen: „Ich weiß wohl, — die Revolution ist wie Saturn, sie frißt ihre eigenen Kinder."[7]

Von dieser historischen Epoche ist der Begriff „jakobinischer Tugendterror" geblieben, um auszudrücken, wenn ein vermeintlicher allgemeiner Wille die Meinungs- und Redefreiheit Andersdenkender bedroht. Wann und in welchem Maße solche Vergleiche auf die Gegenwart bezogen werden können, kann für oder gegen die Entscheidung eines Gegenwartsbezugs im Geschichtsunterricht sprechen. Im historischen Kontext bedeutete der „Große Terror" jedoch, dass nach der Umwandlung Frankreichs von einer absoluten in eine konstitutionelle Monarchie und der Hinrichtung Louis XVI. die Gegner der Revolutionsregierung unter der Guillotine landeten. In der wechselvollen Geschichte Frankreichs etablierte sich langfristig erst mit Beginn der Dritten Republik (1871-1940) eine parlamentarische Demokratie, aber die Ideen der Atlantischen Revolutionen und die Erklärung der Menschenrechte durch die Französische Revolution waren ab 1789 fester Bestandteil des politischen Diskurses weltweit geworden und sukzessive entstanden weitere Republiken und Demokratien in Europa und der Welt.

---

7 Der Satz wird dem girondistischen Konventsabgeordneten Pierre-Victurnien Vergniaud zugeschrieben, der ihn am 31. Oktober 1793 bei seiner Hinrichtung ausgesprochen haben soll. Büchner, Georg: Dantons Tod. Dramatische Bilder aus Frankreichs Schreckensherrschaft. Frankfurt am Main 1835, S. 41.

Da die Revolution eine besondere Tragweite für die Weltgeschichte sowie die politische Ideengeschichte hat, ist die Frage nach ihren Ursachen bedeutend für das Geschichtsbewusstsein und den Geschichtsunterricht. Als Einstieg eignet sich die bewährte Karikatur über die Last des Dritten Standes, die zeigt wie Adel und Klerus auf dem Rücken der restlichen Bevölkerung reiten. Der Dritte Stand wird dabei in zerfetztem weißen Hemd und erschöpft gezeigt, wie er sich auf seine Hacke stützt. Diese Karikatur aus dem Revolutionsjahr trägt zusätzlich die Unterschrift „A faut esperer q'eu s jeu la finira bentot – Es darf gehofft werden, dass das Spiel bald vorbei ist." Die Karikatur hat noch weitere Textbotschaften auf der Hacke, als Zettel in den Taschen des Adels und des Klerus sowie auf dem Säbel des Adligen. Beim Bischof steht unter anderem Großspurigkeit und Unterhalt und beim Adligen wird die Salz- und Tabaksteuer, der Frondienst, der Zehnt sowie der Militärdienst als Pflichten und Abgaben aufgelistet, die der dritte Stand für den Adel leisten musste. Auf dem Säbel steht „gerötet von Blut" und auf der Hacke „getränkt mit Tränen." Spätestens mit der Einbringung der Textbotschaften dürfte die Karikatur vollständig interpretiert sein.

Das Thema der Ausbeutung des Dritten Standes durch die zeitgenössische Quelle führte auch zu einer Diskussion unter Historikern über die Bilanz der Französischen Revolution: Kam es nach der Revolution und Terrorherrschaft wirklich zu einer Verbesserung der Lebenssituation des Dritten Standes?

Die Französische Revolution (1982)

„Innerhalb von zehn Jahren markiert die Französische Revolution eine entscheidende und im wesentlichen irreversible Wende nicht nur in der Geschichte Frankreichs, sondern auch der Welt; und zwar nicht nur durch das, was sie zerstört, sondern auch durch das, was sie aufbaut oder ankündigt. [...]Ihre Bedeutung hängt zunächst mit den von ihr erlassenen neuen Proklamationen zusammen: Sie ist die Revolution der Freiheit und der Gleichheit, und sie begründet am Ende des Jahrhunderts der Aufklärung eine neue Gesellschaftsordnung [...] Die dauerhafteste Nachwirkung erlangte die Revolution zweifellos über Proklamationen und Experimente. Aber jenseits der Proklamationen wurde auch das Land selbst nachhaltig transformiert). [...] Mit der Nationalisierung der Kirchengüter (vermutlich 6 bis 10 % des Grund und Bodens), dann dem Verkauf der Emigrantenbesitzungen wechselt ein

> Sechstel des nationalen Territoriums den Besitzer. [...] Mit sehr großen örtlichen Unterschieden hat die Bauernschaft vielleicht zwischen einem Drittel und der 30 Hälfte der Nationalgüter aufgekauft. Auch die städtische oder dörfliche Bourgeoisie hat ihren Grundbesitz vergrößert. Vor allem aber konnten die mittleren und kleinen Bauern ihre wirtschaftliche Situation erheblich verbessern, da sie nun keine seigneurialen Abgaben mehr zu leisten und keine Feudallasten mehr zu tragen hatten. [...] Der Adel hat unter der Revolution zwar gelitten, aber er ist keineswegs verschwunden. Vielmehr ist er mit den bourgeois und den rentiers zur damals neu entstehenden Gruppe der propriétaires (Grundbesitzer) verschmolzen, die mehr als ein halbes Jahrhundert des Wohlstands vor sich hat. Diese Neugruppierung der „Welt der Grundrente" wird Frankreich vom Kaiserreich bis zur zensitären1) Monarchie beherrschen. Daneben kann man die Entstehung einer neuen Gruppe von Beamten und öffentlichen Bediensteten vermuten, die die Gruppe der königlichen Offiziere ablöst, welche nur noch ein Rentnerdasein führt. [...] Derartige Verschiebungen oder Migrationen) mögen am Ende begrenzt erscheinen, denn sie bleiben durch die Disproportion zwischen zwei Revolutionen gekennzeichnet: zwischen der Französischen Revolution als politischem und gesellschaftlichem Umsturz zugunsten der Bourgeoisie, die die objektive Grundlagen neuer gesellschaftlicher Verhältnisse errichtet; und der industriellen Revolution der Jahre nach 1830, die diese Ansätze fortsetzen wird. Aber dies bedeutet noch lange nicht, daß das revolutionäre Ereignis von 1789 begrenzt oder gar belanglos war: [...] [Es] ist der Prototyp und das begeisternde Vorbild aller großen nationalen Revolutionen des 19. Jahrhunderts."[8]

Beide Historikermeinungen lassen sich bewährt in Partnerarbeit erarbeiten oder auch mit der gesamten Klasse in einem Zwei-Schritt-Verfahren nacheinander: Zuerst wird die Darstellung des marxistischen Historikers Michel Vovelle gelesen und es kann analysiert werden, dass er eingangs von Freiheit und Gleichheit schreibt und dann die Revolution als „Prototyp" aller weiteren Revolutionen des 19. Jahrhundert bezeichnet. Der Hauptteil seiner Darstellung beschäftigt sich mit der Nationalisierung der Kirchengüter und der damit einhergehenden Vergrößerung des Besitzes von Bauern und Bourgeoisie sowie mit der Veränderung der Adelsschicht

8 Vovelle, Michel: Die Französische Revolution. Soziale Bewegungen und Umbruch der Mentalitäten. München: 1982, S. 51-57.

zu einer neuen Schicht von Grundbesitzern. Es sind Fragen des Klassenkampfes, ob sich eine „Revolution des Elends oder eine Revolution des Wohlstands“[9] ereignet habe. In seiner Bilanz weist er darauf hin: „Auch die städtische oder dörfliche Bourgeoisie hat ihren Grundbesitz vergrößert. Vor allem aber konnten die mittleren und kleinen Bauern ihre wirtschaftliche Situation verbessern, da sie nun keine seigneurialen [herrschaftlichen] Abgaben mehr zu leisten und keine Feudallasten mehr zu tragen hatten.“[10] Marxistische und auch die ihnen folgenden revisionistischen Historiker wie Alfred Cobban teilen somit die Grundposition, „wonach eine Interpretation der Französischen Revolution in der Analyse sozialer Ursachen und Folgen bestehen muß.“[11]

Die Französische Revolution und der Entwurf einer politischen Kultur (1989)
„In meinen Augen waren die sozialen und ökonomischen Veränderungen im Gefolge der Französischen Revolution nicht revolutionär. Die Adligen erhielten ihre Titel und ein Gutteil ihres Landbesitzes zurück. Obwohl beträchtliche Mengen Land während der Revolution den Besitzer wechselten, blieb die Struktur des Grundbesitzes im wesentlichen dieselbe; die Reichen wurden noch reicher und die Kleinbauern festigten ihre Position dank der Aufhebung der Feudalabgaben. Der industrielle Kapitalismus wuchs nach wie vor im Schneckentempo. Im Bereich der Politik dagegen änderte sich fast al les. Tausende von Männern und auch viele Frauen sammelten unmittelbare Erfahrungen in der politischen Arena; sie redeten, lasen und hörten auf neue Weise; sie wählten; sie traten in neue Organisationen ein; und sie gingen für ihre politischen Ziele auf die Straße. Die Revolution wurde zur Tradition, und die Republik blieb eine fortdauernde Möglichkeit. Danach konnten Könige nicht mehr ohne Versammlungen regieren, und die Beherrschung der öffentlichen Angelegenheiten durch den Adel provozierte neue Revolutionen, Folglich betrieb Frankreich im neunzehnten Jahrhundert die bürger-

9 Vovelle, Michel: Die Französische Revolution. Soziale Bewegung und Umbruch der Mentalitäten. München: 1982, S. 15.

10 Vovelle Michel: Die Französische Revolution. Soziale Bewegungen und Umbruch der Mentalitäten, S. 51-57.

11 Hunt, Lynn: Symbole der Macht. Macht der Symbole. Die Französische Revolution und der Entwurf einer politischen Kultur. Frankfurt a. M: 1989, S. 16.

lichste Politik in ganz Europa, obwohl es zu keiner Zeit die führende Industriemacht war. Erklärungsbedürftig ist daher nicht die Entstehung einer neuen Produktionsweise oder einer ökonomischen Modernisierungsbewegung, sondern die Herausbildung einer politischen Kultur der Revolution. [...] Die Französische Revolution verwirrt uns noch heute, weil sie so viele zentrale Merkmale moderner Politik hervorgebracht hat. Sie war nicht lediglich ein Beispiel für die Gewalt und Instabilität, die durch den Modernisierungsprozeß ausgelöst werden können, oder ein wesentlicher Schritt auf dem Weg zum Kapitalismus oder ein Glied im Prozeß der Herausbildung des autoritären Staates, obwohl sie zu alledem beigetragen haben dürfte. Wichtiger ist die Tatsache, daß sie den Augenblick kennzeichnet, da die Politik als eine Tätigkeit mit gewaltigen Möglichkeiten, als Agent zielstrebiger Veränderung, als Gußform für Charakter, Kultur und soziale Beziehungen erkannt wurde."[12]

Die amerikanische Historikerin Lynn Hunt dagegen legt andere Schwerpunkte in ihrer Darstellung der Revolution. Mit der gleichen Fragestellung können Schüler erarbeiten, dass für Hunt die sozialen und ökonomischen Veränderungen nicht revolutionär waren. Adlige erhielten Titel und auch den Großteil ihres Besitzes zurück und die Besitzstruktur veränderte sich nicht grundlegend. Sie spricht sogar davon, die Reichen seien noch reicher geworden. Das Hauptaugenmerk ihrer Darstellung liegt auf den revolutionären Veränderungen im politischen Bereich: Der Gedanke einer Revolution gegen die monarchische Herrschaft war seit spätestens 1789 nicht mehr aus der Welt zu schaffen und eine Republik war, wenn auch nur kurzfristig, errichtet worden und blieb als erstrebenswertes Ziel erhalten. Die politische Kultur, die durch die Revolution entstanden war, bewertet Hunt als folgenmächtiger als Veränderungen im Besitz zwischen den Ständen. Der Geist von 1789 bedeutete, dass nicht nur der Dritte Stand, sondern auch adlige Finanziers, Magistrate und Offiziere im Zuge des Zusammenbruchs des Ancien Régime grundlegende Veränderungen in Form politischer Forderungen stellten, und die republikanischen Ideen bei allen Ständen seit der Amerikanischen Unabhängigkeits-

12 Lynn Hunt, Symbole der Macht, Macht der Symbole. Die Französische Revolution und der Entwurf einer politischen Kultur. Frankfurt a. M. 1989, S. 264 und 282.

erklärung von 1776 zirkulierten und zu einer Beschleunigung der Ereignisse in Frankreich führten.[13]

Haben die Schüler die unterschiedliche Gewichtung in beiden Darstellungstexten erarbeitet, kann im Unterricht eine Diskussion über die sozialen und ökonomischen Veränderungen geführt werden, die durch die Französische Revolution ausgelöst wurden. Schwieriger für eine Mittelstufe, in der das Thema in der Regel behandelt wird, aber nicht unmöglich, kann die Hinzunahme der Standortgebundenheit beider Quellen sein: Dazu müssten die Schüler jedoch verstehen, das eine marxistische Geschichtstheorie der Ökonomie – also der Produktionsweise und dem Austausch der Produkte, die Vermögen und Eigentum führen – absoluten Vorrang in der Analyse der Geschichte einräumt, da dieser Theorie folgend die Produktionsverhältnisse allein die Gesellschaftsordnung bestimmen würden. Eine Aufstellung der zentralen Argumente beider Texte sowie ihrer Gewichtung bieten jedoch auch unter Auslassung einer tieferen Auseinandersetzung mit den Autoren das Fundament für die Schulung, kritisch mit Darstellungstexten umzugehen. Nicht nur können Schüler erkennen, dass die Darstellung eine Rolle spielen kann, sondern auch, dass sich Historiker, in diesem Fall Hunt und Vovelle, in der Bewertung der Ereignisse widersprechen. Die anschließende Diskussion schult daher Schüler darin, zu einem ersten eigenem historischen Urteil basierend auf beiden Darstellung zu gelangen.

Chancen von Historikermeinungen	**Grenzen von Historikermeinungen**
... lassen die Konstruktivität von Geschichte zum Vorschein kommen ... schulen Einsichten in die Kontroversität von Geschichte ... führen zum Erwerb von Fach- und Fremdwörtern ... bahnen die Wissenschaftsorientierung im schulischen Kontext an	... sind wenig motivierende und kognitiv fordernde Quellen ... erschweren durch die notwendige Fachsprache und Fremdwörter den Lesefluss

13 vgl. Hunt, Lynn: Symbole der Macht. Macht der Symbole. Die Französische Revolution und der Entwurf einer politischen Kultur. Frankfurt a. M: 1989, 264-265.

Schriftquellen: Historische Jugendbücher und Romane

In den *Säulen der Erde* lässt Ken Follet das England des 12. Jahrhunderts zum Leben erwachen und der Leser erlebt den Bau einer Kathedrale aus der Perspektive mehrerer Bewohner einer mittelalterlichen Stadt mit. Kathryn Stockett hat mit *Gute Geister* dem Leben und Leiden afroamerikanischer Haushälterinnen in den 1960er Jahren ein Denkmal gesetzt, die in den Häusern wohlhabender Weißer ihre Dienste verrichten: Aibileen Clark, Minny Jackson und viele andere Haushälterinnen vertrauen Eugenia „Skeeter" Phelan ihre Erfahrungen von Ausbeutung und Diskriminierung an, die daraus eine Erfolgsgeschichte schreibt. Das Buch wurde ein großer Erfolg, sogar verfilmt, und auch Stocketts Werk schafft es, eine vergangene Zeit durch eine Fiktion zu erzählen, die dem Leser wie eine wahre Geschichte vorkommt.

In J. K. Rowlings Harry-Potter-Romanen finden sich zahlreiche Anspielungen auf die dunkle Geschichte des 20. Jahrhunderts: So wird nach und nach klar, dass der böse Lord Voldemort aufgrund des Blutstatus', Halbblüter – „Muggelstämmige" – und Reinblüter mit einem nachgewiesenen „reinen" Blutstatus trennen will. Dazu lässt Lord Voldemort Halbblüter registrieren, diffamieren, zusammentreiben und verschwinden. Nur der Nachweis eines reinen Stammbaums kann vor solcher Verfolgung schützen.[1] Während Follet und Stockett sich stark an der Geschichte orientierten, ist Rowlings Werk reine Fiktion. Die Bezüge zu Verfolgung und Vernichtung und den Nürnberger Gesetzen von 1935 drängen sich jedoch auf und finden sich immer wieder in der Romanreihe. Zauberkünste und Zeitreisen sind in der Kinder- und Jugendliteratur nichts Ungewöhnliches und daher sollten fantastische Romane nicht reflexhaft für den Geschichtsunterricht abgelehnt werden.[2]

---

1 Rowling, J.K.: Harry Potter und die Heiligtümer des Todes. Hamburg: Carlsen 2007, S. 216f.

2 vgl. Zimmermann, Holger: Geschichte(n) erzählen. Geschichtliche Kinder- und Jugendliteratur und ihre Didaktik. Frankfurt a. M., S. 108-123.

Im Gegenteil, es lohnt sich, über den Einsatz von historischen Romanen mit stark fiktiven oder fantastischen Elemente offen und breit nachzudenken.

Monika Rox-Helmer hat in einem Überblick über den Geschichtsunterricht in Deutschland festgehalten, dass Jugendromane nur eine untergeordnete Rolle im Unterricht spielen. Zu beobachten ist, dass der Jugendroman in den Lehrplänen des Gymnasiums eher zu finden ist als in Haupt-, Mittel- und Realschulen. Rox-Helmer vermutet daher, dass der Roman von den Lehrplankommissionen eher leistungsstärkeren Schülern zugetraut wird. Von Sachsen-Anhalt ist bekannt, dass es zur Auseinandersetzung mit der Geschichtskultur stärkeren Wert auf Jugendromane legt und auch in Schulbüchern tauchen Romanauszüge zunehmend auf.[3]

Den historischen Roman definiert Pandel anhand von drei Merkmalen: Erstens nehmen historische Romane immer Bezug zur Geschichte. Real existierende Orte werden zu Schauplätzen, an denen fiktive und historische Persönlichkeiten aufeinandertreffen und sich nach Sitte, Religion und Brauch der vergangenen Zeit verhalten. Sir Walter Scott, der als Erfinder des historischen Romans gilt, beschreibt in seinem Roman *Waverley* von 1806 die Ereignisse des Jakobitenaufstandes von 1745/46. Daher haben zweitens alle historischen Romane eine zeitliche Distanz zu der dargestellten Vergangenheit, die allerdings bei Zeitgeschichtsromanen auch sehr kurz sein kann. Große und kleine Abweichungen von der Fachwissenschaft stellten das dritte und letzte Merkmal eines historischen Romans dar und ist immer dann zu erkennen, wenn der Erzähler sich die poetische Freiheit nimmt, den Zeitablauf zu verändern, Figuren zu erfinden oder Brüche mit dem Wissen über die Vergangenheit zu wagen. Nach Pandel kann der historische Roman somit durch seine historische Referenz, temporale Differenz und fiktionale Devianz definiert werden.[4]

3 vgl.Rox-Helmer, Monika: Der historische Jugendroman als geschichtskulturelle Gattung. Schwalbach/Ts. 2019, S. 92-93.

4 vgl. Pandel, Hans-Jürgen: Historisches Erzählen. Narrativität im Geschichtsunterricht. Schwalbach/Ts. 2010, S. 100-103

Chancen und Grenzen von Jugendbüchern und Romanen

Eine **klare Trennung von Fakt und Fiktion gibt der historische Roman bewusst auf** und kann als Gattung nur schwer gefasst werden, denn der historische Roman kann als Kriminal-, Reise- oder Abenteuerroman vorliegen. Auch den historischen Jugendroman genauer als Gattung zu spezifizieren, ruft viele begriffliche Probleme auf. Nach Rox-Helmer kann man zumindest zwei Merkmale festhalten: den Vergangenheitsbezug des Inhalts und die für jugendliche Adressaten spannenden Erzählungen, wie z. B. erste Liebe, Freundschaft oder schwere Krankheit. Es gibt aber auch rein phantastische Jugendromane, welche die Fiktionalität völlig verlassen und dann nicht mehr zu dieser Einteilung passen würden.[5] Bis auf wenige Ausnahmen sollte bei einem zeitlich begrenzten Geschichtsunterricht mit Jugendromanen mit historischen Themen gearbeitet werden und rein fiktiv-fantastische Romane dazu genutzt werden, Neugierde zu wecken oder den Umgang mit historischen Themen in der Fiktion aufzuzeigen.

Die Auseinandersetzung mit historischen Romanen kann eine elementare Fähigkeit bei Schülern ausbilden, die über den Geschichtsunterricht hinaus von Bedeutung ist: die Fähigkeit, reale und fiktive Elemente einer Geschichte zu unterscheiden. Dies kann zunächst über eine Auseinandersetzung mit der Sprache selbst geschehen. So sind Verben des Wahrnehmens, Fühlens und Denkens charakteristisch für fiktionale Texte. Auch die erlebte Rede spielt eine große Rolle und die Romane sind in der Regel im epischen Präteritum geschrieben. Auch wenn große Unterschiede zwischen der quellenbasierten und regelgeleiteten Rekonstruktionsarbeit eines Geschichtswissenschaftlers und dem fiktionalen Erzählen eines Schriftstellers bestehen, streben beide Darstellungsformen eine **historische Sinnbildung** an:[6] Während Ken Follett in seiner Jahrhundert-Saga eine Chronik des 20. Jahrhunderts als Familiensaga geschrieben hat, verfasste Heinrich August Winkler dazu seine mehrbändige fachwissenschaftliche Geschichte des Westens.

5 vgl.Rox-Helmer, Monika: Der historische Jugendroman als geschichtskulturelle Gattung. Schwalbach/Ts. 2019, S. 95-98.

6 vgl. Rox-Helmer, Monika: Der historische Jugendroman als geschichtskulturelle Gattung, S. 51-57.

Ob Roman oder Sachbuch, beide Autoren bieten eine historische Sinnbildung über das 20. Jahrhundert an.

Das didaktische Potenzial historischer Romane ist groß. Als Teil der Geschichtskultur macht ein Buch die **Geschichte durch Veranschaulichung** und das Miterleben der Charaktere lebendiger. Romane stärken dadurch die historische **Imagination** und auch dazu gehört, dass Lesen ein Genuss sein kann und als wichtigste **Kulturtechnik** seinen Platz im Geschichtsunterricht findet. Da sich historische Romane überwiegend mit der **Alltagsgeschichte** auseinandersetzen, also fiktive Charaktere erfinden, die im Mittelalter einen Kriminalfall lösen, über die Weltmeere segeln oder die Revolutionen und Kriege des 20. Jahrhunderts durchleben, liegt eine Vermittlung der Geschichte durch **Personifizierung** vor. Große Gestalten der Weltgeschichte, die vor 1970 im Rahmen einer personalisierten Geschichtsvermittlung im Zentrum des Unterrichts standen, treten oftmals als Randfiguren auf oder werden nur genannt, um den historischen Kontext zu etablieren. Romane vermitteln also Alltagsgeschichte durch einen personifizierten Zugang, was einen großen Gewinn für das individuelle Geschichtsbewusstsein bedeuten kann, wenn beispielsweise das Römische Reich nicht nur mit Caesar und Augustus verbunden wird, sondern auch mit den Sorgen, Nöten, Festen und Ereignissen des Alltags in Rom.

In einem guten Roman spielt **Spannung eine zentrale Rolle**, um die Lust am Lesen auszulösen. Dies ist zwar kein genuin geschichtsdidaktisches Potential, aber Kinder- und Jugendliteratur folgen gerne dem Prinzip des Abenteuerromans:[7] Geschichtslehrer sollten beim Einsatz solcher Romane berücksichtigen, dass manche Episode des Romans allein der Spannung dient und dies auf **Kosten der historischen Triftigkeit** geschehen kann. Nach Bergmann aber wird durch den Fokus auf Alltagsgeschichte das Handeln und Leiden „namenloser" Menschen in der Geschichte konkret und eine generalisierende und abstrakte Auseinandersetzung mit der Geschichte kann so vermieden werden:[8] Es besitzt eine

7 vgl. Zimmermann, Holger: Geschichte(n) erzählen. Geschichtliche Kinder- und Jugendliteratur und ihre Didaktik. Frankfurt a. M., S. 87-96.

8 vgl. Bergmann, Klaus: „Personalisierung, Personifizierung" in: Bergmann, Klaus (Hrsg.): Handbuch der Geschichtsdidaktik. Seelze-Velber 5. überarb. Aufl. 1997, S. 299 zitiert aus: Rox-Helmer, Monika: Der historische Jugendroman als geschichtskulturelle Gattung. Schwalbach/Ts. 2019, S. 37.

gänzlich andere Qualität, wenn die Schrecken des Dreißigjährigen Krieges in abstrakten Zahlen von zerstörten Städten, verwüsteten Landstrichen und der Ermordung der Landbevölkerung vermittelt werden oder die Kriegsschrecken anhand einer fiktiven Figur erzählt werden, die aus Quellen der Zeit exemplarisch zusammengestellt und erfunden wurde.[9]

Aus einer Geschichtserzählung in Romanform kann in Folge **Empathie und Fremdverstehen** für vergangene Zeiten entstehen, da das Handeln und Leiden der Charaktere **Emotionalität** auslösen kann, die zu einer weiteren Auseinandersetzung mit dem historischen Thema führen kann. So weckt der 1971 erschienene Roman *Als Hitler das rosa Kaninchen stahl* von Judith Kerr, der nicht rein fiktiv ist, da er autobiografische Züge besitzt, bis heute Interesse bei Schülern, sich mit der Verfolgung und Vernichtung der Juden während des „Dritten Reichs" auseinanderzusetzen. Die Kraft der Erzählung von Romanen konfrontiert Schüler mit vergangenen Wertvorstellungen, Beweggründen und Bewegumständen, aber auch mit Unrecht und Mitläufertum. Ein guter Roman arbeitet auch nicht nur in einfachen Gut-und-Böse-Klassifizierungen, sondern zeigt, dass Menschen und die Geschichte vielschichtiger und komplexer sind, wenn man sich mit ihnen auseinandersetzt. Durch Romane werden daher **Identifikation oder Ablehnung von Charakteren, Werturteile und Perspektivenübernahmen** eingefordert, die wertvoll für die Ausprägung eines reflektierten Geschichtsbewusstseins sind.[10]

In *Gute Geister* oder *Säulen der Erde* gibt es nicht nur eine Perspektive, sondern Schüler erhalten mehrere Perspektiven auf das Geschehen. Dadurch kann geschult werden, dass Geschichtserzählungen in historischen Romanen einerseits von der **Perspektive** der fiktiven Charaktere abhängt und andererseits von der Perspektive des Autors, die über den Figuren und der Handlung schwebt. Für den Geschichtsunterricht relevant ist in erster Linie die Möglichkeit, durch Romane **multiperspektivisch** zu lernen, wenn zum Beispiel in *Gute Geister* die Sicht der schwarzen Hausdienerinnen und die

9 vgl. Rox-Helmer, Monika: Jugendbücher im Geschichtsunterricht. Schwalbach/Ts. 2006, S. 32-37.

10 vgl. Rox-Helmer, Monika: Jugendbücher im Geschichtsunterricht, S. 28-32.

der weißen Arbeitgeber erzählerisch dargestellt werden. Die Perspektive des Autors dagegen kann eine Rolle spielen, aber in der Regel muss sie nicht vorrangig im Geschichtsunterricht besprochen werden. Uwe Johnsons Romane über das geteilte Deutschland können mit oder ohne Kenntnis der ereignisreichen Lebensgeschichte des Autors verstanden und eingesetzt werden und es verbleibt eine didaktische Entscheidung, wie tief die Romananalyse erfolgen soll. Bei den meisten historischen Jugendromanen zumindest dürfte die Bedeutung des Autors in den Hintergrund treten.

Wie Filme können Romane Aufschluss über die gegenwärtige oder eine vergangene **Geschichtskultur** geben und sind schon allein aus diesem Grund eine wertvolle Quelle für den Geschichtsunterricht. Romane wie Filme werden quantitativ stärker von der Gesellschaft rezipiert als die Werke der Fachwissenschaft. Sie können damit maßgeblich das **Geschichtsbewusstsein über eine Zeit prägen**, unabhängig von ihrer fachlichen Triftigkeit, also inwieweit die Vergangenheit quellengetreu abgebildet wird oder völlig fiktive Charaktere frei erfundene Abenteuer erleben. Dies führt auch zu einer Auseinandersetzung mit der eigenen Gegenwart im Vergleich zu der gelesenen vergangenen Zeit und schult somit das **Historizitätsbewusstsein** der Schüler.[11]

Der Vergleich der Potentiale und Grenzen von Jugendromanen oder Romanen im Geschichtsunterricht zeigt die mannigfaltigen Vorteile. Die besondere Herausforderung besteht in der Vermischung von Fakt und Fiktion für den Geschichtsunterricht, wie bei Filmen und Serien dies auch der Fall ist. Weitere **Grenzen sind unterrichtspraktischer Natur**: Ein ganzer Roman wird in der Regel nicht im Geschichtsunterricht gelesen, sondern die Lehrpläne sind so gestaltet, dass zum Beispiel in der neunten Klasse ein Roman mit Bezug zum Nationalsozialismus oder Holocaust im Deutschunterricht gelesen werden soll und beide Fächer somit korrespondieren. Der Zeitfaktor spricht ebenfalls gegen den Einsatz eines ganzen Romans im Geschichtsunterricht, daher sollen im Anschluss auch nur eine Konkretisierung vorgeschlagen werden,

11 vgl. Rox-Helmer, Monika: „Fiktionale Texte im Geschichtsunterricht", in: Oswalt, Vadim/Pandel, Hans-Jürgen (Hrsg.): Geschichtskultur. Die Anwesenheit von Vergangenheit in der Gegenwart. Schwalbach/Ts. 2009, S. 100-112.

in denen Auszüge aus einem Kinder- und Jugendroman im Geschichtsunterricht eingesetzt werden.

Der Preis der Freiheit

Der Historiker und Schriftsteller Harald Parigger hat zahlreiche Kinder- und Jugendbücher zu historischen Ereignissen und Epochen verfasst, die sich gut für den Schulunterricht einsetzen lassen. Aufgrund der Kürze der Bücher eignen sie sich grundsätzlich dafür, auch fächerübergreifend als gesamtes Werk gelesen zu werden. Die hier vorgestellte Konkretisierung dagegen zeigt die Möglichkeit auf, wie bestimmte Abschnitte des Buches im Geschichtsunterricht als Teil einer mehrstündigen Unterrichtssequenz eingesetzt werden können. Ein Vorteil seines 2012 erschienen Buches *Die Französische Revolution oder Der Preis der Freiheit* ist die Aufteilung in erzählende Kapitel und in Sachkapitel sowie eine Zeittafel über die Französische Revolution und ein Glossar für historische Begriffe wie z.B. Culotte, Sansculotte oder Hofschranze. Damit wird die Vorentlastung des Textes bereits im Buch geleistet und Schüler können das Buch auch zu Hause und damit außerhalb des Geschichtsunterrichts weiterlesen.

Aus der Sicht des Dieners Antoine, der bei dem Marquis de Lafayette angestellt ist, und seiner Freundin Jeanette erleben die Schüler die Ereignis- und Ideengeschichte der Französischen Revolution mit. Eine Unterrichtsstunde mit dem Ziel, den ideengeschichtlichen Hintergrund und die Multikausalität der Französischen Revolution zu erarbeiten, kann dabei auf einen kurzen Abschnitt zurückgreifen, bei denen Parigger vier Männer über die politische Situation Frankreichs am Vorabend der Revolution diskutieren lässt. Für eine Mittelstufe ist der Text einfach und zugänglich und kann alleine in Stillarbeit gelesen oder auch abwechselnd laut vorgelesen werden. Zur Sicherung an der Tafel und im Heft kann anhand der Personen die politischen Positionen in Verbindung mit ihrer sozialen Klasse erarbeitet werden.

Der erste Mann in der Runde mit dem Namen Pignot kritisiert das Prinzip des Gottesgnadentum, das zu „Fehler auf Fehler, Dummheit auf Dummheit, Grausamkeit auf Grausamkeit" in Frankreich geführt hat und deshalb abgeschafft gehört. Dass sich das Volk im Namen Gottes wie eine „Gans" ausnehmen lasse, bezeichnet der Charakter als „Volksverdummung." Darauf regiert der

Geistliche, Monsieur Abbé, mit Erschrecken, ob der erste Redner gleich die Monarchie abschaffen wolle? Aber so weit will der Redner aus dem Bürgertum dann nicht gehen, da er das Volk für noch nicht bereit zur Selbstregierung hält. Pignot drückt anschließend die Forderung aus, die Willkürherrschaft eines Monarchen durch das Gottesgnadentum, woraus dieser seine Unfehlbarkeit ableitete, durch einen Herrscher zu ersetzen, der an die Vernunft und das Volk gebunden sein solle. Der dritte Redner ruft den Anwesenden in Erinnerung, dass sie sich im Zeitalter der Aufklärung befinden, in dem alle vernunftbegabten Menschen frei und gleich seien: „Damit wäre doch eine Bevormundung durch den König und übrigens auch durch die Kirche, Monsieur Abbé, wenn Sie verzeihen, gegen die Natur, widernatürlich und damit unrechtmäßig, oder?"[12]

Der Marquis de Lafayette, der mit den Ideen der Amerikanischen Unabhängigkeitserklärung nach Frankreich zurückgekehrt war, ergreift in dieser Runde Partei für den Dritten Stand und fordert, eine zukünftige Verfassung mit oder ohne König müsse eine unabhängige Justiz haben und das Volk müsse das Parlament wählen können, damit auch die legislative Gewalt in den Händen des Volkes liege. Den Klerus und Adel greift der Marquis in dem Roman an, indem er die wirtschaftlichen und gesellschaftlichen Gründe für die Französische Revolution kurz anspricht, da beide Stände „immer fetter werden, weil sie im Überfluss leben und noch nicht einmal Steuern zahlen (...)".[13] Aus diesem kinder- und jugendgerechten Text können somit die Positionen aller drei Stände in Eigenarbeit herausgearbeitet werden. In der Sicherungsphase können die Kritik am Gottesgnadentum sowie an der Monarchie und das revolutionäre und demokratische Gedankengut der Aufklärung und des Marquis de Lafayette mit zusätzlichen Quellen, wie z. B. mit der Erklärung der Menschenrechte oder mit dem kurzen Pamphlet „Qu'est-ce que le Tiers État?" (Was ist der Dritte Stand?) des Abbé Sieyès gesichert werden. Unterstützend kann hier auch eine Biografie zum Marquis eingebracht werden, der eine bedeutende historische Rolle in der französischen Nationalversammlung nach der

12 Parigger, Harald: Die Französische Revolution oder Der Preis der Freiheit. Würzburg 2012, S. 14-18.

13 Parigger, Harald: Die Französische Revolution oder Der Preis der Freiheit, S. 19-20.

Revolution einnahm und bei der Formulierung und Proklamation der Menschen- und Bürgerrechte beteiligt war.

Anhand dieser Passagen und des Buches lassen sich gut die Trennung von Fakt und Fiktion zeigen, die im Buch bereits durch die unterschiedlichen Kapitel vorgezeichnet ist. Da die Geschichte aus der Alltagsperspektive des Dieners erzählt wird, werden Spannung und Emotionen erzeugt, da der Diener in dieser Passage Beobachter eines Vorgangs ist, der seine Lebenswelt revolutionieren wird. Nimmt man zwei weitere Passagen hinzu, dann können die Schüler in dieser oder einer weiteren Stunde noch die Not und den Hunger des Dritten Standes erfahren oder den Ausbruch der Revolution, mit dem die Stunde als Cliffhanger enden könnte. Dann können die Schüler in Heimarbeit weiterlesen oder in der nächsten Stunde das Thema fortgeführt werden.[14]

Chancen von Romanen	**Grenzen von Romanen**
... erlernen die Unterscheidung von Fakt und Fiktion ... bieten eine Veranschaulichung von Geschichte ... prägen die Imaginationskraft und das Historizitätsbewusstseins aus ... vermittelten die Perspektivität der Erzählung von Geschichte ... bieten eine Personifizierung von „namenlosen" Personen der Geschichte ... fördern Empathie und Fremdverstehen ... können als Teil der Geschichtskultur analysiert werden ... führen durch Identifikation und Ablehnung von Figuren zu Werturteilen ... schulen die elementare Kulturtechnik des Lesens	... vermischen Fakt und Fiktion ... führen zu unterrichtspraktischen Problemen aufgrund der mangelnden Zeit im Geschichtsunterricht, einen gesamten Roman zu lesen ... Spannung, Emotionen und Abenteuergeschichten geschehen evtl. auf Kosten der historischen Triftigkeit ... besitzen eine starke Prägekraft für das Geschichtsbewusstsein und beeinflussen somit die historische Sinnbildung

14 Die Passage über Not und Hunger findet sich auf den Seiten 31 bis 37, die zu dem Ausbruch der Revolution auf den Seiten 40 bis 43. vgl. Parigger, Harald: Die Französische Revolution oder Der Preis der Freiheit. Würzburg 2012.

Sachquellen

Einen Schein des Notgelds der Stadt Bamberg über 500 000 Mark vom August 1923 in der Hand zu halten, kann einen Eindruck von der Not und dem Wertverfall durch die ausufernde Inflation nach dem Ersten Weltkrieg geben. In der Zeitgeschichte finden sich solche exorbitanten Summen nur noch auf den Geldscheinen fragiler Staaten wie Simbabwe, wo 2008 die Bank in Harare einen 100 Billion Simbabwe-Dollar herausgegeben hatte – in Zahlen 100 000 000 000 000 – oder Venezuela, in dem die sozialistische Wirtschaftspolitik zu einem Währungsschnitt von 1:100 000 im August 2018 geführt hatte. Wie soll man sich solche Vorgänge überhaupt vorstellen? Wie kann dies greifbar im Geschichtsunterricht vermittelt werden? Derart abstrakte Vorgänge rufen oftmals die Konkretisierung in Form einer Sachquelle auf den Plan. Geldscheine, die nach dem Ersten Weltkrieg und unter der Auswirkungen der Reparationen bis hin zur Stabilisierung der Währung durch die Rentenbank und in Folge durch den Dawes-Plan gedruckt wurden, bieten daher geeignete Quellen für den Geschichtsunterricht zur Greifbarmachung und Illustration dieser historischen Vorgänge.

Ob Münzen, Geldscheine, Morsegeräte, Kleidung oder alte Werkzeuge: Im Geschichtsunterricht kann jedes Ding seinen Platz haben. Dennoch werden Sachquellen sehr selten im Geschichtsunterricht eingesetzt. Meist werden pragmatische Gründe von den Lehrern genannt, weshalb Sachquellen nicht eingesetzt werden: mangelnde Erhältlichkeit, ein zu wertvolles Sammelobjekt oder die Umständlichkeit des Transports. Aber auch der Geschichtsdidaktik wird angelastet, sie befasse sich zu wenig mit dieser Quellengattung oder dass Sachquellen im Referendariat kaum oder gar nicht geschult würden. Oftmals wird darauf hingewiesen, Museen seien doch die geeigneten Orte für die Aufbewahrung von Sachquellen, wo sie mit der Klasse besucht werden könnten.[1] Unab-

1 vgl.Schneider, Gerhard: Sachüberreste und gegenständliche Unterrichtsmedien, in: Mayer, Ulrich, et. al: Handbuch Methoden im Geschichtsun-

hängig von diesen Beobachtungen sind Sachquellen Bestandteil des Geschichtsunterrichts und der akademischen Ausbildung zum Lehramt der Geschichte. Welche Bedeutung hat also diese Quellenart für den Geschichtsunterricht? Wie können Sachquellen zur Ausbildung von Fähigkeiten und der Vermittlung von historischem Wissen beitragen?

Chancen und Grenzen von Sachquellen

Historische Sachquellen können nach Schneider **in mobile und immobile Sachzeugnisse** unterteilt werden. Dieser sinnvollen Unterteilung folgend lassen sich alle Dinge, die mit in den Geschichtsunterricht gebracht werden können, als mobil bezeichnen und alle Sachüberreste, die nur im Rahmen einer Exkursion besucht werden können, wie z. B. Denkmäler, Gebäude und Burgen, als immobile Sachzeugnisse. Sachzeugnisse in Museen können sowohl von mobiler wie auch immobiler Natur sein.[2]

Sachquellen haben spezifische Chancen und Grenzen. Ihr größtes Hindernis für den Geschichtsunterricht ist die **Stummheit** der Quellen, da „sie uns von sich aus keine Geschichte erzählen."[3] Ein Morseapparat besteht zwar aus einer Taste, einem Uhrwerk, einem Elektromagneten und einer Papierrolle, aber wie soll der Schüler die einzelnen Bestandteile erkennen, wenn er zum ersten Mal damit konfrontiert ist oder kennen und erlernen, wozu dieses Ding genutzt wurde? Die Sachquelle bleibt trotz ihrer einzelnen Indizien stumm. An diese Beobachtung schließt sich aber bereits

terricht. Schwalbach, 2013[4], S. 189-191; Brait, Andrea. „»Sachquellen, ja, die gehen etwas unter«: Zu den Potentialen einer Quellengattung und den Gründen, die ihren Einsatz im Geschichtsunterricht verhindern" in: Barsch, Sebastian und van Norden, Jörg (Hrsg.): Historisches Lernen und Materielle Kultur: Von Dingen und Objekten in der Geschichtsdidaktik. Bielefeld, 2020, S. 137-156.

2 Schneider, Gerhard: Sachüberreste und gegenständliche Unterrichtsmedien, in: Mayer, Ulrich, et. al: Handbuch Methoden im Geschichtsunterricht. Schwalbach, 2013[4], S. 191-193.

3 Schneider, Gerhard: Sachüberreste und gegenständliche Unterrichtsmedien, S. 197.

einer ihrer größten geschichtsdidaktischen Vorteile an, denn Sachquellen bieten die Möglichkeit angefasst zu werden **(Haptik)**, mit forschenden Augen untersucht zu werden **(Optik)**, können einen eigenen Geruch besitzen **(olfaktorische Wahrnehmung)** und auch Geräusche von sich geben **(Akustik)**. All diese Sinneswahrnehmungen zusammen ergeben die eigene originale **Aura des Objekts (Ästhetik)**, die von den Schülern wahrgenommen werden kann. Die Kälte und das Gewicht eines ritterlichen Kettenhemds lehrt einen Eindruck über das Leben eines Ritters oder Soldaten im Mittelalter. Ebenso macht die Kleidung des Barock die damalige Frauen- und Männermode erfahrbar, denn es war nicht unüblich, als Mann Beinkleid und Schuhe mit Absätzen zu tragen, und lässt dadurch über stereotypisierte Rollenverteilungen bei der Kleidung nachdenken.

Die Sachquelle erlaubt eine direkte **Historizitätserfahrung**, da sie das Alte, das Vergangene als Überrest einer Zeit verkörpert. Anders als Bilder oder Texte kann die Vergangenheit in ihrer Materialität angefasst und verstanden werden, wozu der Gegenstand eingesetzt worden war oder welche Bedeutung er für vergangene Zeiten gehabt hat. Geschichte zum Anfassen ist im Sinne von Sachquellen kein Slogan, sondern stellt eine echte Lernchance dieser Quellengattung dar. Im Geschichtsunterricht herausfordernd ist daher die **Kontextualisierung** der Sachquelle, ohne die die Quelle im Unterricht ohne Aussage bleibt und zu Ratespielen ohne Erkenntnisgewinn führen kann. Vergangene Technik versteht sich nur schwer von alleine: Das Telefon mit Wählscheibe wurde in den 1980ern durch den Tastaturblock ersetzt und kann noch durch Ausprobieren erraten werden, ein Astrolabium oder Sextant, wie sie auf den Entdeckungsreisen des 15. Jahrhunderts eingesetzt wurden und die in der Regel in der Sekundarstufe I unterrichtet werden, können ohne Kontextwissen und Erläuterungen zur Anwendung nicht verstanden werden. Der Gegenstand ist die Vergangenheit und liegt in seiner Form vor, wie auch schon vor einem Jahrzehnt, Jahrhundert oder Jahrtausend. Sachquellen eignen sich daher sehr für die Vermittlung von **Alltagsgeschichte** (z.B. Werkzeuge oder religiöse Gegenstände) oder der **Technikgeschichte**.

Mit den richtigen Fragen und Arbeitsaufträgen kann der Sachquelle ihre Bedeutung für die Geschichte entlockt werden, was der Vorbereitung durch die Lehrkraft obliegt. Dabei bieten Sachquellen geradezu einen **Ausgangspunkt für forschendes und entdeckendes**

Lernen.[4] Die schrittweise Entschlüsselung der Bedeutung oder Funktion von Sachquellen kann eine **intrinsische Motivation** auslösen und aufrechterhalten, sich selbstständig mit dem historischen Gegenstand auseinanderzusetzen. Eine Sachquelle entwickelt nach Loos und Schreiber eine „natürliche Fragehaltung und bietet so Anreize zu einem entdeckenden Lernen."[5] Bild- oder Textquellen können diese umfassende Sinneswahrnehmung nicht leisten und schon gar nicht kann das Bild oder die schriftliche Beschreibung eines Gegenstandes jemals dem tatsächlichen Sachzeugnis gleichkommen. Historische Sachquellen liegen den Schülern **konkret vor, sind authentisch und anschaulich** und bieten daher Potential für den Geschichtsunterricht in der **Primar- und Sekundarstufe I**, aber auch in der Sekundarstufe II sollte nicht der Reiz des authentischen Sachzeugnisses unterschätzt werden oder die Erforschung und Auseinandersetzung mit unbekannten Dingen aus der Geschichte – wenn auch nur in seltenen und besonderen Fällen.

Sachquellen finden sich meist in Stätten der Sammlung, Erforschung und Präsentation historischer Zeugnisse, also in **Archiven, Museen oder Ausstellungen**. Dort liegen die Sachquellen aus „ihrem ursprünglichen Funktionszusammenhang und räumlichen Umfeld entrissen und in einen neuen Kontext" vor.[6] Museen und Archive sollten daher vorrangig als eine solche Sammlung von Sachquellen verstanden werden, nicht jedoch als außerschulischer historischer Ort (ausgenommen im Museum würde die Geschichte des Museums als bedeutender historischer Ort thematisiert).[7] Daher werden Sachquellen überwiegend im Rahmen von Museumsbesuchen behandelt, wo sie ebenfalls kontextualisiert werden müssen. Dies übernimmt je nach Ausstellungsart das Museum,

4 vgl. Henke-Bockschatz, Gerhard: Forschend-entdeckendes Lernen in: Mayer, Ulrich, et. al.: Handbuch Methoden im Geschichtsunterricht. Schwalbach/Ts. 2016[5], S. 15-29.

5 Stadtmüller, Winfried: „Sachquellen" in: Schreiber, Waltraud: Erste Begegnungen mit Geschichte. Grundlagen historischen Lernens. Band 1. Neuried 2004[2], S. 441-455, hier: S. 445.

6 Pleitner, Berit: „Außerschulische Lernorte" in: Barricelli, Michele und Lücke, Martin (Hrsg.): Handbuch Praxis des Geschichtsunterrichts. Band 2. Schwalbach/Ts. 2012, S. 291.

7 vgl. Baumgärtner, Ulrich: Historische Orte, in: Geschichte Lernen 106 (2005), S. 12-18, hier: S. 12.

indem es zum Beispiel alte Werkzeuge in eine nachgestellte Arbeitssituation einbettet oder Erklärungen zu den Gegenständen anbietet. Im Museum kann ein Ding, zum Beispiel eine Krone, aber auch repräsentativ für die mittelalterliche Herrschaft stehen oder ein römischer Paradehelm kann symbolhaft für die Präsenz der Römer in Germanien ausgestellt werden.

Abgesehen von den pragmatischen Gründen, weshalb Sachquellen im Geschichtsunterricht selten eingesetzt und daher oftmals nur in Museen besucht werden, kommen noch unterrichtspraktische sowie geschichtsdidaktische Herausforderungen hinzu. Sachquellen sollten von jedem Schüler betrachtet und angefasst werden können, was zu einer langen Unterrichtsphase führen kann, in der nur ein Ding im Zentrum stünde. Anders als Bild- oder Textquellen liegen Sachquellen auch **nicht didaktisiert** vor: Lehrkräfte müssen daher einen **gewissen Grad der Unplanbarkeit und Offenheit** des Lernwegs beim Einsatz von Sachquellen akzeptieren, was eng mit der Chance **nach forschendem und entdeckendem Lernen** verbunden ist.

Für die Konkretisierung einer Sachquellen bieten sich Leitfragen zur systematischen Erschließung an, die beim Einsatz dieser Quellenart befolgt werden sollten. Im Geschichtsunterricht sollte zunächst Zeit für **Betrachtung und Wiedergabe** der Beschaffenheit der Sachquelle eingeräumt werden. Die Schüler klären zunächst, wie der Gegenstand aussieht und welche Elemente sie erkennen können. In einem zweiten Schritt kann dann durch **die Analyse des Verwendungszwecks und der Funktion** erschlossen und geklärt werden, wozu dieser Gegenstand dient(e). Wichtig ist in einem dritten und letzten Schritt auch **das Fällen einer Einschätzung und eines Urteil über die Bedeutung der Sachquelle in ihrem historischen Kontext**.[8]

Sachquellen werden bevorzugt zum Einstieg genutzt, um Neugierde zu wecken oder am Ende der Stunde, um gelerntes Wissen durch Demonstration eines konkreten Gegenstandes zu veranschaulichen und Erkenntnisse zu sichern. Daher sollen zwei Konkretisierungen für die Unter- und Mittelstufe vorgestellt werden.

8 vgl. Schneider, Gerhard: Sachüberreste und gegenständliche Unterrichtsmedien, in: Mayer, Ulrich, et. al: Methoden im Geschichtsunterricht. Schwalbach, 2013[4], S. 200.

Der Schreibtelegraf (1837)

Abb. 20 a und b: Schreibtelegrafen aus verschiedenen Baujahren, RWTH Aachen: Nachrichtentechnische Sammlung. Brüssel: Katalog 1998.[1]

Es ist dem meist kleinen Gerät aus Holz, Eisen oder Messing nicht anzusehen, dass es die Weltgeschichte für immer veränderte. Ohne Kontextwissen oder Gebrauchsanleitung ist auch nicht sofort erkennbar, wofür dieses Ding aus hölzernen Leisten, Pendel, Elektromagneten, Schreibstift und Papierstreifen und den kleinen Rädern und der Taste überhaupt genutzt wurde. Die Konfrontation zu Stundenbeginn kann daher wie ein Ratespiel auf Schüler wirken, die den Schreibtelegrafen zunächst erkunden können und dann ausprobieren, was es mit den Spulen und der Taste des Geräts auf sich hat. Ein vorbereitetes mit Morse-Code beschriebenes Papier und ein Morse-Code-Lexikon zur Entzifferung der Nachricht in der Spule können bei der Entschlüsselung der Funktion weiterhelfen. Im (seltenen) Idealfall kann auch ein noch funktionierender Schreibtelegraft, der Punkte und Striche des Morse-Codes auf das Papier druckt, präsentiert werden. Wenn die Funktion des Schreibtelegrafen erforscht und haptisch erfahren wurde und auch der Morse-Code gesehen und entschlüsselt wurde, endet die Einstiegs- und Konfrontationsphase mit dieser Sachquelle.

Die Funktion des Schreibtelegrafen muss danach seitens der Lehrkraft vollständig und abschließend erklärt werden, damit alle

1 Nachrichtentechnische Sammlung der RWTH Aachen: http://sammlung.ient.rwth-aachen.de/de/katalog/elektrische-telegrafie/schreibtelegraf-morse.html [aufgerufen am 4. November 2021]

Schüler den Zweck der Sachquelle vollständig begriffen haben. Hierzu kann eine Erläuterung des Morsecodes mit Bild oder an der Tafel dienen oder auch berühmte und mittlerweile historisch gewordene Morsecodes wie SOS – dreimal kurz, dreimal lang, dreimal kurz – vorgestellt werden, oder die Einrichtung von Funkkabinen auf Schiffen zu Beginn des 20. Jahrhunderts, um ein Beispiel für den historischen Kontext des Funkgeräts herzustellen.[2] Ist erkannt, dass es sich um einen Kommunikationsgegenstand handelt, dient der Schreibtelegraf nach dieser Phase als Überleitung zum Stundenthema: „Die Industrielle Revolution – die größte Revolution der Geschichte?"

In der Erarbeitungsphase und dem überwiegenden Teil der Unterrichtsstunde können dann Umfang, Art und Ausmaß der industriellen Revolution anhand unterschiedlicher Quellen und Methoden thematisiert werden: Dazu bieten sich Lithographien oder Zeichnungen von handbetriebenen Webstühlen oder einem technischen Webmaschinensaal in Mühlhausen im Elsaß um 1890 an oder auch Fotografien, die die industrielle Massenproduktion wiedergeben. Sehr oft wird das Gemälde *Der Streik* von Robert Koheler (1886) genutzt, um auf die Soziale Frage während der industriellen Revolution hinzuweisen. Karten und Darstellungen über den Ausbau der weltweiten Kommunikationsnetzwerke durch die Verlegung von Unterseekabel bieten sich an, um die „Entzauberung der Welt"[3] durch Technik nachvollziehbar zu machen oder auch Statistiken über die Zunahme der Stadtbevölkerung, den Ausbau des Eisenbahnnetzes in Deutschland und Europa sowie die Zunahme von Produktion und Freihandel im Rahmen der Industrialisierung und Globalisierung.

Nach der Erarbeitung des Ausmaßes der technischen, ökonomischen und sozialen Veränderungen kann auf den Schreibtelegrafen zurückgekommen werden, der als Relikt und Nachweis dieser Epoche sich noch im Klassenzimmer befindet und die Schüler mit

2 Informationen, Inspirationen und Zitate zur Einführung der Funkgeräte unter Wilhelm II. und dessen persönliches Interesse sowie Förderung der damals modernen Technik findet sich bei: König, Wolfgang: Wilhelm II. und die Moderne. Der Kaiser und die technisch-industrielle Welt. Paderborn 2007, S. 60-63.

3 vgl. Osterhammel, Jürgen: Die Entzauberung Asiens. Europa und die asiatischen Reiche im 18. Jahrhundert. München 1998.

der ursprünglichen Problemstellung konfrontiert werden. Diese kann nun auch zugespitzt und die fachwissenschaftliche These aufgegriffen werden, die Industrielle Revolution sei nach Cipolla das größte Ereignis in der Geschichte der Menschheit seit der neolithischen Revolution oder nach Hobsbawm die „gründlichste Umwälzung menschlicher Existenz".[4] Je nach Leistungsstärke der Klasse kann diese Transferaufgabe unterstützt werden durch Bilder oder Zusatzinformationen durch den Lehrer, dass dem Schreibtelegrafen das Telefon, Handy und Internet als Kommunikationsmittel folgten und gegenwärtig ein großer Teil der Menschheit ein Smartphone zu Kommunikation nutzt. Zu erwarten ist aber auch, dass ausgehend von der Erforschung der Sachquelle im Verbund mit der Erarbeitungsphase, einige Schüler selbst zur Erkenntnis kommen, welche Auswirkungen die ansteigende wirtschaftliche sowie private Kommunikation um den Globus herum auf den Verlauf der Weltgeschichte ausübte.

Unabhängig davon, ob Schüler diese Narration der Technikgeschichte nachvollziehen können oder auch kritisch hinterfragen, trägt der Einsatz der Sachquelle dazu bei, Urteile über den Bedeutungszusammenhang von Technik und Geschichte zu treffen. Darüber hinaus können so die historischen Ausgangspunkte der modernen Kommunikationsmittel kennengelernt werden sowie über die grundlegenden Veränderungen in Gesellschaft, Wirtschaft und Weltpolitik, die technische Neuerungen in der Geschichte auslösen können, nachgedacht und geurteilt werden.

Faustkeil und Schaber, Sichel und Rad

In der Ur- und Frühgeschichte der Menschheit ist für den Geschichtsunterricht der Übergang zwischen Alt- und Jungsteinzeit und die damit grundlegend veränderte Lebensweise des Menschen vom Jäger und Sammler zum Ackerbauern und Viehalter von Bedeutung. Die Sachquellen sollen hierbei in der Stunde zur Erarbeitung und

4 Cipolla, C. M. (Hrsg.): Europäische Wirtschaftsgeschichte. The Fontana Economic History of Europe. Deutsche Ausgabe: Borchardt, Knut: Die Industrielle Revolution, Band 3. Stuttgart, 1976, 10; Hobsbawm, Eric: Industrie und Empire, Band. 1. Britische Wirtschaftsgeschichte seit 1750. Frankfurt 1969, 14.

Sicherung eingesetzt werden sowie zur Ausbildung eines kausalen Zusammenhangs zwischen Material, Werkzeug und Lebensform.

Als Einstieg stehen der Lehrkraft in der Unterstufe Fotografien von Jäger- und Sammlerstämmen in Afrika, Lateinamerika sowie der Sentilesen in der Andamanensee zur Verfügung, die auch noch im 20. und 21. Jahrhundert ihrer traditionellen Lebensweise nachgehen. Auch kurze Sequenzen von kindgerechten Geschichtscomics über die Frühgeschichte eignen sich als Einstieg. Ob Comicausschnitt als bewegtes oder unbewegtes Bild oder Fotografien, wichtig bleibt, die Schüler auf diese Lebensweise ohne jegliche Technik und Errungenschaften der Moderne einzustimmen.

Als längere Erarbeitungs- und Sicherungsphase können dann in der Unterrichtsstunde Sachquellen aus der Steinzeit (Replika) eingesetzt werden. Faustkeile, Schaber, Harpunen aus Knochen oder Stein werden mit Pflug, Hacke, Sichel, Rad aus Holz ausgelegt und sollen nach folgenden Fragen geordnet werden: Beschreibung und Bezeichnung der Werkzeuge; Zuordnung der Werkzeuge nach Material in Stein und Holz. Darüber hinaus könnten als eine dritte Kategorie Werkzeuge aus der Bronze- und Eisenzeit ausgelegt werden. Dadurch ließe sich der Sprung in der Qualität und Material zwischen der Alt- und Jungsteinzeit sowie der Bronze- und Eisenzeit noch deutlicher darstellen. Dies würde aber gleichzeitig eine starke Zusammenfassung der Frühgeschichte des Menschen bedeuten, was jedoch nach Schulform und Lehrplan denkbar ist und angesichts von Stoffkürzungen daher auch didaktisch zu rechtfertigen wäre. Nach der Kategorisierung der Sachquellen folgt in einem nächsten Schritt die Analyse, welche Tätigkeiten die Menschen mit diesen Werkzeugen verrichteten. Dazu eignen sich Rekonstruktionszeichnungen, die das Leben und die Arbeitsteilung in der Steinzeit darstellen. Dabei können das Leben in umherziehenden Gruppen oder die ersten Dorfstrukturen herausgearbeitet werden, die entweder durch Höhlen und Hütten oder Holzhäuser gekennzeichnet sind. Eine Gegenüberstellung von Leben in einer nomadischen Gruppe mit dem Dorfleben und damit von Altsteinzeit und Jungsteinzeit erlaubt, die Tätigkeiten der Jäger und Sammler aber auch der Ackerbauern und Viehalter anhand von Bilddetails unterstufengerecht zu sichern.

Ein der Primarstufe oder Unterstufe gerechter, leichter Transfer von der reinen Sachwissenserarbeitung und -sicherung bietet sich dann in der Fragestellung an, wie die Werkzeuge die Lebensweise der Menschen beeinflussten und dies wiederum die Organisation des Zusammenlebens. Bei diesem Vorgehen haben die Schüler zunächst anhand von Sachquellen selbst die Werkzeuge angefasst und ihre Funktion zu erschließen versucht und danach durch die Rekonstruktionszeichnungen den Einsatz dieser Werkzeuge im Leben der Menschen der Alt- und Jungsteinzeit gesehen und gesichert. Mit Blick auf die nun geordneten Werkzeuge kann daher erschlossen werden, dass die steinernen Keile und Schaber von Jägern und Sammlern genutzt wurden, die in größeren Gruppen und in Höhlen lebten und in starker Abhängigkeit von der Natur standen. Die landwirtschaftlichen Werkzeuge deuten darauf hin, dass die Menschen sesshaft geworden waren, Felder bestellt und Vieh gehütet haben und in der Organisation des Zusammenlebens eine Arbeitsteilung einsetzte.

Die Sachquellen sind in dieser Konkretisierung zunächst durch Erprobung versprachlicht und dann kontextualisiert worden. Auch als Replika (denen dann der Geruch oder das Alter der echten steinzeitlichen Werkzeuge fehlt) aktivieren sie sinnlich-ganzheitliches Lernen und lösen bei den Schülern eine Vorstellung über den Zusammenhang von Material, Gegenstand, Tätigkeit und Lebensweise und ihren Wandel in der Menschheitsgeschichte aus.

Chancen von Sachquellen	**Grenzen von Sachquellen**
... bieten eine multisensorische Erfahrung ... bieten echte Historizitätserfahrung ... regen forschend-entdeckendes Lernen an ... besitzen Authentizität und Echtheit ... eignen sich besonders für die Primar- und Sekundarstufe I ... eignen sich besonders für die Vermittlung von Alltags- und Technikgeschichte	... sind aufgrund ihrer Stummheit nicht einfach zu entschlüsseln ... bedürfen einer intensiven Kontextualisierung ... benötigen Zeitaufwand in der Stunde ... müssen aufgrund des geringen Grads der Didaktisierung der Quellenart intensiv von der Lehrkraft vorbereitet werden

Außerschulische historische Lernorte

Historische Orte sind nahezu überall zu finden. Abseits der großen bekannten Besuchsmagneten wie dem Kölner Dom, dem NS-Reichsparteitagsgelände oder dem Brandenburger Tor bieten sich für die Geschichtsvermittlung eine Vielzahl von historischen Orten an. Von der Steinernen Brücke in Regensburg zog Kaiser Friedrich I. Barbarossa 1189 in den dritten Kreuzzug, der der Stadt Regensburg auch 1182 das Privileg der Zollfreiheit verliehen hatte. Die Brücke wurde in den Kriegen der nachfolgenden Jahrhunderte mehrfach beschädigt, gesprengt und wiederaufgebaut. Die Simultankirchen in der Oberpfalz stellten den Versuch des Pfalzgrafen Christian August (1622-1708) dar, ab 1652 nach den Schrecken des Dreißigjährigen Krieges dauerhaften Frieden zwischen den Konfessionen herzustellen. In solchen Kirchen wie in Sulzbach-Rosenberg, Illschwang oder Erbendorf teilten sich die Gläubigen das Gotteshaus, was zu Streitigkeiten über die Benutzung des Taufwasser führen konnte, sogar soweit, dass es mit einem Vorhängeschloss gesichert wurde oder 100 Jahre keine Taufe mehr stattfand. Aber diese gemeinsame Nutzung führte auch zu ganz pragmatischen Erfindungen wie einem Kurbel-Alter, mit dem das jeweils passende Altarbild für den Gottesdienst der jeweiligen Konfession gezeigt werden konnte.[1]

Die NS-Zeit und der Zweite Weltkrieg haben ebenfalls unzählige historische Orte hinterlassen, die teilweise als Gedenkstätten instandgehalten oder von der Natur zurückerobert werden. In Nordrhein-Westfalen liegt bei Vogelsang eine der NS-Ordensburgen, in denen NSDAP-Führungspersonal in Rassenideologie, Verwaltung und militärischen Kampfgeist ausgebildet wurde. Die Ordensburg diente anschließend als Kaserne der belgischen Streitkräfte bis 2006 und mit dem Ende der militärischen Nutzung wurde der historische Ort durch Führungen und Ausstellungen zur historischen

1 Weitere spannende Informationen über die Zeit der Simultankirchen finden sich auf: https://www.simultankirchenradweg.de/geschichte.htm [aufgerufen am 17. März 2021]

Bildung und Erinnerung wieder für die Öffentlichkeit zugänglich gemacht. Dagegen ist das Objekt „Koralle", zu dem die nördlich von Bernau bei Berlin gelegene Bunker-Ruinen und das ehemalige Wohnhaus von Großadmiral Karl Dönitz – die „Villa Dönitz – zählen, weitgehend vergessen und verfallen: Hier befand sich in Form eines am Waldrand versteckt gelegenen Barackenlagers zwischen 1943 und 1945 das Führungszentrum des Oberkommandos der Kriegsmarine (OKM), bis es am 21. April 1945 erst nach Plön und dann am 1. Mai 1945 nach Flensburg-Mürwick verlegt wurde. Kurz nach dem Zweiten Weltkrieg wurde die „Villa Dönitz" als Waisenhaus für geflohene Jungen aus Ostpreußen genutzt, dann in den 1970er Jahren wurden die Bunker-Ruinen mit aufgemauerten Zinnen versehen und von der Volkspolizei der DDR als Trainingsobjekt für den Häuserkampf gebraucht und auch die russischen Streitkräften waren hier stationiert. Die Haus- und Bunker-Anlage ist insgesamt in einem verfallenen Zustand und laut den Betreuern Ziel regelmäßiger Sachbeschädigungen.[2]

Aufgrund der mannigfaltigen Auswahl an historischen Orten, stellt sich für den Geschichtsunterricht die Frage nach der sinnhaften Auswahl. Diese kann mithilfe einer **Kategorisierung und der Reflektion des Potentials von historischen Orten** für den Geschichtsunterricht geschehen. „Historischer Ort" als Metabegriff bezeichnet daher Orte, Stätten oder Schauplätze und sie alle können es wert sein, für den Geschichtsunterricht besucht zu werden. Christian Kuchlers und Ulrich Baumgärtners Argumentation eignet sich gut, um über die Erscheinungsformen historischer Orte nachzudenken: Dies können Orte sein, an denen geschichtliche Ereignisse stattgefunden haben und die so zahlreich in der Lokal- und Regionalgeschichte zu finden sind. Orte, an denen bedeutsame Strukturen zu erkennen sind, wie zum Beispiel die NS-Bauten in München und Nürnberg, die die Form und Struktur der Herrschaftsausübung abbildeten; sowie Orte, an denen

2 vgl. Hans J. Richter, Wolf-Dieter Holz: Deckname „Koralle". Chronik der zentralen Marine-Funkleitstelle für U-Boot-Operationen im Zweiten Weltkrieg. Zella-Mehlis 2002. Ein Besuch von Bunkern und Anlagen aus der NS-Zeit ist meist aufgrund von Vandalismus, Verfall und mangelnder Sicherheit vor Ort nicht möglich. Siehe z.B. Korallebesuch: https://team-delta.de/deutschland/deutschland-wk-ii/objekt-koralle/korallebesuch/ [aufgerufen am 27. April 2021]

sich Veränderungen in der Geschichte erlernen lassen. Damit sind Orte gemeint, die den Wandel in der Zeit durch das Nebeneinander verschiedener Gebäudetypen zeigen oder den Übergang von Straßenbahn zu Autostadt und wieder zur Fußgängerzone erfahrbar machen. Eng verwandt mit dem ersten Typus ist der Ort, an dem Geschichte präsentiert und gedeutet wird und oftmals Informationstafeln auf seine ursprüngliche Bedeutung hinweisen. Der Schwurgerichtsaal 600 im Nürnberger Justizpalast war der Ort des Hauptkriegsverbrecherprozess vor dem Internationalen Militärgerichtshof vom 20. November 1945 bis zum 1. Oktober 1946, diente dann als „normaler" Ort der Rechtsprechung und wurde dann ab dem 1. März 2020 zu einem Erinnerungsort, der heute im Rahmen einer Ausstellung und geführten Tour besucht werden kann.[3]

Historische Orte können auch als Erinnerungsorte im Sinne Pierre Noras vorliegen, die in einem Zusammenspiel aus Erinnerung und Geschichte entstehen. Diese können materieller, funktioneller und symbolischer Natur sein. Nora führt dies am Beispiel einer Generation aus, die aus einer demographischen Zusammensetzung besteht (materiell), Erinnerungen von einer zur nächsten Generation weitergibt (funktionell) und gemeinsame Ereignisse und Erfahrungen teilt, die eine größere Gruppe nicht kennt oder miterlebt hat (symbolisch). Für Deutschland und Frankreich schlägt Nora daher Erinnerungsorte wie die Mauer, die Ideen von Freiheit, Gleichheit und Brüderlichkeit, den Weißwurstäquator oder Personen wie Jeanne d'Arc und Friedrich den Großen vor.[4]

Für die konkrete Vermittlung von Geschichte bedeutet dies, dass neben historischen Orten und den Ausprägungen in Denkmälern, Gedenkstätten und Museen, auch Erinnerungsorte thematisiert werden können. Mögen auch manche Erinnerungsorte nach Nora abwegig erscheinen, so überzeugt doch die Idee, über die Mauer nicht nur als physischen historischen Ort nachzudenken, der in

---

3 vgl. Kuchler, Christian: Historische Orte im Geschichtsunterricht. Schwalbach/Ts. 2021, S. 16-23; Baumgärtner, Ulrich: „Historische Orte" in: *Geschichte lernen* 106 (2005), S. 12–18. Der Saal 600: https://museen.nuernberg.de/memorium-nuernberger-prozesse/dauerausstellung/schwurgerichtssaal/nutzung-nach-1945/ [aufgerufen am 22. März 2021]

4 vgl. Nora, Pierre: "Between Memory and History: Les Lieux de Mémoire" in: Reresentations No. 26 (1989), S. 7-24, hier: S. 18-19; Nora, Pierre (Hrsg.): Erinnerungsorte Frankreichs. München 2005.

Berlin oder entlang des heutigen Grünen Bandes, ehemals Todesstreifen, besucht werden kann. Die Mauer in den Köpfen kann auch noch lange nach dem Fall des physischen Konstrukts in Kommentaren, Biographien und dem Denken und Handeln der Deutschen festgestellt werden: Auch an die Schülergeneration, die nach 1990 geboren wurde, wurde die Mauer als imaginierter Ort in ihrem Geschichtsbewusstsein weitergegeben.

Chancen und Grenzen außerschulischer historischer Lernorte

Der Besuch eines historischen Ortes eröffnet den Schülern die Möglichkeit, die Geschichte mit allen Sinnen zu erfahren. Lernorte sind **multisensorisch**, da bei einem Gang durch die Residenz in Würzburg zum Beispiel die Größe der Räume und Höhe der Decken wahrgenommen wird. Der Prunk aus Spiegel, Ornamenten und Gemälden wirkt auf die Besucher ein. Auch kann gespürt werden, wie warm oder kalt Bauten der Frühen Neuzeit im Winter oder Sommer werden konnten. Auch können an historischen Orten durch Berührungen **haptische Erfahrungen** gemacht werden. Kuchler bemerkt, dass die Vielfalt der sinnlichen Erfahrungen den oftmals intellektuell-kognitiven Rahmen des Geschichtsunterrichts im Klassenzimmer unterbricht und darin liegt auch ein Grund für die **besondere Motivation**, historische Orte zu besuchen.[5]

Auch wenn an einem historischen Ort viel konkrete Hinterlassenschaft der Geschichte vorgefunden und erfahren werden kann, so kann mit Blick auf die Kategorisierung historischer Ort auch sehr vieles über die Zeit verloren oder verschwunden sein. In Amberg erinnert der Straßenname „An den Franzosenäckern" an die Präsenz der französischen Heere während des Spanischen Erbfolgekrieges 1703, des Österreichischen Erbfolgekrieges 1745 und an eine weitgehend vergessene Schlacht im Ersten Koalitionskrieg vom 24. August 1796 zwischen Österreichern und Franzosen. Die Schlacht von Amberg und die Kämpfe in der Oberpfalz waren Teil der Auseinandersetzung zwischen den französischen Revolutionstruppen und den Armeen der europäischen Monarchien wie Preußen und Österreich. Heute erinnert an der Straße selbst nichts

5 vgl. Kuchler, Christian: Historische Orte im Geschichtsunterricht. Schwalbach/Ts. 2021, S. 36-37.

mehr an das Lager der Franzosen, es ist ein gewöhnliches Gewerbegebiet aus großen Parkflächen und Einkaufszentren. Sowohl die Schlachten von 1745 als auch von 1798 bestanden aus größeren Gefechten und Scharmützel, die nicht nur an dieser Stelle, sondern im Amberger Umland verteilt, stattfanden. Denn die französischen Revolutionstruppen unter den Generälen Ney, Jourdan und Lefebvre hatten einige Tage zuvor am 17. August 1798 bei Sulzbach gegen die kaiserlich-österreichischen Truppen von Wilhelm Ludwig Gustav von Wartensleben gekämpft. Die Schlacht bei Amberg findet sich auch auf dem Arc de Triomphe in Paris, was den Europabezug und Wert dieses augenscheinlich „nur" regionalgeschichtlichen Ortes und nahezu vergessenen historischen Ereignisses hervorhebt.[6]

Die Schlacht von Amberg wie auch zahlreiche andere Schlachtfelder der beinahe zahllosen europäischen Kriege der letzten zwei Jahrtausende weisen jedoch auf eine Schwierigkeit historischer Orte hin: In unterschiedlichem Ausmaß ist wenig **Imaginationsfähigkeit** notwendig wie in der Würzburger Residenz oder sehr viel, wenn Gebäude verschwunden sind, wie es vielen Henkerhäusern erging, oder modernisiert wurden, die früher eine Stadt ausmachten. Es kann sogar an einem historischen Ort, an dem das Ereignis stattfand, nichts mehr an das Ereignis selbst erinnern. Ob in Deutschland, den USA oder weltweit: Historische Gebäude und Orte machen oftmals Platz für Autobahnen, Eisenbahnlinien oder Neubaugebiete. Übrig bleibt dann ein Straßenname, und auch das nicht immer, eine Plakette oder schlichtweg nichts.

Die Imaginationsfähigkeit wird jedoch gleichzeitig auch durch historische Orte geweckt, denn die Besucher bekommen eine Vorstellung von der Andersartigkeit der vergangenen Zeit. Schüler können sich am Ort vorstellen, wie Menschen in Burgen gelebt haben oder in den Bunker- und Verteidigungsanlagen der Maginot-Linie eine Vorstellung von den gewaltigen Abwehrmaßnahmen erhalten, die Frankreich mit Beginn der 1930er gegen eine erneute Bedrohung durch Deutschland errichten ließ. Durch den Besuch werden nicht nur die **Anschaulichkeit** der Geschichte erfahrbar, sondern auch viele neue **Fragen an die Geschichte** hervorgerufen. Besonders das Unterrichtsprinzip des unmittelbaren **Vergangenheitsbezuges**

6 vgl. Helml, Stefan: Franzosen gegen Österreicher in Bayern 1796. Sulzbach-Rosenberg 1996, S. 112-140.

wird durch einen historischen Ort eingelöst und das **Historizitätsbewusstsein** der Schüler geschult. Marktplätze oder Stadtmauern gehören im Alltag zum Stadtbild vieler Städte in Deutschland hinzu, sind jedoch seit ihrer Errichtung im Mittelalter oder der Frühen Neuzeit dem Wandel der Zeit unterworfen. Der Kölner Dom und mit ihm sein direktes urbanes Umfeld haben sich in seiner Bauzeit von 1248 bis 1880 mehrmals geändert. Auch ein Gegenwartsbezug als Sinnzusammenhang kann hergestellt werden, wenn Schüler die Fuggerei in Augsburg besuchen und dort erlernen, welche Form und Ausmaß die von Jakob Fugger 1521 gestiftet Sozialsiedlung einnahm und sie mit Formen der Sozialsiedlungen und Sozialhilfe in Deutschland der Gegenwart vergleichen.[7]

Wie Sachquellen sind historische Orte stumm.[8] Weitere Informationen müssen vor Ort aufgesucht werden, falls Informationstafeln angebracht sind, oder selbst erarbeitet werden.

Das Lernen mit vielen Sinnen sowie eigenes Recherchieren oder Forschen durch gesteuertes oder selbstständiges Handeln am historischen Ort ist eine Möglichkeit, aktivierende Methoden zu nutzen, die der konventionelle Geschichtsunterricht nur bedingt zulässt. Am Ort hat der Lehrer dazu den Raum. Das Sachwissen über den Ersten Koalitionskrieg in der Oberpfalz müsste durch einen handlungs- und projektorientierten Unterricht erst nutzbar gemacht werden: Dann könnten jedoch Schüler durch **lokal- oder regionalgeschichtliche** Zugänge die größere europäische Geschichte des 18. Jahrhunderts für sich entdecken und die historischen Spuren in ihrer Heimat können Teil ihres Geschichtsbewusstseins werden. Dieses Potential bergen zahllose historische Orte und Hinterlassenschaften zu unterschiedlichsten historischen Epochen in vielen Gemeinden und Städten, das sich Geschichtslehrer zur **Identitätsstiftung** und **Ausprägung des Geschichtsbewusstseins** nutzbar machen können.

Auch wenn für historische Orte im Allgemeinen weitgehend diese Potentiale und Herausforderungen zutreffen, so können Spezialformen zusätzliche Anforderungen, aber auch Lernchancen für die

7 vgl. Kuchler, Christian: Historische Orte im Geschichtsunterricht. Schwalbach/Ts. 2021, S. 38-42.

8 vgl. Baumgärtner, Ulrich: Wegweiser Geschichtsdidaktik. Paderborn 2015², S. 210.

Geschichtsvermittlung einbringen: Besondere Formen historischer Orte sind Denkmäler und Gedenkstätten. **Denkmäler** sind nach Holger Thünemann besonders „stumme“ Untersuchungsobjekte, da sie von sich aus oft gar nichts aussagen, selten Angaben zu Stiftern und Künstlern besitzen und auch Widmungen und Datierungen nicht erwartet werden können. Auch mit solchen Rekontextualisierungshilfen ist eine historische Interpretation durch Schüler oder Erwachsene nicht grundsätzlich zu erwarten. Aufgrund der „Dechiffrierungsfragen kunsthistorischer Art“ schlägt Thünemann eine Kooperation mit dem Fach Kunst vor. Darüber hinaus geben Denkmäler vorrangig eine **Auskunft über die Geschichtskultur der Zeit**, in der sie errichtet wurden, und oftmals weniger über die Person oder das Ereignis, wofür das Denkmal einst errichtet wurde. Thünemann warnt auch davor, Denkmäler als Nachweis des historischen Geschichtsbewusstseins einer vergangenen Gesellschaft zu nehmen, denn es kann auch „nur“ zur Herrschaftslegitimation errichtet worden sein oder das Geschichts- und Selbstbild einer Schicht oder eines Milieus wiedergeben.[9]

Da Denkmäler nicht didaktisch-methodisch aufbereitet sind, fordern sie wie andere historische Orte Eigenarbeit und forschendes Interesse von Schülern ein. Bedeutung erlangt beim Denkmal wie auch bei Gedenkstätten und Museen ihr Beitrag zur Sinnstiftung, die im Geschichtsunterricht analysiert und problematisiert werden kann. Die Auseinandersetzung mit einem Denkmal kann eine emotionale Bindung zum Fach Geschichte aufbauen und eignet sich besonders dafür, im **Längsschnitt** betrachtet zu werden.[10] Das Siegestor in München, von Ludwig I. in Auftrag gegeben und unter Maximilian I. 1850 fertiggestellt, war dem Sieg über Napoleon gewidmet, der Bayerns Souveränität mehrmals bedroht hatte. Daher blickt die Quadriga mit den vier Löwen „Dem Bayerischen Heere“ entgegen. Nach der Zerstörung 1945 wurde jedoch auf der Rückseite des Tors die Inschrift angebracht: „Dem Sieg geweiht – Vom Krieg zerstört – Zum Frieden mahnend“. Damit zeigt sich in Kürze der Wandel, den ein Denkmal über die Zeit machen kann.

---

9 Thünemann, Holger: „Denkmal als Orte historischen Lernens im Geschichtsunterricht“ in: Handro, Saskia und Schönemann, Bernd (Hrsg.): Orte historischen Lernens. Münster 2008, S. 197-209, hier: S. 198-199.

10 vgl. Thünemann, Holger: „Denkmal als Orte historischen Lernens im Geschichtsunterricht“, S. 197-209, hier: S. 205-206.

Aus einem solchen Längsschnitt ergibt sich nach Dietmar von Reeken das doppelte didaktische Potential von Denkmälern: Einerseits kann ihre konkrete Aussageabsicht durch Größe, Symbolik, Aufstellungsort und weitere Quellen aus der Zeit ihrer Errichtung analysiert werden. Andererseits können ihre Rezeption als Alltags- oder Feiertagsdenkmal oder Konflikte thematisiert werden, die über die Errichtung oder Existenz des Denkmals geführt wurden. In München entbrannte zum Beispiel ein Konflikt über ein Denkmal für die Trümmerfrauen, welches konservative Politiker begrüßten, linke Politiker jedoch kritisierten. An solchen geschichtspolitischen Streitpunkten zeigt sich die Bedeutung von Denkmälern, die aus den Orientierungsbedürfnissen der jeweiligen Gegenwart errichtet werden.[11]

Grundsätzlich können historische Orte sehr gut einen Zusammenhang zwischen der Vergangenheit und der eigenen Gegenwart herstellen und dadurch **Orientierung in der Zeit** vermitteln. Besonders trifft dies auf **Gedenkstätten** zu, die authentische Orte darstellen, die auf das Leid der Opfer sowie die Schuld der Täter verweisen. Sie sind damit ausdrücklich **Orte der Erinnerungskultur einer Gesellschaft**, an denen in Deutschland und Europa die Verbrechen der nationalsozialistischen, sozialistischen und stalinistischen Diktaturen aufgearbeitet werden und an diese erinnert werden soll: Dazu zählen u. a. die Konzentrations- und Vernichtungslager des NS-Regimes sowie die Gefängnisse und Orte des Unrechts in der DDR.[12] Gedenkstätten sind damit Teil der „ethischen Erinnerungskultur", die sich mit Gesellschafts- oder Staatsverbrechen auseinandersetzt, um nach Assmann als **Zeugenschaft** aufzutreten. Gedenkstätten werden ausdrücklich dafür errichtet, Orte des Erinnerns zu sein und sollen das kollektive Gedächtnis einer Gesellschaft repräsentieren sowie normativ formen. Die Orientierung in der Gegenwart durch eine Auseinandersetzung mit der Vergangenheit ist eine der zentralen Funktionen von Ge-

11 vgl.Reeken, Dietmar von: „Das Auffälligste ist nämlich, dass man sie nicht bemerkt.": Denkmäler als gegenständliche Quellen im Geschichtsunterricht, in Geschichte lernen, Heft 121 (2008), S. 2-11.

12 vgl. Pleitner, Berit: „Außerschulische Lernorte" in: Barricelli, Michele und Lücke, Martin (Hrsg.): Handbuch Praxis des Geschichtsunterrichts. Band 2. Schwalbach/Ts. 2012, S. 302-305.

denkstätten, die authentisch und anschaulich eine Brücke in die Vergangenheit schlagen wollen.[13]

U-Verlagerung Malachit / Komplexlager KL-12

Abb. 21: Eingangstor der Gedenkstätte Langenstein-Zweiberge, https://de.wikipedia.org/wiki/Komplexlager_12#/media/Datei:Gedenkstatte_Langenstein-Zwieberge_Stollen_Besucherteil_Richtstrecke11_EingangA_2014-04.jpg
Quelle: CC BY-SA 3.0

In den letzten Jahren des Zweiten Weltkrieges wurden immer mehr Produktionsstätten in abgelegene und ländliche Gebiete und in den Untergrund verlagert. In Deutschland existieren eine große Anzahl solcher Stollen und unterirdischer Werksgelände (Untertage-Verlagerungen), die meist von Kriegsgefangenen und Zwangsarbeitern ausgehoben wurden, bevor sie dort dann weitere Zwangsarbeit

13 Assmann nach Dold, Cornelia: Außerschulische Lernorte neu entdeckt. Schwalbach/Ts. 2020, S. 25, 28-29.

verrichten mussten. Ein Beispiel einer solchen Anlage ist das Komplexlager Malachit, das in den Thekenberge bei Halberstadt von der Erzbergbau Salzgitter GmbH getrieben wurde. Für den Bau wurde das Außenlager Langenstein-Zweiberge des KZ-Buchenwald eingerichtet. Die Zwangsarbeiter trieben in unter einem Jahr einen Stollen von über zwölf Kilometern in den Berg und eine Gedenkstätte in Langenstein-Zwieberge erinnert an die circa 2000 Männer, die hier ihren Tod fanden, und an diejenigen, die in den anschließenden Todesmärschen ermordet wurden.[14]

Die Geschichte dieses historischen Ortes, an dem die BMW-Motorenwerke Berlin-Spandau und die Junkers-Motorenwerke Dessau hätten untergebracht werden sollen, endete nicht mit der Befreiung durch amerikanische Truppen. Nachdem die Rote Armee Halberstadt von den Briten übernommen hatte, plante diese, die Stollen zu sprengen. Die umfangreiche Sprengung wurde jedoch durch das Eingreifen des späteren DDR-Ministers für Gesundheitswesen Luitpold Steindle verhindert, damit aus dem Naherholungsgebiet keine Kraterlandschaft werden würde. Im Kalten Krieg wurde dann von 1979 bis 1983 die Stollenanlage wieder reaktiviert und von der Fläche her zum größten Bunker der Nationalen Volksarmee (NVA). In der nun als Komplexlager KL-12 bezeichneten Bunker- und Stollenanlage deponierte die 2. Strategische Staffel Kriegsgeräte und Bekleidung. Nach der Wiedervereinigung diente das Lager noch bis 1994 der Luftwaffe als Luftwaffenmaterialdepot 52. Aber auch diese kurze Episode bedeutete noch nicht das Ende der wechselhaften Geschichte dieses historischen Ortes: Direkt nach der Wende wurde zwischen 1990 und 1991 das Papiergeld der DDR, Sparbücher, Tank- und Forumschecks – mit denen Westprodukte in Intershop-Läden erworben werden konnte – in den Stollen aufbewahrt. Zunächst sollten die 3000 Tonnen DDR-Banknoten unter Kies bedeckt dort sicher eingelagert werden. Jedoch gelang es 1999 zwei Halberstädtern in das Lagersystem einzubrechen und die Banknoten über ein Online-Auktionshaus zu versteigern. Dies führte dazu,

14 vgl.Geschichtspuren.de: U-Verlagerung Malachit / Komplexlager KL-12: https://www.geschichtsspuren.de/artikel/ruestungsproduktion-lagerung-versorgung/176-u-verlagerung-malachit-komplexlager-kl-12.html [aufgerufen am 19. März 2021]; Halberstadt.de: Gedenkstätte für die Opfer des Konzentrationslagers Langenstein-Zwieberge: https://www.halberstadt.de/de/gedenkstaette-langenstein-zwieberge/gedenkstaette-langenstein-zwieberge-20032192.html [aufgerufen am 19. März 2021]

dass die Kreditanstalt für Wideraufbau ab 2002 die Scheine wieder vom Kies trennen ließ und die verbliebene Menge an Papiergeld (298 Container) bei Helmsted im Braunkohlewerk in der thermischen Restabfall-Vorbehandlungsanlage verbrennen ließ.[15]

Exemplarisch kann anhand solcher Untergrundanlagen die Geschichte von Zwangsarbeit und des Zweiten Weltkriegs vermittelt wie auch Einblicke in den Kalten Krieg gewonnen werden. Die naheliegende Gedenkstätte für die Opfer des KZ Langenstein-Zwieberge informiert über das Schicksal der Zwangsarbeiter. Ein Besuch der Stollen bietet Zeit und Raum, sich mit dem Unrechtsregime des Dritten Reichs auseinanderzusetzen. Zu beachten ist für die Erfahrung vor Ort, dass in Langenstein-Zwieberge nur ein kleiner Ausschnitt der Untergrundanlage besichtigt werden kann – in der KZ-Gedenkstätte Mittelbau-Dora können dagegen längere unterirdische Stollenanlagen begangen werden. An diesem Ort wird die Vermittlung durch eine Führung oder den Lehrer überwiegen, da die Stollen nur wenig Anknüpfungspunkte für selbstständige oder produktive Methoden bieten. Die thematische Erschließung kann ihren Schwerpunkt auf die Vermittlung der Formen von Zwangsarbeit als kriegswichtigem Element legen, aber auch die Erschließung des Ortes als bedeutender Stützpunkt für die Kriegsplanungen im Kalten Krieg ist nicht zu vernachlässigen, da in den Stollen auch noch Schlafkojen der NVA, Duschen zur Dekontamination und ein Schalt- und Kontrollzentrum mit der Technik der frühen 1980er Jahre zu sehen sind. Auch eine Auseinandersetzung mit der Zeitgeschichte ist hier denkbar, aber die Stollen als Lager für ehemalige DDR-Banknoten stellen insgesamt eher eine interessante Nachgeschichte des historischen Orts dar: Seine Aura als beklemmender Ort der Ausbeutung und des Todes durch Arbeit im „Dritten Reich" oder als exemplarische militärische Bunkeranlage in den Kriegsszenarien eines möglichen konventionellen oder atomaren Krieges auf europäischen Boden ist wesentlicher. Alle drei historischen Episoden zusammen schulen somit das Historizitätsbewusstsein, da an diesem Ort die Geschichte beider Diktaturen sowie des wiedervereinigten Deutschlands erschlossen werden können.

15 vgl.Geschichtspuren.de: U-Verlagerung Malachit / Komplexlager KL-12: https://www.geschichtsspuren.de/artikel/ruestungsproduktion-lagerung-versorgung/176-u-verlagerung-malachit-komplexlager-kl-12.html [aufgerufen am 19. März 2021]

Das Freiheits- und Einheitsdenkmal (2021)

Abb. 22: Entwurf der Einheitswippe, Milla&Partner / Sasha Waltz (https://www.tagesspiegel.de/berlin/einheitsdenkmal-in-berlin-wer-ist-zustaendig-fuer-die-bewilligung-der-einheitswippe/19397722.html)

Es wird vor dem Humboldt Forum im Berliner Stadtschloss stehen und auf dem Sockel des früheren Kaiser-Wilhelm-Nationaldenkmals errichtet werden. Der Beschluss für das Denkmal wurde 2007 vom Deutschen Bundestag gefasst und 2013 hätte es errichtet werden sollen. Nach den üblichen Verzögerungen wurde der Bau dann am 19. Mai 2020 begonnen, was die Berliner Lokalnachrichten bereits darüber nachdenken ließ, der „Einheitswippe" den „Preis als bizarrste Baustelle Berlins" zu verleihen, wenn es nicht bereits den Berliner Flughafen gegeben hätte.[16] Erdacht wurde es als Bürgerdenkmal, um den mutigen Frauen und Männern der Herbstrevolution von 1989 ein Denkmal zu setzen. Aus dem Gedanken, kein Staatsdenkmal errichten zu wollen, auch nicht abstrakt Freiheit und Einheit zu thematisieren, erwuchs das Ziel, ein konkretes und anschauliches Denkmal zu entwerfen.[17]

16 RBB24.de: Grütters setzt symbolischen Spatenstich für die Wippe: https://www.rbb24.de/kultur/beitrag/2020/05/freiheits--und-einheitsdenkmal-spatenstich-gruetters-stadtschlos.html [aufgerufen am 23. März 2021]

17 vgl. Apelt, Andreas: Der Weg zum Denkmal für Freiheit und Einheit. Schwalbach/Ts. 2009, S. 12

Die „Einheitswippe“ soll nach dem Konzept „ein nach oben geöffnetes, leichtes, schlankes und dynamisches Objekt“ sein, „vielleicht an Flügel, an ein Blatt, eine Schale, ein Boot, eine geöffnete Hand“ erinnern und „beflügeln und gleichzeitig Geborgenheit ausstrahlen.“ Der Schriftzug „Wir sind das Volk. Wir sind ein Volk“ wird auf dem Boden der Schale zu lesen sein und die Architekten stellen sich vor, dass das Denkmal ein „Ort des Zeigens, Schauens, Aufführens, Diskutierens, Musizierens“ oder „ein Speaker's Corner, ein Treffpunkt, eine Sitzlandschaft – ein Frei- und Spielraum für die Besucher und Bürger der Stadt“ werden könnte.[18]

Der Titel „Bürger in Bewegung“ soll einerseits auf die Funktionalität des Denkmals verweisen, denn wenn auf einer Schalenhälfte 20 oder mehr Personen stehen als auf der anderen Hälfte, setzt eine langsame Neigung der Schale ein. So beabsichtigen die Architekten, dass die Besucher sich bewegen, miteinander kommunizieren und neue Perspektiven wahrnehmen. Andererseits sollen damit inhaltlich die Bürger der DDR geehrt werden, die die friedliche Revolution erst möglich gemacht haben, da sie gemeinsam handelten und eine erfolgreiche Demokratiebewegung ins Leben riefen. Dies möchten die Architekten wie folgt verwirklichen: „Das Konzept wurde in dem Geist geschaffen, dass jeder Mensch durch kreatives Handeln zum Wohl der Gemeinschaft beitragen und dadurch gestaltend auf die Gesellschaft einwirken kann.“[19]

An dem Freiheits- und Einheitsdenkmal kann die Symbolhaftigkeit und sinnstiftende Absicht des Gesamtprojekts erkannt und für den Geschichtsunterricht genutzt werden. Bei einem Besuch des Denkmals sollte in einem ersten Schritt das Denkmal wahrgenommen und dokumentiert werden: Das bedeutet, die Schüler setzen sich mit der Entstehungszeit und -geschichte, dem Standort, der Größe und der Gestaltung sowie dem Ausdruck und der Bedeutung des Denkmals auseinander. Zur Dokumentation gehört auch, dass entweder durch eine Führung oder Informationsmaterial oder eine

18 Deutsche Gesellschaft e.V.: Freiheits- und Einheitsdenkmal. Der Siegerentwurf in: https://www.freiheits-und-einheitsdenkmal.de/das-denkmal/der-siegerentwurf.html [aufgerufen am 23. März 2021]

19 Milla&Partner: https://www.milla.de/projekte/freiheits-und-einheitsdenkmal [aufgerufen am 23. März 2021]

Onlinerecherche Planung, Auftraggeber und andere Quellen der Entstehungsphase in Erfahrung gebracht und dokumentiert werden.[20]

Nach der originalen Erkundung sollte die Beschaffenheit und der Eindruck besprochen werden und das wichtige Detail der Errichtung des Denkmals auf dem ehemaligen Kaiser-Wilhelm-Nationaldenkmal gesichert werden. Zur Rekonstruktion des Ortes in der Vergangenheit können Fotografien und Zeichnungen des Nationaldenkmals in seinem ursprünglichen Zustand gezeigt werden sowie Bilder des Abrisses 1950 während der DDR-Herrschaft. Mit einem Eindruck vom Wandel des historischen Ortes und des abgerissenen Reiterstandbildes und der neu-errichteten Schale sind die gegenwärtigen baulichen Besonderheiten nun Teil der Schülerwahrnehmung und können für die anschließenden geschichtskulturellen Diskussionen abgerufen werden. Auch der historische Hintergrund im Rahmen der Kontextualisierung des Denkmals sollte nach der Erkundung durch die Schüler gesichert werden.[21]

In der anschließenden Interpretation der künstlerischen Umsetzung des historischen Inhalts und einer Beurteilung und Wertung lohnt es sich, von Reekens methodischen Umsetzungen[22] zu folgen: Die Denkmalsdebatte über Sinn, Umsetzung und Bedeutung kann sehr gut anhand des Plenarprotokolls des Deutschen Bundestags vom Freitag, den 9. November 2007, nachvollzogen werden.[23] Die Argumente der einzelnen Parteien können durch Schüler in Vorarbeit oder in Gruppenarbeit vor Ort erarbeitet werden und am Denkmal diskutiert werden. Dabei bietet es sich an, die Entscheidungssituation im Deutschen Bundestag nachzuspielen und die Gruppen mit den Argumenten der Parteien die Debatte zuerst nachvollziehen zu lassen und anschließend ein eigenes Ur-

20 vgl.Baumgärtner, Ulrich: Wegweiser Geschichtsdidaktik. Paderborn 2015², S. 210-212; Michael Sauer: Geschichte unterrichten. Eine Einführung in die Didaktik und Methodik. Seelze: Klett, aktualisierte und erweiterte Auflage 2018¹³, S. 209.

21 vgl.Baumgärtner, Ulrich: Wegweiser Geschichtsdidaktik, S. 210-212.

22 vgl. Reeken, Dietmar von: „Das Auffälligste ist nämlich, dass man sie nicht bemerkt“: Denkmäler als gegenständliche Quellen im Geschichtsunterricht, in: Geschichte lernen, Heft 121 (2008), S. 2-11.

23 Die Quelle findet sich hier: Deutscher Bundestag. 124. Sitzung. Berlin, Freitag, den 9. November 2007: https://dipbt.bundestag.de/doc/btp/16/16124.pdf [aufgerufen am 23. März 2021]

teil einzufordern. Die Symbolik des Ortes und des Sockels – hier würde dem Sieg der Demokratie über die Monarchie ein Denkmal gesetzt, wie es im Deutschlandfunk sinniert wurde[24] – ist ebenfalls diskussionswürdig: Florian Mausbach hat die erinnerungskulturellen Gedanken der Initiatoren aus der Politik und der Deutschen Gesellschaft e. V. auf den Punkt gebracht: Das heutige Deutschland ruht auf dem Fundament Bismark'scher Reichseinheit und nach Hegel kann durch den Doppelsinn von „aufheben" im historischen Sinne die Spannung von Bewahren und Überwinden gleichzeitig ausgedrückt werden. Auch der pragmatisch wirkende Rat eines polnischen Philosophen kann beim Umgang mit dem Freiheits- und Einheitsdenkmal in die Diskussion eingebracht werden: Beim Sturz von Denkmälern solle der Sockel erhalten werden, er könnte nämlich noch gebraucht werden.[25] So können mit Blick auf Sockel und Denkmal Urteile eingeholt werden, inwiefern diese These den Besuchern durch die künstlerische Gestaltung ersichtlich sei. Aber auch der dadurch konstruierte historische Sinnzusammenhang zwischen Kaiserreich und Nation, Teilung nach dem Zweiten Weltkrieg und anschließender Überwindung der SED-Diktatur und Wiedervereinigung kann je nach historischem Wissen und Altersstufe zu einer aufschlussreichen Debatte über die Erinnerungskultur an die deutsche Geschichte insgesamt und an die Geschichte der Wiedervereinigung im Speziellen führen.

Für das Freiheits- und Einheitsdenkmal empfiehlt sich vorrangig die Denkmalerkundung und die Auseinandersetzung mit der Denkmalsdebatte, um die künstlerische Umsetzung der Aufforderung an die Besucher zu besprechen, sie sollen das Erbe der Friedlichen Revolution fortführen.[26] Aber auch eine kreativere Auseinandersetzung mit dem Denkmal kann sich vor Ort oder auch nach der Exkursion im Klassenzimmer anschließen: Würden die Schüler das

---

24 Deutschlandfunk: Überraschender Baubeginn für die „Einheitswippe" in: https://www.deutschlandfunk.de/freiheits-und-einheitsdenkmal-ueberraschender-baubeginn.691.de.html?dram:article_id=477004 [aufgerufen am 23. März 2021]

25 Apelt, Andreas: Der Weg zum Denkmal für Freiheit und Einheit. Schwalbach/Ts. 2009, S. 13.

26 Deutsche Gesellschaft e.V.: Freiheits- und Einheitsdenkmal. Der Siegerentwurf in: https://www.freiheits-und-einheitsdenkmal.de/das-denkmal/der-siegerentwurf.html [aufgerufen am 23. März 2021]

Denkmal so belassen oder umgestalten? Wie würden sie ein Freiheits- und Einheitsdenkmal entwerfen? Mit einigen Tagen Abstand kann zum Abschluss auch nochmals die Frage gestellt werden, inwieweit die Schüler die künstlerische Umsetzung des historischen Themas an diesem historischen Ort beurteilen. Denn durch solche Fragen der Reflektion wird das individuelle Geschichtsbewusstsein geschult und die Schülerperspektive ernst genommen.

Chancen außerschulischer Lernorte ...	**Grenzen außerschulischer Lernorte ...**
... bieten durch Größe, Höhe, Temperatur und räumliche Gestaltung eine multisensorische Erfahrung ... ermöglichen haptische Erfahrungen ... bergen eine hohe Motivation ... wecken die historische Imaginationsfähigkeit ... schulen das Historizitätsbewusstsein ... bieten Zugang zu Vergangenheitsbezug und zur Geschichtskultur einer vergangenen oder gegenwärtigen Gesellschaft ... wecken Fragen an die Geschichte ... bieten durch ihren lokal- und regionalgeschichtlichen Bezug Potential zur Identitätsstiftung	... können die Imaginationsfähigkeit stark beanspruchen oder ohne Hilfestellungen überstrapazieren ... bleiben zunächst durch ihre „Stummheit" geprägt ... fordern eine umfangreiche Vorbereitung ein, um historische Orte und Denkmäler methodisch wie didaktisch zugänglich zu machen

Geschichte studieren und Unterricht entwerfen

Eine weitere Modulprüfung geschafft. Eine größere Zwischenprüfung hinter sich. Den universitären Abschluss bestanden. Wann auch immer Sie dieses Buch beiseitelegen, hoffe und wünsche ich Ihnen, dass etwas Kleines oder Großes gut gelungen ist. Besonders hoffe und wünsche ich, dass Sie durch das Buch eine Herangehensweise und eine Denkweise für den Entwurf von Geschichtsunterricht entwickelt haben. Zu Beginn des Referendariats war das Entwerfen einer Unterrichtsstunde für mich und viele, die mit mir durch das Referendariat gingen, wie ein langer Weg den Berg hinauf. Stunden über Stunden haben wir in eine einzige Schulstunde investiert, die dann nur 45 Minuten lang war – zieht man auch noch die Zeit ab, die man auf dem Weg von einem Gebäudeteil ins andere Gebäudeteil brauchte, die Begrüßung im Klassenzimmer und die drängenden Fragen der Schüler, wann die nächste Klassenarbeit sei, ob die Hausaufgabe denn wirklich gemacht hätte werden sollen oder ob der neue Hausmeister genauso gut und günstig sei wie der alte, blieben großzügig aufgerundet 35 oder vielleicht sogar 40 Minuten übrig.

Jedenfalls gingen viele von uns, ich eingeschlossen, in die Praxisphase der Lehramtsausbildung mit theoretischen Modellen, ein paar Namen bekannter Geschichtsdidaktiker und Erziehungswissenschaftler und Wissenspartikeln vieler kluger Überlegungen über den Geschichtsunterricht im Kopf und dann legte der Seminarlehrer den Stundenplan für die kommende Woche auf den Tisch und erwartete, dass man mit fertigen Schulstunden auftauchen würde. Das sei ja wohl kein Problem. Viele von uns brauchten oft vier oder fünf Stunden pro Schulstunde und eine Lehrprobe verschlang zwei Wochen. Zwei Wochen Arbeitszeit für 45 Minuten! Ein Handwerk zu erlernen kostet eben Zeit und fordert eigene Leistung und Mühen ab und meine zwei Seminarlehrer haben mich bis heute geprägt. Ihnen verdanke ich, dass ich nach zwei Jahre Referendariat und der anschließenden Berufserfahrung einigermaßen zügig Ideen, Zugänge und methodische Umsetzungen für eine Bandbreite von Themen finde und entwickeln kann, die von der Steinzeit über den Mauerfall bis in die Gegenwart reichen.

Erfahrene Lehrer werden von Lehramtsanwärtern oftmals für sprudelnde Quellen von Unterrichtsideen gehalten und wie Orakel befragt oder als Unterrichtsbeispielskonkretisierungsmaschinen benutzt, die auf Knopfdruck eine historische Quelle, eine Methode oder ein Konzept für 45 Minuten erstellen und ausspucken sollen. Um als Geschichtslehrer zu einer inspirierenden Quelle oder funktionierenden Unterrichtsmaschine für Schüler und Kollegen zu werden, braucht es allen voran historisches Fachwissen kombiniert mit geschichtsdidaktischen Zugängen – beides kann das Studium vermitteln und anlegen. Die Praxiserfahrung kommt dann über die Zeit und dockt im Idealfall an den universitären Grundlagen an.

Mit dem Prüfungstrainer soll diese Verbindung trainiert und angeregt werden. Denn dieses Lehrbuch ist so konzipiert worden, dass es auch über das Studium hinaus Ihnen Herangehensweisen zeigt, wie Geschichtsunterricht entworfen und auch gehalten werden kann sowie Ihnen ein wenig mehr als nur eine Quelle von konkreten Ideen für die Prüfung sein kann. Vielleicht führt das Buch zu einer gewissen Sicherheit und Ruhe, mit Nonchalance eine römische Legionärssandale auf dem Pult zu platzieren, eine große Karte der Entdeckungsreisen an die Wand zu werfen, eine Karikatur aus dem Kalten Krieg zu betrachten oder mit einem Klick eine Serie oder einen Filmausschnitt anzusehen und diese Quellen sinnvoll, im Wissen über ihre Herausforderungen und Vorteile, für eine gelingende Unterrichtsstunde einzusetzen.